Accompagner la personne en formation

PSYCHO SUP

Yann Serreau

Accompagner la personne en formation

DUNOD

Illustration de couverture :
Franco Novati

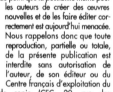
© Dunod, Paris, 2013
ISBN 978-2-10-059916-5

Table des matières

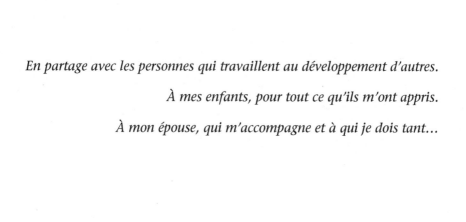

En partage avec les personnes qui travaillent au développement d'autres.

À mes enfants, pour tout ce qu'ils m'ont appris.

À mon épouse, qui m'accompagne et à qui je dois tant...

PRÉFACE

FORMER
POUR ORIENTER
ET ORIENTER
POUR FORMER[1]

---

1. Par Patrick Mayen, professeur de didactique professionnelle à l'université de Bourgogne. Laboratoire « Unité de développement professionnel », Agrosup Dijon.

Le livre écrit par Yann Serreau porte sur une fonction spécifique des métiers de la formation : celle d'accompagnement de l'orientation et de la professionnalisation pendant cette période particulière de la vie que constitue une formation longue, dans l'enseignement supérieur, pour des étudiants jeunes et peu expérimentés et pour des adultes, expérimentés engagés dans une évolution de carrière.

Malgré l'accroissement du recours à la fonction d'accompagnement dans un grand nombre de secteurs professionnels, on ne sait pas très bien ce que sont, effectivement, les différentes situations de travail d'accompagnement, leurs caractéristiques, leurs spécificités. On ne sait pas non plus très bien comment s'y prennent les accompagnateurs, quels principes d'action les dirigent, quels outils et quelles manières de se situer, de penser et d'agir, leur sont propres. L'idée d'accompagner est séduisante et dans beaucoup de cas, ceux qui accompagnent sont mis en situation d'accompagner sans toujours être bien préparé pour le faire. Qu'est-ce que c'est ? quoi faire ? et comment faire ? sont trois questions qui préoccupent ou devraient préoccuper ceux qui ont à exercer la fonction, et aussi ceux qui la confient.

Dans ce sens, ce livre est une contribution intéressante à la fois à la définition un peu plus précise de ce que peut être un type d'accompagnement, et, en même temps, à la mise à disposition – étonnamment généreuse – de repères pour se situer, penser et agir en accompagnateur. On y trouve une description et une justification de ce qui fait l'action, depuis le cadre de l'action, ses prescriptions, ses contraintes, son organisation, jusqu'aux différentes modalités de l'activité : les croyances, les valeurs et les principes de l'accompagnement, les repères pour prendre position, les concepts et les théories pour raisonner et agir, les modes d'action et les outils concrets. On peut ajouter que l'un des intérêts tient en la discussion que l'auteur fait de ses choix, de ses pratiques pour montrer au mieux que l'action ne se réduit pas à des règles ou à des outils.

Je voudrais par ailleurs, développer un second point qui apparaît dans le livre de Yann Serreau et qui mérite qu'on s'y arrête. J'ai intitulé cette préface « Former pour orienter et orienter pour former » pour mettre en évidence un phénomène qui n'est pas toujours exprimé aussi clairement que dans ce livre : l'orientation n'est pas un processus antécédent à la formation et il n'est pas un processus indépendant de la formation. Qu'est-ce qui est si important dans cette assertion ?

Dans un premier mouvement, ce qui est important tient au fait que la grande majorité des personnes qui entrent en formation n'ont pas terminé leur orientation. La formation n'est ainsi pas le moyen de la réalisation d'un projet totalement déterminé. Pour les personnes, la formation est attendue comme un moment dans lequel mais aussi par lequel l'orientation va se faire, se développer, se préciser. Pas seulement par le biais de l'accompagnement et des séquences consacrées à l'orientation et au projet professionnel, mais par le moyen de toutes les situations de la formation. Un cours, la rencontre avec une discipline, des méthodes, des connaissances, peuvent contribuer à définir les contours du domaine, du travail, des phénomènes et des objets du travail, des compétences professionnelles, au même titre qu'un stage ou qu'une visite de terrain.

Dans un second mouvement, l'orientation entendue comme un développement de la connaissance des milieux et du travail, redéfinit le rapport à la formation et réoriente les intérêts et les processus d'apprentissage. Le processus d'orientation organise et oriente le processus de formation et peut ainsi l'optimiser.

C'est de ces deux mouvements convergents et étroitement associés que s'occupe le type d'accompagnement présenté et développé dans ce livre, un accompagnement qui aide les personnes engagées dans une formation à lier, redéfinir en un double processus intégré les mouvements de l'orientation et de la formation.

On voit donc que ce livre n'est pas qu'un livre pratique, et pourtant il l'est radicalement, mais il l'est aussi parce qu'il est un livre où les pratiques sont fondées sur la pensée et la connaissance.

INTRODUCTION

Le spot lumineux du vidéoprojecteur s'éteint. Les yeux des membres du jury sont braqués sur Bertrand R. Ce dernier vient de conclure avec fougue la présentation de son chantier de fin de formation d'ingénieur : conduire le démarrage d'une ligne de fabrication de nouveaux plats cuisinés aux saveurs exotiques. Le responsable de la formation donne la parole aux membres du jury pour les questions. Elles s'enchaînent. Toutes visent à cerner le professionnalisme du candidat :

– Vous avez mentionné le retard pris dans la mise au point du process de fabrication. Comment avez-vous mobilisé les membres de votre équipe sur ce projet pour faire face à la surcharge de travail qui en découle ?

– Vous nous avez parlé d'un problème de température sur le four de cuisson. Quelles sont les solutions techniques que vous avez envisagées ? Quelle a été votre action pour arriver à la résolution de ce problème ?

– Votre chiffre concernant le prix de la réparation m'a surpris. En êtes-vous sûr ?

– Nous n'avons pas bien compris pourquoi vous aviez pris l'option d'un sous-traitant externe pour la réalisation de la machine de conditionnement. Pouvez-vous l'expliquer ?

– Vous nous avez montré qu'aujourd'hui la ligne disposée d'une capacité plus grande que les prévisions. Quelle incidence sur le plan stratégique cela a-t-il pour l'entreprise ?

– Comment avez-vous prévu d'assurer la pérennité des résultats obtenus ?

– Quelles ont été vos plus grandes difficultés ? Vos plus grandes sources de satisfaction ?

– Et votre projet professionnel, quel est-il ? Que comptez-vous faire une fois votre diplôme obtenu ? dans cinq ans ?

– À l'issue de cette formation, de quoi vous sentez-vous capable, aujourd'hui ?

L'échange est intense. Bertrand R. répond, partagé entre l'ardeur et la vigilance. Vient le moment de la délibération. Bertrand R. sort. Les membres du jury expriment alors une impression générale qui aidera au renseignement de la grille de compte rendu de délibération.

Monsieur L., directeur d'une usine de composants électriques : « J'ai apprécié la capacité d'analyse de Bertrand R. et la façon dont il a su poser les problèmes et les traiter. Il a fait preuve de ténacité et d'une certaine autorité. On peut lui reprocher quelques imprécisions dans les chiffres et sa vision sur l'impact stratégique semble encore un peu confuse. Au global, il fait preuve d'une certaine efficacité. Je suis convaincu. »

Madame T., responsable ressources humaines d'une société de l'agroalimentaire : « Pour ma part, je trouve qu'il a démontré une réelle aptitude à fédérer les services supports. Il a trouvé les ressorts de motivation pour impliquer ses collaborateurs. C'est quelqu'un qui ose aller sur le terrain. Certes, je rejoins l'avis précédent sur l'aspect confus de sa vision stratégique, mais il est encore jeune, et son projet ne lui a probablement pas laissé beaucoup de temps pour affiner l'actualité de cette question. J'aurais aimé qu'il parle davantage sur la façon dont il a traité sa relation avec les fortes personnalités de son équipe. Mais au final, il semble que cela se soit passé de la meilleure façon possible. Son projet professionnel est très lucide. Il mesure ses limites. Il a en effet besoin de consolider cette expérience avant d'ambitionner un poste de plus grande envergure. Il fait preuve d'une saine ambition, le tout avec beaucoup de cohérence. »

Madame D., tutrice, directrice de production : « Je découvre Bertrand sous un nouveau jour. Je connaissais ses qualités d'homme de terrain, très pragmatique. Je le vois aujourd'hui faire une présentation de qualité, répondre avec affirmation aux questions posées. Je suis très satisfaite de cette prestation, car elle me montre combien il a pris d'assurance depuis qu'il est arrivé chez nous. Je m'aperçois qu'il est devenu un véritable jeune professionnel. J'aimerais que notre entreprise puisse l'embaucher. »

Et alors que les membres du jury renseignent la grille d'évaluation, le responsable de dispositif de formation ne peut s'empêcher de penser à toutes les étapes du parcours qui ont conduit Bertrand R. à cette évolution aujourd'hui validée par des professionnels. En effet, quelle transformation ! Le frêle jeune homme peu assuré qui s'est présenté trois ans plutôt aux entretiens de sélection souhaitait acquérir un diplôme mais n'avait que peu d'idées sur le métier vers lequel il s'engageait. Quel contraste avec l'affirmation de ses points de vue et de sa démarche, avec l'énoncé de son projet, tels qu'il les affiche lors de cette soutenance !

Défilent alors dans l'esprit du formateur les multiples séquences d'accompagnement de la personne tout au long de la formation et leurs acteurs : les entretiens d'information, puis ceux de sélection et leur avis assujettis de conseils, les séminaires sur le projet professionnel lieu d'échanges intenses, les entretiens de suivi, les moments cruciaux des évaluations devant les jurys de professionnels, les discussions de couloir, les observations liées à l'engagement dans la vie de promotion, les rencontres avec le tuteur, les échanges avec les enseignants, Et puis, en lien avec tout ce qui précède, la confrontation des rêves et des réalités, la dynamique de la motivation et les émotions qu'elle suscite au fil du parcours, la découverte d'une nouvelle identité professionnelle avec gains et renoncements…

Avec tant d'autres enseignants ou formateurs, je suis à la fois un artisan et un témoin de telles évolutions.

J'ai souhaité formaliser et partager mon expérience. Elle s'est construite pour une part importante au sein du Cesi[1]. L'idée de ce livre a rencontré l'écoute de Jacques Bahry, alors directeur général du Cesi, puis de ses successeurs.

Mon parcours (encart ci-dessous) m'a conduit à rencontrer de multiples personnes. Je leur suis particulièrement reconnaissant de tout ce qu'elles m'ont appris. Parmi elles, il y a les accompagnés, riches de leurs projets, tant de leurs tâtonnements que de leurs réussites. Il y a également mes collègues, engagés d'une manière remarquable (Uhalde, 2010) dans le développement des personnes.

L'accompagnement de la croissance des êtres tient une place importante dans mon existence. Il a été décliné en parallèle de mon activité professionnelle au travers de l'éducation de mes enfants et du chemin partagé avec des personnes dans des situations variées.

---

1. Centre d'études supérieures industrielles – *http://www.cesi.fr*

**Trajectoire professionnelle de l'auteur.
Parcours à partir duquel s'est forgé le point de vue exprimé ici**

Ingénieur, j'ai exercé ce métier pendant près de dix ans au sein de deux groupes internationaux avant d'effectuer une transition professionnelle et de rejoindre le Cesi, il y a près de dix-neuf ans. J'y ai alors piloté des promotions et des dispositifs de formation d'ingénieurs, de responsables ressources humaines, de techniciens qualité, de passage cadre. Responsable qualité, j'ai conduit la mise en place de la certification ISO 9001 sur un site. Responsable de département puis d'établissement, j'ai managé des équipes autour de formations variées. J'ai ainsi connu des publics étudiants, alternants, salariés, demandeurs d'emploi. J'ai pu rencontrer des professionnels, dans des fonctions, des secteurs d'activité et des responsabilités variés. J'ai eu l'opportunité de concevoir des modules et des formations Inter et Intra, dans des domaines allant de la gestion de production à la prise de décision et à la connaissance de soi.

Plus récemment, responsable de la certification professionnelle « responsable en management d'unité et de projet », j'ai travaillé au référentiel de cette formation, avec les implications en termes de logique de compétences et d'évaluation.

Chef de projet de la conception et du déploiement de la plateforme Web 2.0 Viacesi, destinée à accompagner les étudiants dans la conception de leur projet professionnel, j'ai effectué un premier travail de capitalisation et de synthèse sur la démarche de conduite de projet professionnel étendue à l'ensemble des dispositifs du Cesi et sur son instrumentation.

Rattaché au laboratoire d'ingénierie des environnements d'apprentissage du Cesi, j'effectue actuellement des recherches sur l'accompagnement dans les dispositifs de formation.

J'ai expérimenté pour mes propres besoins la formation continue sur mon temps personnel, à plusieurs reprises, ainsi que la VAE.

C'est donc avec, en toile de fond à ma réflexion, des centaines d'accompagnement, d'entretiens de recrutement ou de suivi, de situations de jury, de projets accompagnés en entreprise, de réunions entre collègues que j'entreprends ces pages. Elles tenteront de partager une expérience et d'apporter ma contribution à la conceptualisation de l'accompagnement en formation. Cet accompagnement ne saurait être dissocié de son objet : la construction, pour une personne, d'une nouvelle identité professionnelle.

Je m'appuierai, entre autres, sur la pratique encore peu étudiée du Cesi. Mais le projet de ces lignes dépasse ce seul objet pour esquisser dans un point de vue personnel une vision globale, dynamique et cohérente de la personne en développement. Et de même pour l'accompagnement de ce développement.

J'espère fournir ainsi aux accompagnants en formation repères concrets et cadres pour leur pratique, ainsi qu'une ambition pour leur métier.

Que dire de plus sinon que, rédigeant ces lignes, je serais heureux si le résultat peut contribuer à une pratique professionnelle et humaine de l'accompagnement du développement de l'identité professionnelle.

Le parcours que je propose se fera en plusieurs étapes. Dans un premier temps, nous esquisserons quelques caractéristiques de l'accompagnement en formation. Avec leur appui, nous identifierons des situations où il s'opère. Nous examinerons la contribution du dispositif en tant que tel.

Nous considérerons successivement l'accompagnement lors des évaluations en entrée et sortie de formation, puis lors de l'acquisition de connaissances, du temps en entreprise, du projet professionnel, de l'apprentissage d'une nouvelle posture.

Accompagner vers une nouvelle identité professionnelle ne saurait se faire sans inviter la personne à établir des liens avec ses autres projets, dans une vision globale. Pour cette raison, nous observerons le processus d'orientation de sa vie. Nous en tirerons les enseignements utiles à l'accompagnement du projet professionnel.

L'accompagnement se fait dans la rencontre d'un accompagnant avec un accompagné. Nous visiterons cette relation.

À la suite de quoi nous relèverons quelques facteurs de réussite de l'accompagnement au sein des dispositifs.

Nous affinerons, ensuite, notre modèle de la construction identitaire de l'accompagné pour en tirer les conséquences sur l'accompagnement, puis nous poserons une forme identitaire pour l'accompagnant. Nous traiterons enfin de la façon dont se développent ses compétences. Arrivera alors le temps de conclure notre parcours.

Pour illustrer notre itinéraire, nous nous appuierons sur quelques cas dont le but est de concrétiser notre propos et encore davantage d'introduire de l'humanité au cœur de notre démarche. Ils rappelleront combien une approche de formalisation est modeste au regard de ce qui se joue dans l'accompagnement. Rationaliser et conceptualiser ne viennent que servir et étayer des processus avant tout relationnels et vivants.

ACCOMPAGNER EN FORMATION

Ce chapitre vise à dresser une première esquisse de l'accompagnement de la personne en formation. Cette description sera précisée et argumentée au fil des différents chapitres de cet ouvrage.

Accompagner la personne en formation

N°	Titre du chapitre	Fil conducteur

Accompagner au sein d'un dispositif de formation

a particullièrement pour finalité de

vise à

consiste à

1 — Accompagner en formation

Faciliter le développement d'une nouvelle identité professionnelle

Favoriser et garantir le succés de trois projets : étudiant, école, entreprise

Piloter et synchroniser sept activités : reconnaître la personne, proposer du sens, garantir un chemin, situer la personne, relier la personne à ses motivations, conseiller sur les moyens, ouvrir des horizons

d'où il est possible d'identifer

Les situations d'accompagnement
Le rôle du dispositif pédagogique et ses principales modalités

2 — Guider avec le dispositif pédagogique

de là ressortent

Qu'est-ce qu'accompagner dans chacun de ces grands domaines ?

avec la question

Des grands domaines de la transformation de l'accompagné

qui sont

3 — Accompagner par des positionnements

L'évaluation en entrée et en sortie de formatin

4 — Accompagner l'acquisition de connaissances

L'acquisition des connaissances

5 — Accompagner les temps en entreprise

Les temps en entreprise

6 — Accompagner le projet professionnel

Le projet professionnel

7 — Accompagner le changement de posture

Le changement de posture

8 — Piloter et orienter sa vie : quel accompagnement en formation ?

Le projet de vie et sa conduite

9 — Accompagner dans une relation

La relation

de ces grandes activités d'accompagnement et de tout ce qui précède se dégagent

10 — Facteurs de réussite d'un accompagnement

Des favteurs de réussite de ces accompagnements

Une synthèse de l'activité "Accompagner le développement de nouvelles identités professionnelles"

11 — Synthèse : la forme identitaire "accompagner en formation"

elle concerne l'accompagnement d'une

elle met en œuvre un

elle s'appuie sur une

Transition identitaire

Processus d'accompagement

Identité professionnelle d'accompagnement

Corinne veut devenir animatrice en qualité, sécurité et environnement. À cette fin, elle a choisi une formation en alternance d'une durée de deux ans. Corinne est sensible à l'avenir de la planète. Elle a le sentiment de contribuer ainsi, à son échelle, à la bonne marche du monde. Elle n'est jamais allée en entreprise. Pour atteindre son but, Corinne va acquérir des connaissances, par exemple sur la législation de l'environnement, ou encore sur les normes qualité ou sécurité. Elle va apprendre à agir comme mener un audit ou établir une procédure. Elle va découvrir que des rôles sont attendus dans ce métier : conseiller, contrôler, etc. Sa représentation du travail va s'affiner. Elle va s'imprégner des valeurs et attitudes du métier : rigueur, intégrité, prévention, etc. Peu à peu, elle va prendre confiance et va devenir capable de s'adapter à des situations plus complexes (mener un audit sur un poste de travail ou dans un atelier) ou plus variées.

Mais entre l'idée qu'elle avait de ce métier et la réalité, il y a un monde. Ce monde, elle le traverse au prix de son travail et aussi des remises en cause (elle pensait par exemple que tous ses collègues allaient coopérer dans la protection de l'environnement : ce ne fut pas le cas ; ou encore, elle a découvert qu'elle obtenait davantage de résultats dans ses relations professionnelles en corrigeant son ton autoritaire pour devenir plus conciliante et ouverte). Au final, Corinne aura développé un nouveau regard sur elle-même et sur son rapport avec le monde : elle aura une nouvelle posture et aura développé ainsi une nouvelle identité professionnelle.

Comment effectuer ce franchissement alors que l'on ignore le voyage et le but ? Il faut du temps, se heurter à la réalité, chercher des solutions, les tester au risque d'une impasse, persévérer sans toutefois se décourager ni abandonner.

L'accompagnement apporte le conseil d'un tiers expérimenté, garant d'un itinéraire et d'un cap à tenir. Il sécurise cette transition et exploite au mieux le potentiel de la personne, celui des situations et de la durée,

L'accompagnant ne fait pas le chemin de la personne. Son expérience de vie lui a néanmoins permis de connaître des éléments, si ce n'est de cette traversée, du moins de traversées similaires. Il en connaît suffisamment sur le métier visé par le dispositif pour donner un cadre à l'accompagné et le positionner sur le chemin. Il est averti des mécanismes de la personne en apprentissage et en transition pour lui apporter de l'écoute, des méthodes, des points de vue. Pour que la remise en cause et l'intégration de nouvelles informations et comportements puissent advenir :
– il cherche à connaître l'accompagné par de l'observation (dont l'écoute) ;

- il joue de l'évaluation (« Corinne, je vous ai vu conduire l'audit de la machine d'emballage. J'ai trouvé que vous l'aviez très bien préparé ») et du questionnement (« Par contre qu'auriez-vous fait si votre interlocuteur vous avez répondu qu'il n'avait pas d'information à vous présenter ? ») ;
- il suggère des pistes (« Et si vous en parliez à votre tuteur en entreprise ? ») ;
- il alerte (« Si vous ne prenez pas en compte l'avis des personnes qui effectuent le travail, comme saurez-vous que votre démarche est applicable ? C'est un point clé auquel vous devriez prêter une plus grande attention ») ;
- il prend en compte le temps (« C'est le moment pour vous de commencer la réflexion sur votre projet professionnel ») ;
- il entretient le sens (« Cette technique sera utile pour traiter des situations à risque élevé ») ;
- il veille sur la motivation (« Ce n'est pas anormal que vous soyez ainsi en difficulté, mais vous avez déjà beaucoup progressé. Encore un peu de pratique et vous verrez les fruits de votre travail ») ;
- il est le garant du chemin à prendre (« Savoir évaluer un risque est un objectif incontournable. Il vous faut absolument progresser dans ce domaine »).

L'exemple de Corinne permet de souligner ces caractéristiques de l'accompagnement qui seront développées dans la suite de cet ouvrage.

L'accompagnement est considéré ici comme une relation personnalisée entre un apprenant et un accompagnant. Le but de cette relation est d'aider l'apprenant à mener à bien son parcours de formation, sa mission en entreprise ou son projet professionnel. Cette relation peut s'établir dans un cadre défini par l'institution ou l'entreprise, ou à l'initiative de l'un des acteurs en présence. Il s'agit donc d'un accompagnement de « visée » (Boutinet, 2007, p. 29).

L'accompagnement est une relation d'aide. Ici, elle s'exerce dans le contexte d'un temps délimité, fixé, qu'est celui de la formation.

L'accompagné a pour objectif l'obtention d'un diplôme, mais aussi une insertion professionnelle. Cet objectif s'atteint par une évolution de l'accompagné au cours de laquelle il acquiert connaissances, savoir-agir, rôles et valeurs liées à un métier. Autrement dit, la formation conduit l'accompagné à développer une nouvelle identité professionnelle[1]. L'accompagnement vise à le guider en cela.

---

1. Nous affinerons ces notions dans le chapitre 11.

Pourquoi accompagner une telle transition de la personne ?

Le temps est compté et le passage est complexe. Il touche aux aspects cognitifs, affectifs et sociaux de la personne. Ainsi, tout comme Corinne, l'accompagné doit prendre conscience de ce qui est attendu de lui. Il doit évaluer les écarts entre ces attentes et ce dont il est aujourd'hui capable. Il va se mettre dans des situations nouvelles pour apprendre à maîtriser de nouveaux contextes et outils. Il va évaluer le résultat de ses actions puis en tirer les conséquences pour adapter sa façon de faire. Il sera à l'écoute des retours qui lui seront faits et il s'efforcera en parallèle de faire reconnaître l'efficacité de son agir. Au final, il réajustera sans doute une part de ses ambitions et du regard qu'il porte sur lui-même. Il s'adaptera dans sa relation aux autres et au monde. Il s'efforcera de répondre aux nécessités du rôle nouveau qu'impose le métier qu'il souhaite exercer. Il s'efforcera de faire reconnaître par la société ses acquisitions, au travers de l'obtention d'un diplôme, d'un emploi et de reconnaissances dans son travail. Ce faisant, l'accompagné remaniera son identité professionnelle. Il poursuivra ce processus bien après la formation...

L'accompagnement vient aider à sécuriser cette évolution. Il joue sur plusieurs plans. L'accompagnant accueille la personne telle qu'elle est. Il la guide dans une meilleure connaissance d'elle-même, si nécessaire. Il met en perspective les propositions du dispositif de formation avec ce qui fonde sa relation avec l'accompagné : aider à l'acquisition d'une nouvelle identité professionnelle (conformément au contrat passé lors de l'inscription en formation). Il dégage donc le sens (Paul, 2009, p. 26) des actions à entreprendre. Son expérience principale réside dans le fait qu'il a déjà lui-même accompli des transitions professionnelles et qu'il en a guidé d'autres. Il a donc une bonne idée des méandres de la trajectoire humaine et de ses enjeux cruciaux sur le plan professionnel. Cette expérience apporte une certaine garantie d'efficacité quant au chemin pris et au temps investi.

L'accompagnant suscite et fournit des retours à l'accompagné pour l'aider à se positionner. Il encourage l'accompagné à entretenir le lien avec ses motivations. Il conseille sur les moyens. En fait l'accompagnant est toujours en quête d'un juste équilibre. D'une part, il tend à laisser à la personne un questionnement et à lui faire découvrir par elle-même les réponses. D'autre part, gardant à l'esprit le temps disponible, il propose des solutions et des avis pour qu'une transformation suffisante ait des chances de s'opérer dans le délai de la formation.

De la même manière, il ouvre fréquemment des horizons. L'accompagné est souvent prisonnier de son expérience. Lui suggérer d'autres points de vue et des expériences différentes est source de prise de recul. Cela favorise la construction d'une meilleure adéquation à son environnement.

Comme en témoigne l'accompagnement de Corinne, les outils de travail de l'accompagnant sont l'observation (dont l'écoute), le questionnement et des affirmations. Il suscite chez l'accompagné de la narration, de la réflexivité et la problématisation (Paul, 2009). Il est dans une incessante activité d'évaluation (situer la personne dans sa progression) (Vial et Caparros-Mencacci, 2009, p. 129-187).

Tout l'art de l'accompagnant réside dans la façon de synchroniser et de jouer de tous ces registres.

Mais, en plus, l'accompagnant est à l'articulation de trois projets. Il est à la fois le facilitateur et le garant d'un certain succès au regard des buts de l'école, de l'entreprise d'accueil et de l'accompagné(figure 1.1). Il s'efforce de susciter la coopération, de concilier objectifs, échéances, contraintes et aléas.

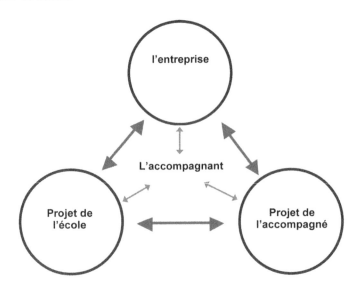

Figure 1.1 – *L'accompagnant, à l'articulation de trois projets*

L'ensemble des actions de l'accompagnant se déroulent tout au long de la formation dans une interaction incessante. Il n'y a pas ici de chronologie, mais plutôt des points de passage identifiés. La figure 1.2 rassemble ces éléments.Le cadre dans lequel s'effectuent ces actions est celui du dispositif pédagogique. Il fera l'objet du chapitre suivant.

L'ESSENTIEL

L'accompagnement de la personne en formation est considéré ici comme une relation personnalisée entre un apprenant et un accompagnant. Le but de cette relation est d'aider l'apprenant à mener à bien son parcours de formation, sa mission en entreprise ou son projet professionnel. Cette relation peut s'établir dans un cadre défini par l'institution ou l'entreprise, ou à l'initiative de l'un des acteurs en présence.

Cet accompagnement revient à guider l'acquisition d'une nouvelle identité professionnelle. Il s'effectue dans une interaction entre accompagnant et accompagné dont les principales modalités sont reprises dans la figure 1.2. Cet accompagnement vise de plus à conjuguer la bonne imbrication des trois projets que sont ceux de la personne, de l'entreprise d'accueil, de l'école.

Figure 1.2 - *Processus de l'accompagnant et de l'accompagné*

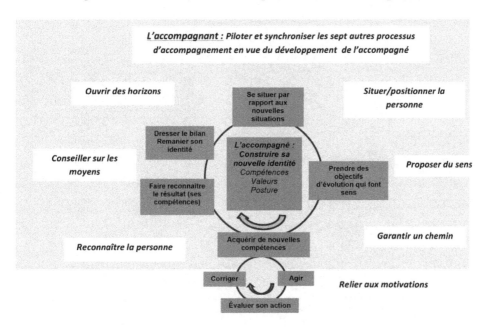

2

GUIDER
AVEC LE DISPOSITIF
PÉDAGOGIQUE

*Ce chapitre vise à examiner le cadre dans lequel s'effectue
l'accompagnement de la personne en formation.
Il passe en revue les acteurs, les situations
d'accompagnement, les modalités pédagogiques.*

Sommaire

N°	Titre du chapitre	Fil conducteur

Accompagner au sein d'un dispositif de formation

a particullièrement pour finalité de — *vise à* — *consiste à*

1 — *Accompagner en formation*

Faciliter le développement d'une nouvelle identité professionnelle

Favoriser et garantir le succés de trois projets : étudiant, école, entreprise

Piloter et synchroniser sept activités : reconnaitre la personne, proposer du sens, garantir un chemin, situer la personne, relier la personne à ses motivations, conseiller sur les moyens, ouvrir des horizons

d'où il est possible d'identifer

2 — *Guider avec le dispositif pédagogique*

Les situations d'accompagnement
Le rôle du dispositif pédagogique et ses principales modalités

de là ressortent

Qu'est-ce qu'accompagner dans chacun de ces grands domaines ?

avec la question

Des grands domaines de la transformation de l'accompagné

qui sont

3 — *Accompagner par des positionnements* — L'évaluation en entrée et en sortie de formatin

4 — *Accompagner l'acquisition de connaissances* — L'acquisition des connaissances

5 — *Accompagner les temps en entreprise* — Les temps en entreprise

6 — *Accompagner le projet professionnel* — Le projet professionnel

7 — *Accompagner le changement de posture* — Le changement de posture

8 — *Piloter et orienter sa vie : quel accompagnement en formation ?* — Le projet de vie et sa conduite

9 — *Accompagner dans une relation* — La relation

de ces grandes activités d'accompagnement et de tout ce qui précède se dégagent

10 — *Facteurs de réussite d'un accompagnement* — Des favteurs de réussite de ces accompagnements

Une synthèse de l'activité "Accompagner le développement de nouvelles identités professionnelles"

11 — *Synthèse : la forme identitaire "accompagner en formation"*

elle concerne l'accompagnement d'une — *elle met en œuvre un* — *elle s'appuie sur une*

Transition identitaire

Processus d'accompagnement

Identité professionnelle d'accompagnement

Le développement de la personne en formation se déroule au sein d'un dispositif pédagogique défini. Il fournit des objectifs de connaissances à acquérir, d'expériences à vivre, de savoir-faire à développer. L'interaction de cet ensemble avec l'accompagné est l'objet de l'accompagnement. Il donne également un cadre à la fonction d'accompagnement.

EXEMPLE

Dernier entretien de suivi en fin de formation

Alain, apprenti ingénieur, rencontre l'enseignant responsable de sa formation et il dresse à son intention le bilan de son parcours : « Le temps a passé très, très vite. Nous avons toujours eu plusieurs objectifs : les projets se sont succédé, la réflexion sur le métier, la mission à l'étranger, le chantier de fin d'études, les soutenances, les réunions… Il n'y a pas eu de répit. Au bout de ce parcours, je ne sais pas dire s'il y a eu un moment particulier, mais je ne suis plus le même. J'ai profondément changé. Je ne sais pas si c'est voulu de votre part et comment c'est prévu, mais vraiment, je ne me suis pas ennuyé ! »

Entretien de suivi entre un enseignant débutant, Louis, et la responsable du département, Irène

« Au début, je ne voyais pas tellement l'intérêt de tout le suivi individualisé et je craignais trop de proximité avec les apprentis. Ici, nous sommes peu dans une posture de professeur et davantage dans celle de compagnon ayant l'expérience de la route à faire. Ce n'est qu'au fil du temps que j'ai compris la finesse de l'articulation des différentes étapes du dispositif et leurs enjeux. Par exemple, pour moi, la démarche de projet professionnel était superflue. Et pourquoi perdre du temps à des entretiens individuels pour cela ? Ce n'est qu'en ayant vu un cycle entier que peu à peu j'ai perçu l'évolution des apprentis et que j'ai compris le rôle de chaque étape. Il me fallait vraiment l'année pour prendre la mesure du parcours proposé et de mon rôle tout au long de ce chemin. »

Le cursus pédagogique correspond à l'agencement de différentes activités en fonction du temps et, dans le meilleur des cas, de la progression de l'apprenant. Un tel parcours de formation, qui plus est reconnu par un diplôme, s'appuie sur un référentiel, des prérequis, des objectifs, une progression, un système d'évaluation…

Son architecture correspondrait en quelque sorte à la capitalisation de l'expérience des accompagnements individuels dans une forme généralisable au plus grand nombre. Ces dispositions fournissent un double guidage. D'une part, elles offrent un parcours balisé à l'apprenant. Et de la même façon, elles apportent à l'enseignant des repères quant aux actions qu'il a à conduire. Elles offrent aux acteurs un cadre commun.

Les modalités d'un parcours de formation sont multiples. Elles peuvent intégrer des temps d'accompagnement individuel. Un collègue me disait : « Notre problématique d'accompagnement est de conduire quelqu'un d'un point A, l'entrée en formation, à un point B, le diplôme mais aussi l'acquisition de l'identité professionnelle correspondante. »

Quel que soit le guidage qu'apportent les dispositifs, il convient de souligner combien l'acteur principal de sa transformation est l'étudiant lui-même. La qualité d'un dispositif de formation réside dans la mise en place des moyens qui vont permettre cette transformation. Ce point a particulièrement été mis en évidence lors des travaux menés pour obtenir la certification qualité ISO 9001 d'un site du Cesi (Blandin et Serreau, 2008). La qualité d'un accompagnement trouverait bien entendu comme indice l'obtention du diplôme par l'accompagnant. Mais en arrière-plan se trouve plus fondamentalement l'acquisition d'une nouvelle posture professionnelle. En fait, c'est à la fois beaucoup et bien peu pour mesurer la performance de l'accompagnant. Les liens de cause à effet ne se mettent pas en évidence aisément. L'acteur principal est l'accompagné…

Nous allons donc passer en revue des étapes d'accompagnement du développement de l'identité professionnelle. Nous prendrons d'une façon générale le point de vue de l'accompagnant.

La situation d'ensemble à laquelle font référence les éléments qui suivent est celle de formations professionnalisantes de l'enseignement supérieur. Notre intuition est qu'ils se généralisent dans une certaine mesure à d'autres formations professionnelles.

Des situations vécues dans le groupe Cesi servant souvent d'exemple à notre propos, le lecteur intéressé trouvera la présentation de cet organisme en annexe (*cf.* annexe 1).

1. Les acteurs des situations d'accompagnement

1.1 Les « accompagnés »

« L'objet de la transformation » opéré par le dispositif de formation et son accompagnement est l'apprenant. Il change par son acquisition de nouvelles connaissances et compétences, par les remises en cause que suscitent les multiples questions qui se posent au sein du parcours. L'accumulation de connaissances et de compétences nouvelles ainsi que les retours d'expert modifient ses représentations.

Trois grandes familles d'apprenant peuvent être distinguées :

– les jeunes adultes, étudiants, sans expérience professionnelle : Ils vont en formation dans l'école et des stages fournissent les opportunités d'application en entreprise. Ils ont souvent pour but un diplôme et ont un grand besoin d'acquérir des repères sur la vie professionnelle ;

– les jeunes adultes en alternance : Ils ont un contrat de travail avec une entreprise dans lequel est prévu un temps obligatoire de formation. Temps en entreprise et temps en formation alternent. Ils ont davantage pour but l'obtention d'un diplôme et l'acquisition d'une expérience professionnelle. Ils ont besoin de repères et de relativiser cette première expérience ;

– les adultes avec expérience professionnelle : Forts d'un parcours antérieur, ils envisagent soit une consolidation soit une reconversion. Ils ont plutôt besoin d'étayer leur expérience et de s'ouvrir à la remise en cause de certitudes parfois limitantes. De façon caricaturale, la grande différence à faire entre ces publics est que les personnes inexpérimentées ont plutôt besoin de repères pour se lancer, tandis que celles qui sont expérimentées ont souvent besoin de cerner les limites de leur expérience avant de construire avec (tableau 2.1).

Tableau 2.1 – *Visées des différents types d'accompagnés et de leur accompagnement*

	Les « accompagnés »		
	Jeunes adultes étudiants (formation en centre et des stages)	**Jeunes adultes en formation par alternance**	**Adultes avec expérience professionnelle**
Âge type	18/24 ans	18/26 ans	30/45 ans
Ce que visent les accompagnés	– Un diplôme (pour clore un parcours et entrer dans la vie professionnelle). – Se préparer à entrer dans la vie active.	– Un diplôme (pour clore un parcours et entrer de plein droit dans la vie professionnelle). – Une expérience. – Un début d'autonomie financière. – Se préparer à trouver un emploi.	– Accéder à de nouvelles responsabilités ou activités. – Le diplôme est souvent souhaité pour la reconnaissance sociale qu'il confère.
Ce en quoi il faut les aider	– Avoir des repères sur la vie professionnelle. – Comprendre que l'entreprise attend avant tout des compétences et des comportements (et non un diplôme).	*Idem* que les jeunes adultes étudiants, et aussi ne pas généraliser avec trop d'absolu les enseignements de la première expérience.	– Étayer l'expérience et ouvrir des espaces de développement par des nouvelles connaissances et méthodes. – « Déconstruire » certaines certitudes issues de l'expérience, erronées ou limitantes. – Prendre du recul et confiance en soi (par rapport aux fonctions visées).

1.2   Les accompagnants

Si l'on prend le cas du groupe Cesi, les accompagnants sont essentiellement des salariés de l'école. Leur profil majoritaire correspond à des personnes ayant un diplôme de niveau I. Elles rejoignent l'institution après une première expérience professionnelle (Uhalde, 2010, p. 520-523). Leur responsabilité type est celle de responsable d'une promotion d'élèves. À ce titre, ces responsables conduisent le groupe d'étudiants au fil de la formation et en sont les référents. Ils sélectionnent les enseignants, supervisent les plannings, organisent les jurys depuis la sélection jusqu'à la fin de la formation. Parfois, ils ont également la responsabilité du centre de profit et intègrent la dimension commerciale dans leur activité. La personne qui accompagne l'élève exerce donc plusieurs fonctions, dont celle d'accompagnement. Du coup, leurs appellations sont multiples selon l'angle sous lequel est examinée leur activité.

Les appellations les plus usuelles sont celles de pilote, formateur, enseignant, référent, tuteur (dans le cadre de formations par apprentissage par problèmes).

Comme il a déjà été dit, l'accompagnement réalisé vise à aider les élèves à atteindre les objectifs de la formation et, dans la mesure du possible, à construire un projet professionnel cohérent et épanouissant, qui aboutisse à un emploi. Il y a donc en ligne de mire l'obtention du diplôme et l'obtention d'un emploi en adéquation avec la personne et, à la clé, la satisfaction à la fois des employeurs et du jeune diplômé.

Il est à noter que s'il y a souvent, dans les dispositifs de formation, un référent de la personne, l'accompagnement est le fait d'une multitude d'acteurs. Il s'effectue par quelqu'un à même de conseiller l'apprenant au regard du domaine considéré. L'accompagnant du projet professionnel, ou le référent au sein du dispositif, relie l'ensemble des domaines au service de la finalité de diplôme et d'insertion professionnelle. C'est de leur rôle dont il est majoritairement question ici.

1.3   Les tuteurs en entreprise

Accompagnateurs aussi, mais externes à l'organisme, les tuteurs en entreprise, ou maîtres d'apprentissage, tiennent entre leurs mains une part importante de la réussite de l'apprenant. Sous ces vocables, sont ici regroupés les interlocuteurs de l'entreprise qui encadrent et suivent sur le terrain l'apprenti. Souvent responsables hiérarchiques, mais pas toujours, leur rôle est de guider les acquisitions de compétences spécifiques à la mission proposée au sein de l'entreprise. L'objectif de formation qu'ils proposent est plutôt centré sur le métier et sur l'entreprise. Leur but ultime serait de donner à l'élève la culture de l'entreprise et les compétences pour en faire un professionnel reconnu, si possible dans l'entreprise d'accueil et, dans une perspective plus large, sur le marché du travail.

1.4   D'autres acteurs

Ils sont multiples et moins directement impliqués dans la relation d'accompagnement pédagogique. Mais sans eux, rien ne serait possible.

Citons, du côté de l'école, les personnes qui guident dans l'information sur le dispositif de formation, sur le montage des dossiers financiers et administratifs, et celles qui en assurent le suivi. Cet aspect sera détaillé au chapitre 10.

Il y a bien sûr tous les enseignants. Au-delà de la seule transmission de connaissances, ils s'impliquent dans l'usage qui peut en être fait. Ils partagent aussi leur expérience, soit par le questionnement qui en découle, soit par de simples témoignages.

Du côté de l'entreprise, que ce soit pour l'accueil en stage ou dans le cadre d'un contrat d'alternance, le rôle des services ressources humaines et formations est important. Ils agissent tout particulièrement sur les plans de la sélection, de l'administratif et également en cas de problèmes entre l'élève et son tuteur. Dans le cadre de la formation continue, de multiples exemples montrent combien l'implication du responsable ressources humaines est un facteur clé du succès du dispositif.

Sont également investis des salariés d'entreprise, des diplômés dont certains tiennent « à redonner ce qu'ils ont reçu » par le biais d'interventions, de participation à des jurys, etc.

2. Les dispositifs observés

Les dispositifs du groupe Cesi (tableau A p. 253), examinés pour notre propos ont des durées qui s'étendent de dix mois à cinq ans. Pour ces formations, les alternances dépendent des statuts et des objectifs pédagogiques. Couramment, elles se situent entre trois jours par mois de présence en centre et une semaine sur deux.

3. Situations de l'accompagnement en formation

Quelles sont les situations au cours desquelles sont mises en œuvre les activités décrites pour l'accompagné et l'accompagnant (figure 2.1) ?

L'accompagnement en formation ayant une visée de professionnalisation, toute situation de vie pendant la formation peut être une opportunité pour accompagner vers cette professionnalisation. Cependant, quatorze étapes principales de la progression (tableau 2.2) où s'opèrent particulièrement des processus d'accompagnement en vue d'aider l'apprenant peuvent être recensées. Toutes sont utiles à la réussite finale.

Figure 2.1 – *Dispositif pédagogique et étapes d'accompagnement*

L'accompagnement de l'école inclut l'organisation des jurys finaux et les retours qui en découlent. En effet, en retour, l'élève obtient de ces jurys une évaluation en termes quantitatifs, mais aussi qualitatifs pouvant être assujettis de conseils. Évaluation et conseils sont deux des composantes identifiées pour définir l'accompagnement (*cf.* chapitre 1). En ce sens, j'estime que ces étapes donnent lieu à un accompagnement par l'organisme.

Les temps d'information et d'admission établissent le lien entre la situation à un instant donné d'un individu et un futur possible en prise avec la motivation. Ils fournissent une première ébauche de l'identité nouvelle mais souvent la personne qui se renseigne n'en mesure que quelques fragments.

Dans la période de démarrage de la formation, il est indispensable d'apporter les informations qui sécurisent la personne dans son nouvel environnement et dans la durée pour la rendre ouverte aux transformations à engager. De même la présentation des informations liées au sens du dispositif, à son orientation générale, tant en matière de cible finale que des grandes étapes qui jalonnent le parcours, apportent la sécurité et le lien avec le projet individuel. Les premiers objectifs à court terme viennent conclure cette étape.

Ensuite, des étapes parfois parallèles, parfois séquentielles, se combinent. Il s'y retrouve le travail sur les différentes composantes d'une forme identitaire professionnelle. Dans un premier temps, il s'agit de l'acquisition de ressources nouvelles sous la forme de connaissances théoriques, de savoir-faire pratiques élémentaires, dans des contextes à l'école ou en entreprise selon les alternances.

Ces acquisitions passent par des objectifs, du travail personnel et de l'évaluation des résultats obtenus.

En entreprise, la progression passe en général par l'observation des situations et l'action sur des parties limitées de la situation. Peu à peu leur complexité croît et elles intègrent de plus en plus de parties pour passer par seuil à des prises en charge de situation plus globale.

Peu à peu, les nouveaux savoirs et la confrontation à des situations nouvelles poussent le sujet à réexaminer ses représentations. Son point de vue se déplace. Son sentiment d'efficacité ouvre la porte à des champs d'action neufs.

Lorsque cette mobilité se crée, c'est un bon moment pour consolider l'orientation vers l'identité professionnelle visée. Le travail sur les compétences ciblées, les postures et les valeurs du métier favorise cette orientation. Il en va de même pour la déclinaison de ces lignes générales dans un projet professionnel.

L'élaboration de ce projet professionnel vise à une appropriation plus forte, à un ajustement de la cible au potentiel et aux motivations du sujet et au développement de son efficacité dans la quête d'un emploi.

Arrive alors le moment de valider le projet, aux yeux de la personne elle-même, mais aussi au regard de référents. Le chantier de fin de formation, réalisation d'une mission représentative du métier visé, fournit un excellent moyen de synthétiser les apprentissages divers et de conforter le sentiment de la capacité à traiter des situations de ce niveau de complexité (tant pour l'apprenant que pour les référents). C'est l'occasion de nouveaux « réglages ».

La présentation du parcours à des membres de jury représentatifs est « la cerise sur le gâteau ». Elle offre à l'apprenant l'occasion d'une synthèse de son chantier, d'un retour réflexif sur son parcours et sur son projet, du regard significatif des autres sur ces mêmes aspects. L'avis fourni et les ultimes recommandations associées signent, dans l'attente de l'attribution du diplôme, l'étape finale du parcours de formation. Parfois, cette dernière est complétée par le bilan de formation, occasion d'une prise de recul sur le chemin réalisé et sur la mise en mot de ses nouvelles capacités, de ses perspectives…

Le précieux sésame apporte au nouveau diplômé la confirmation qu'il dispose des capacités et des ressources nécessaires à son démarrage dans un nouveau rôle. Avec le parcours effectué, il sait aussi que si la formation s'achève, l'apprentissage, lui, se poursuit, tout au long de la vie.

L'inventaire des quatorze étapes (Serreau, 2011), avec leur objet, les principales modalités et objectifs d'accompagnement, manifeste la continuité de ces étapes et leur intégration (tableau 2.2).

Tableau 2.2 – *Progression pédagogique et accompagnement*

Période	Objets	Principales modalités de l'accompagnement	Objectif de l'accompagnement	Enjeu
Amont de la formation	Information et orientation sur des dispositifs de formation.	– Réunion d'information – Entretien individuel (physique ou téléphonique).	– Déceler les besoins de la personne. – L'informer sur la formation la mieux adaptée à ses besoins.	– Comprendre le besoin et fournir les informations pour permettre à la personne de se déterminer. – Aider à traiter toutes les étapes pour permettre l'accès à la formation et rendre la personne disponible totalement à sa formation.
	Recherche d'entreprise (cas des formations par alternance).	– Entretiens. – Réunions de groupe.	– Fournir les repères et les méthodes pour présenter son projet de formation de façon crédible. – Apprendre à mettre en valeur sa candidature et à se présenter devant un professionnel.	Trouver une entreprise d'accueil pour pouvoir suivre la formation.
	1) Admission en formation.	– Entretiens individuels ou collectifs. – Épreuves écrites et orales (pour certains dispositifs) et comptes rendus d'admission.	– Évaluer la capacité : • de la personne à suivre la formation, à obtenir le diplôme puis à obtenir un emploi à la sortie, • du dispositif à répondre au projet de la personne.	– Réussite de la personne. – Efficacité de la formation dans le cadre de la mission confiée.

Période	Objets	Principales modalités de l'accompagnement	Objectif de l'accompagnement	Enjeu
Amont de la formation	2) Admission dans l'entreprise	Préparation des entretiens, CV, lettre de motivation.	Pour l'entreprise, avoir une personne qui remplisse la mission ; pour l'apprenant être mis dans des situations en adéquation avec la formation et si possible avec son projet professionnel (quand il existe ou qu'il existera) ; pour l'organisme avoir un apprenant qui réponde aux besoins de l'entreprise et une entreprise qui s'engage sur les objectifs de la formation.	Permettre l'acquisition de l'expérience en situation professionnelle.
	3) Définition et validation de la mission	Fiche de mission, entretien.	Avoir une mission qui réponde aux besoins de l'apprenant et à ceux de l'entreprise, et le tout en adéquation avec les objectifs de la formation et du diplôme.	Accès de la personne à la formation et pour l'organisme ouverture de la formation.
Début de formation	4) Présentation du dispositif de formation	Séance collective.	Donner du sens au dispositif, fournir le fil rouge, donner le cadre de référence pour la suite.	Clarifier les objectifs du dispositif, les étapes de la formation, préciser des spécificités, les règles de fonctionnement, les attentes du formateur et les dispositions pratiques.
	5) Positionnement de l'apprenant face aux attendus de la formation et de l'entreprise	1er entretien de suivi.	Faire connaissance, informer des attentes réciproques, bâtir le 1er contrat d'objectifs, s'assurer que les exigences de la formation relatives au diplôme seront respectées.	– Donner du sens à ce qui va se passer et donner une idée de ce qui va se passer. – Faire le lien entre les objectifs généraux et la situation de l'apprenant. – Implication de l'apprenant, et ajustements nécessaires.
En cours de formation	6) Acquisition et validation des connaissances et des compétences.	Devoirs, travaux pratiques, projets (école, entreprise, vie associative…).	Valider l'acquisition des connaissances nécessaires au développement des compétences.	Définir un 1er jalon qui permettra d'évaluer le bon avancement sur une période donnée.
	7) Régulation des individus et du groupe.	– Entretiens. – Séances collectives.	Aider les individus dans leur vie de groupe pour atteindre les objectifs de formation voire individuels ; affirmer l'autorité de l'institution.	– Faciliter l'engagement des acteurs et prévenir les dysfonctionnements. – Apporter une réponse adaptée aux situations.
	8) Suivi officiel de la progression.	Entretiens dans l'école ou en entreprise.	Aider l'individu à atteindre les objectifs de formation ; parfois recadrer une personne qui dévie par rapport aux objectifs de la formation ou de la collectivité ou de la mission en entreprise.	Évaluer la progression et fournir un retour à l'accompagnant et au tuteur entreprise comme à l'accompagné.

Période	Objets	Principales modalités de l'accompagnement	Objectif de l'accompagnement	Enjeu
En cours de formation	9) Suivi des apprentissages et des traitements de situations de terrain.	Observations et entretiens en entreprise (par le tuteur en entreprise).	– Susciter des mises en situation adaptées à la progression pédagogique. – Conseiller, aider et valider les actions menées en situation professionnelle.	– Mettre l'apprenant en situation professionnelle et lui permettre d'y évaluer son efficacité et ses axes de progrès. – Conseiller sur la mise en œuvre.
	10) Suivi (et parfois apport de méthodes) des projets et chantier de fin de formation.	– Entretiens. – Séances collectives.	S'approprier les méthodes pertinentes pour traiter les problématiques rencontrées et pouvoir les utiliser dans le futur.	Apporter la guidance pertinente à des étapes de synthèse de la formation.
	11) Définition et validation du chantier/projet de fin de formation.	– Fiche de mission. – Entretiens.	Valider le choix du chantier au regard des exigences de la formation et si possible du projet professionnel.	S'assurer que l'une des étapes clé de la formation soit correctement initialisée
	12) Suivi et apport de méthodes pour la construction et la mise en œuvre d'un projet professionnel.	– Entretiens. – Séances collectives.	– Acquérir une démarche pour gérer ses transitions professionnelles. – Optimiser son temps en formation et utiliser toutes les opportunités pour avancer dans son projet personnel professionnel. – Outiller pour la recherche d'emploi.	– Favoriser l'adéquation de la personne avec les postes ciblés. – Fournir une motivation supplémentaire en collant au plus près au projet de la personne et en lui faisant identifier les marges d'autonomie dont elle dispose.
Fin de formation	13) Évaluation du niveau de compétences.	– Chantier/projet fin de formation (par un jury de professionnels). – Mission en entreprise (par le tuteur).	– Connaissances et savoir-faire en formation (par les enseignants). – Démarche projet professionnel (par un jury de professionnel). – Valider le niveau de compétences atteint en vue de l'attribution du diplôme.	Valider que la progression réalisée est au niveau attendu pour l'attribution du diplôme.
	14) Bilan de formation.	– Séance collective. – Entretien (pour un dispositif).	Dresser le bilan de formation et apporter un ultime retour sur les résultats des jurys et sur la formation.	Avoir un retour pour améliorer le dispositif.

L'interaction accompagnant/accompagné s'effectue selon des modalités matérielles multiples dont les paramètres énumérés ci-après donnent un aperçu (tableau 2.3).

Tableau 2.3 – *Paramètres des situations d'accompagnement*

Paramètres de situations			
Acteurs	Élève		
	Accompagnateur		
	Tuteur		
	Autres	– Autres élèves	
		– Responsable ressources humaines ou son représentant	
		– Représentant d'entreprises	
		– Enseignants	
		– Personnel administratif	
Temps	Moment de la formation	*Cf.* figure 2.1	
	Relation en	– Synchronie *(entretiens)*	
		– Diachronie *(échange de courriels…)*	
	Programmation	– Planifiée	
		– Non planifiée	
Géographie	Lieu institutionnel	– École	
		– Entreprise	
	Référence statutaire du lieu	– Bureau du responsable *(de l'école, du tuteur…)*	
		– Salle de réunion	
		– Salle de cours *(cas des accompagnements en groupe)*	
		– Couloir *(cas de discussions fortuites)*	
		– Espace détente (distributeur de boisson)	
	Proximité	– Même lieu	
		– À distance *(téléphone, visioconférence…)*	
Mode de communication	Parole		
	Écrit	*(Courriel, chat)*	
Organisation	Programmation	– Planifié	
		– Non planifié, réalisé à la demande d'un des acteurs	
		– Non planifié fortuit	
	Déroulement	– Selon un modèle validé par l'organisation	
		– Improvisé	
	Éléments de sortie	– Formalisés	
		– Non formalisés	
		– Bilan	
		– Objectifs et plans d'action	
		– Conseils	
		– Questionnement	
		– Encouragement	
		– Avertissement	
	Destinataires des éléments de sortie	– Élève	
		– Accompagnateur	
		– Tuteur	

Chaque étape de la progression contribue à la construction de l'identité professionnelle (tableau 2.4).

Tableau 2.4 – *Progression et contribution au développement d'une nouvelle identité*

Période	Objets	Principales contributions à la construction de l'identité professionnelle
Amont de la formation	Information et orientation sur des dispositifs de formation	– Esquisse un chemin d'accès entre une idée ou un projet et la situation actuelle de la personne. – Présentation des activités et capacités de l'identité visée. – Vérification de la cohérence par rapport à l'identité perçue actuelle.
	Recherche d'entreprise (cas des formations par alternance)	– Confrontation aux réalités du travail. – Nécessité de clarifier le projet pour le « vendre ». – Renforcement de l'engagement (sinon abandon).
	1) Admission en formation	– Confrontation à autrui significatif représentant l'identité professionnelle visée. – Validation de la faisabilité du projet. – Information sur les axes de travail.
	2) Admission dans l'entreprise	
Début de formation	3) Définition et validation de la mission	Concrétisation des attentes du métier et d'un chemin pour acquérir de l'expérience.
	4) Présentation du dispositif de formation	Présentation du parcours : sens et démarche pour évoluer.
	5) Positionnement de l'apprenant face aux attendus de la formation et de l'entreprise	– Confrontation à autrui significatif représentant l'identité professionnelle visée. – Écarts et objectifs de travail pour évoluer vers la nouvelle identité professionnelle.
	6) Acquisition et validation des connaissances et des compétences	– Validation de l'acquisition des savoirs de base nécessaire à l'exercice de la nouvelle identité professionnelle. – Positionnement et axes de travail à poursuivre.
En cours de formation	7) Régulation des individus et du groupe	Conseils et retours sur les acquisitions de connaissances mais aussi sur les comportements au regard des attentes du métier visé.
	8) Apprentissage et traitement de situations de terrain (en entreprises)	– Confrontation aux réalités du métier. – Proximité de figures identitaires à modéliser. – Auto-positionnement par rapport à la capacité à traiter les situations et à la motivation pour le faire.
	9) Suivi officiel de la progression	– Prise de recul et retours issus des confrontations aux situations du métier. – Proximité de figures identitaires à modéliser. – Point sur l'avancement du projet (qualité et temporalité). – Objectifs de progression.
	10) Définition et validation du chantier/projet de fin de formation	Définition d'une mise en situation de synthèse et significative des situations à traiter par l'identité professionnelle visée.

Période	Objets	Principales contributions à la construction de l'identité professionnelle
En cours de formation	11) Suivi (et parfois apport de méthodes) des projets et chantier de fin de formation	– Mise en confiance et repères pour oser s'engager dans l'action au niveau attendu par le métier ciblé. – Retours d'informations et objectifs, au regard de la cible et d'autrui significatifs.
	12) Suivi et apport de méthodes pour la construction et la mise en œuvre d'un projet professionnel	– Projection dans la nouvelle identité en en précisant les contours. – Plan d'action pour l'atteindre. – Acquisition des arguments pour en présenter l'acquisition et obtenir un emploi.
Fin de formation	13) Évaluation du niveau de compétences	Validation par autrui significatif des acquisitions des attributs de l'identité professionnelle requis pour l'exercice du métier.
	14) Bilan de formation	– Prise de recul sur le parcours suivi et la transformation opérée. – Expression du sentiment d'auto-efficacité. – Axes de travail à poursuivre et projets immédiats pour consolider les acquis récents.

Parmi toutes les situations évoquées, celles où la fonction d'accompagnement s'exerce dans sa plénitude sont les entretiens individuels. Leur particularité dans un dispositif de formation est qu'ils s'articulent avec la progression de l'apprenant, avec l'expérience vécue en relation avec les objectifs de formation.

4. De la compétence à la certification

Tout le dispositif pédagogique vise à favoriser l'acquisition de compétences nouvelles par l'apprenant.

Qu'est-ce qu'une compétence ? Comment la définir ? Les réponses sont multiples. Personnellement, j'apprécie la définition de Jacques Tardif car elle a des implications pratiques immédiates. Pour cet auteur, la compétence est « un savoir-agir complexe prenant appui sur la mobilisation et la combinaison efficaces d'une variété de ressources internes et externes à l'intérieur d'une famille de situations » (Tardif, 2006, p. 22).

La compétence est donc liée à l'action et à la complexité. Elle est une « promesse » (Perrenoud, 1995, p. 3) d'un certain impact dans la transformation de l'environnement. Si une entreprise confie à Corinne la responsabilité de son service qualité, elle en attendra des résultats y compris dans la forme (compatible avec la culture de l'entreprise et plus généralement de l'environnement professionnel). Pour ce faire, le savoir-agir mobilise des ressources multiples, internes ou externes. Le savoir auditer fera appel à des techniques de préparation d'audit, de conduite d'entretien, d'interprétation des normes et procédures. Connaissances et savoir-faire font partie de ces ressources.

La compétence s'applique à des familles de situation. Corinne pourra être très performante dans le cadre d'audit dans l'agroalimentaire et beaucoup moins dans la métallurgie.

Le dispositif pédagogique vise à faire acquérir les compétences d'un métier. Elles sont déclinées au sein d'un référentiel de compétences. En s'appuyant sur la définition précédente, ce référentiel peut se présenter sous la forme du tableau. Il est utile d'ajouter aux éléments de la définition les indicateurs de conduite de l'action et les difficultés types. Ils précisent significativement la compétence et guident pour la conception pédagogique.

Dotée d'un tel référentiel (tableau 2.5), l'ingénierie pédagogique va s'atteler à deux tâches essentielles. La première consiste à définir les modalités pédagogiques utiles à l'acquisition de ces compétences. Une brève approche en sera faite dans le paragraphe suivant. La seconde est de construire les modalités d'évaluation de ces compétences. Un exemple de grille illustre ces démarches (tableau 2.6).

Le système d'évaluation doit prendre en compte la complexité liée à la compétence. Si l'acquisition des ressources et leur application simple autorisent des évaluations souvent en dehors de la situation, c'est loin d'être le cas pour la compétence prise dans sa globalité. Bien souvent, évaluer un savoir-agir complexe prenant appui sur la mobilisation et la combinaison nécessite une situation réelle ou transposable. Le recours à un œil averti comme évaluateur est alors utile. Cette personne expérimentée est capable d'intégrer la complexité et de formuler un jugement.

C'est d'autant plus vrai quand la compétence est examinée sous son angle social. Car elle est souvent considérée comme la face sociale du savoir-agir. Par exemple, Corinne, au cours de son cursus de formation, apprendra les règles et techniques utiles à l'audit. En stage, elle pourra élaborer des audits. La seule construction des audits ne suffira pas à Corinne. Au-delà de ce seul savoir-agir, la qualité et l'efficacité de sa prestation seront évaluées par son tuteur, ses collègues de travail, voire un jury en formation (si le sujet a été traité dans le cadre d'un chantier). Ils reconnaîtront, ou non, la compétence de Corinne, c'est-à-dire à la fois le fait que le résultat a été atteint et la manière (dimension sociale) avec laquelle il a été obtenu. La prise en compte de ce savoir « faire reconnaître son savoir-faire » est intégrée dans certains référentiels. Cette lucidité dans la distinction à faire entre la performance (la réalisation) et la compétence (Nagels, 2009) est une donnée importante pour l'évaluation des compétences.

Tableau 2.5 – *Compétence Assurer la qualité : réaliser un audit*

Savoir-agir	Mode opératoire type.	Situations (contexte de mise en œuvre).	Paramètres de situation.	Ressources internes (interprétation de la situation, transformation de la situation... connaissances, savoir-faire).	Ressources externes (réseaux, législation, logiciels...).	Indicateurs de pilotage de l'action.	Difficultés types de mise en œuvre.
Paramètres de la compétence : assurer la qualité au sein d'une organisation							
Réaliser un audit qualité	– Préparer l'intervention. – Établir le plan. – Réaliser l'audit. – Rédiger le rapport. – Restituer l'avis. – Suivre la prise en compte de l'avis.	– Certification qualité. – Contrôle interne. – Tout type d'organisation.	– Niveau de maturité de l'entreprise. – Contexte social. – Évolution des normes. – Taille et périmètre. – Produits. – Processus concernés. – Système qualité.	– Connaissance de la norme. – Connaissance de l'entreprise. – Le langage. – Attitudes spécifiques : écoute, neutralité... – Expression écrite. – Synthèse, analyse.	– Norme. – Référentiel en place. – Organismes. – Procédures en vigueur.	– Temps. – Rapports. – Pourcentage réalisés par rapport au programme. – Nombre d'audits. – Pertinence des constats. – Pourcentage d'actions achevées.	– Indisponibilité des acteurs, des documents. – Réticences. – Pression de la direction. – Délais. – Absence d'indicateur.

Tableau 2.6 – *Grilles de construction progression pédagogique et d'évaluation*

Paramètres de la compétence : assurer la qualité/ Grille pour la progression pédagogique				
Savoir-agir	Apprentissages critiques/ indicateur de développement	Situations d'apprentissage	Paramètres des situations d'apprentissage (les paramètres peuvent guider la recherche des situations d'évaluation)	Critères d'acquisition
Réaliser un audit	– Mener un entretien d'audit. Etc.	– Simulation d'entretien. – Suivre un entretien en audit réel. – Mener un entretien avec supervision.	– Complexité des procédures. – Personnalité des interlocuteurs. – Documents à examiner.	– Sait commenter les différentes phases avec des risques afférents. – Respecte de la démarche. – Pertinence des écarts relevés Implication préservée des acteurs.
Paramètres de la compétence : assurer la qualité/Grille pour l'évaluation				
Savoir-agir	(Apprentissages critiques/ indicateur de développement)	Situations d'évaluation	Paramètres des situations d'évaluation	Critères d'évaluation
Réaliser un audit	Mener un entretien d'audit.	Mener un audit réel en autonomie sous l'observation de l'évaluateur.	– Périmètre audité. – Nombre d'interlocuteurs. – Éléments du système qualité disponibles. – Coopération ou non des acteurs. – Procédures respectées ou non.	– Détection des anomalies existantes. – Usage de la méthode d'audit. – Diplomatie et ténacité. – Perspicacité des questionnements et des retours. – Rapport d'audit et suivi prévu.

La certification des compétences aide à cette reconnaissance, au moins lors des phases de recrutement. Elle consiste à faire valider le référentiel de compétences et ses modalités d'évaluation par un « autrui significatif » au niveau de la société civile et ayant autorité pour cela. La certification est délivrée à un organisme qui obtient ainsi une habilitation de l'autorité compétente pour certifier des capacités acquises.

L'acquisition des compétences correspondantes au référentiel et la préparation aux modalités pratiques d'évaluation sont deux visées clés de l'accompagnement en formation. En effet, elles sont les étapes utiles à l'entrée sur le marché du travail pour l'exercice du métier escompté par l'apprenant.

La reconnaissance obtenue par l'avis d'autrui significatif renforcera le sentiment de reconnaissance de la personne tout comme celui d'auto-efficacité.

Développer les compétences dans le cadre de la formation revient à rendre Corinne plus compétente qu'à son entrée. Qu'est-ce qu'être plus compétent ? Si l'on se réfère à la définition précédente un accroissement de compétence peut résulter d'un accroissement :
– des ressources disponibles ;
– de la capacité à mobiliser et à combiner ces ressources ;
– des familles de situations que l'on est capable de traiter.

La didactique professionnelle ajoute à cette liste la capacité à réagir face à des situations jamais rencontrées précédemment (Pastré, Mayen et Vergnaud, 2006, p. 151).

En s'appuyant sur ces quatre propositions, former et donc aider à développer des compétences, c'est rendre quelqu'un capable de nouvelles activités, d'agencer davantage de ressources et avec une pertinence accrue ; c'est encore le mettre en capacité d'adaptation face à l'imprévu, voire à la nouveauté (en abordant de nouvelles situations ou au sein d'une même famille de situations).

Apprendre un métier c'est se rendre capable d'agir dans un cadre de situations globalement définies (même si chacune d'elle est unique et spécifique).

Aux compétences s'ajoutent, dans le développement de l'identité professionnelle, une nouvelle façon de se positionner dans l'environnement et des valeurs (*cf.* chapitre 7).

5. Pédagogies

L'apprenant donc, pour être en capacité d'exercer son métier, va devoir acquérir :
– de nouvelles ressources ;
– développer des savoir-agir dans une famille de situations ;
– intégrer une nouvelle posture, des valeurs.

La question se pose alors des dispositions pédagogiques à privilégier pour atteindre cet objectif : cours magistral, travaux dirigés ou pratiques, apprentissages par problème, etc. Les modalités pédagogiques forment une multitude. Chacune présente ses avantages et inconvénients.

La modalité pédagogique joue, au-delà du contenu proprement dit, sur des grands facteurs tels que le degré de similarité entre la situation d'apprentissage et la situation professionnelle, le degré de responsabilité, l'aspect relationnel (individuel, collaboratif...), etc. L'accompagnant doit les connaître pour y situer l'accompagné et favoriser l'usage que ce dernier peut en faire. L'ingénierie pédagogique réside dans l'art de l'agencement de ces modalités en respectant les contraintes du contexte, dont celle économique.

Si l'on se place du point de vue de la situation professionnelle visée, les cours magistraux, travaux dirigés et pratiques offrent plutôt une combinaison de ressources réduites. Du moins, elles placent l'étudiant dans un cadre qui limite le choix des ressources possibles. Par contre, l'exigence de la démarche est souvent très grande, au détriment peut-être de l'initiative et à la faveur de l'efficacité. Dans le cours magistral, l'agir de l'étudiant engage très peu sa responsabilité à l'égard d'autrui.

Les postures d'apprentissage par problème ou en lignes conduisent, à des degrés divers, à une prise en charge plus active de l'apprenant dans la recherche de la connaissance.

Les études de cas et les projets en école sont favorables à la simulation de traitement de problématiques professionnelles et au travail collectif.

Dans notre perspective, l'alternance offre encore un peu plus la possibilité de se familiariser avec les situations professionnelles. Outre l'environnement « réel », il y a aussi l'aspect social du contrat de travail assorti d'une rémunération.

Cette modalité propose une multitude de déclinaisons selon les degrés d'autonomie et de complexité auxquels est soumis l'alternant. Le chantier de fin d'études en serait la déclinaison ultime, en le considérant comme une activité similaire à celle visée. Outre la finalité de favoriser la synthèse des connaissances et des savoir-faire acquis, il a l'objectif d'officialiser le niveau atteint par une évaluation.

Dans toute la progression pédagogique, la préparation aux responsabilités à assumer est un élément clé. Le travail sur cette responsabilité est intimement lié à la notion d'autonomie. La formation vise à donner de l'autonomie et à savoir rendre compte de cette autonomie auprès de la société.

Les analyses de pratique consolident cette démarche. Elles renforcent l'appropriation et la mobilisation des ressources pertinentes à ces situations.

Sur la base de ce bref descriptif, un classement indicatif est proposé. Il positionne les modalités pédagogiques au regard de leur contribution à l'évolution des différentes facettes constitutives d'une identité professionnelle (sur une échelle de 1 à 5, où 1 correspond à une faible contribution et 5 à une forte contribution) (tableau 2.7).

Tableau 2.7 – *Modalités pédagogiques au regard des situations professionnelles visées*

	Ressources (acquisition de connaissances théoriques, capacité à les mobiliser)	Complexité et combinaison de ressources	Savoir-agir	Implication à l'égard d'autrui/interactions avec autrui	Responsabilité	Impact sur la posture	Total
Cours magistral	5	1	1	1	1	1	10
TD	5	1	2	1	1	1	11
E-learning	5	2	1	1	2	1	12
TP	5	2	2	2	2	2	15
Apprentissage par problèmes	5	2	2	2	2	3	16
Études de cas (collectives)	3	3	3	3	2	3	17
Analyse de pratiques et bilans d'expérience	3	3	3	3	2	3	17
Projets collectifs école	3	3	4	3	3	3	19
Alternance	3	4	4	5	4	4	24
Chantier (en entreprise)	3	4	4	5	4	5	25
Situation professionnelle	3	5	5	5	5	5	28

Échelle des contributions des modalités pédagogiques à des facettes de l'identité professionnelle : 5 fortes, 4 plutôt fortes, 3 moyennes, 2 plutôt faibles, 1 faibles.

Dans ce tableau, deux axes sont essentiels pour positionner ces pratiques pédagogiques les unes par rapport aux autres. Il s'agit du degré de responsabilité assumé devant autrui d'une part, et d'autre part du degré de complexité des combinaisons de ressources à mobiliser dans la perspective de la situation d'entreprise à traiter (figure 2.2).

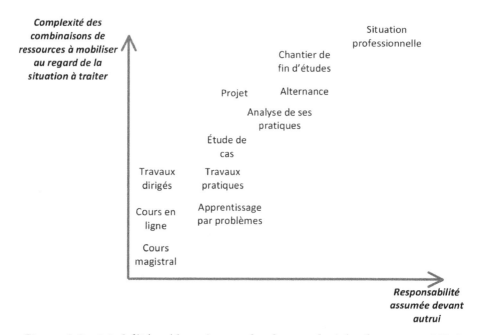

Figure 2.2 – *Modalités pédagogiques selon la complexité et la responsabilité*

Ces positionnements sont à prendre en compte de manière indicative. Au-delà des mots, tout le contexte est à prendre en compte.

Le dispositif pédagogique est défini en vue d'un public donné. À l'entrée, la sélection permet d'identifier les candidats répondant à ce profil pour que le meilleur parti soit tiré de la formation. À la sortie, l'évaluation mesure l'évolution opérée. Évaluation en entrée et en sortie sont les thèmes du prochain chapitre.

L'ESSENTIEL

Le dispositif assure une fonction de guidage à la fois pour l'apprenant et pour son accompagnant. Ce guidage s'effectue au travers d'une progression et de modalités pédagogiques choisies au regard du référentiel des compétences visées par le métier. Degré de responsabilité et de complexité, situations d'apprentissage, modalités pédagogiques sont des mots clés à conjuguer avec les paramètres de la compétence pour mener à bien cette ingénierie pédagogique.

ACCOMPAGNER PAR DES POSITIONNEMENTS : L'ÉVALUATION EN ENTRÉE ET EN SORTIE DE FORMATION

L'évaluation est au cœur de l'activité d'accompagnement. Elle commence et conclut le parcours de formation. Elle est de tout moment pour situer l'accompagné dans sa progression. Les évaluations d'entrée et de fin de parcours apportent des éclairages essentiels sur cette activité. Quels sont les paramètres observés et pris en compte ?

Sommaire

N°	Titre du chapitre	Fil conducteur

Accompagner au sein d'un dispositif de formation

a particulièrement pour finalité de

vise à

consiste à

1 — Accompagner en formation

Faciliter le développement d'une nouvelle identité professionnelle

Favoriser et garantir le succés de trois projets : étudiant, école, entreprise

Piloter et synchroniser sept activités : reconnaitre la personne, proposer du sens, garantir un chemin, situer la personne, relier la personne à ses motivations, conseiller sur les moyens, ouvrir des horizons

d'où il est possible d'identifer

Les situations d'accompagnement
Le rôle du dispositif pédagogique et ses principales modalités

2 — Guider avec le dispositif pédagogique

de là ressortent

Qu'est-ce qu'accompagner dans chacun de ces grands domaines ?

avec la question

Des grands domaines de la transformation de l'accompagné

qui sont

3 — Accompagner par des positionnements

L'évaluation en entrée et en sortie de formatin

4 — Accompagner l'acquisition de connaissances

L'acquisition des connaissances

5 — Accompagner les temps en entreprise

Les temps en entreprise

6 — Accompagner le projet professionnel

Le projet professionnel

7 — Accompagner le changement de posture

Le changement de posture

8 — Piloter et orienter sa vie : quel accompagnement en formation ?

Le projet de vie et sa conduite

9 — Accompagner dans une relation

La relation

de ces grandes activités d'accompagement et de tout ce qui précède se dégagent

10 — Facteurs de réussite d'un accompagnement

Des favteurs de réussite de ces accompagnements

Une synthèse de l'activité "Accompagner le développement de nouvelles identités professionnelles"

11 — Synthèse : la forme identitaire "accompagner en formation"

elle concerne l'accompagnement d'une

elle met en œuvre un

elle s'appuie sur une

Transition identitaire

Processus d'accompagnement

Identité professionnelle d'accompagnement

L'évaluation est l'une des composantes de l'accompagnement (Milgrom, Mauffette, Raucent et Verzat, 2010).

Le terme d'évaluation évoque aisément un verdict. Je préfère donc parler de « situer la personne » ou de « positionnement ». Cette activité est essentielle chez l'accompagnant. Il ne cesse de simuler dans son esprit un jury final, un entretien de recrutement ou une situation professionnelle dans lesquels il imagine l'accompagné. C'est pourquoi, même si l'accompagnant n'est pas nécessairement un acteur des phases de recrutement ou de jury final, il me semble pertinent de s'y arrêter. Les processus qui y sont mis en jeu sont aussi mis en œuvre de façon très voisine par l'accompagnant.

Il s'agit d'évaluer la capacité d'une personne à agir dans un certain contexte. À l'admission, la réflexion se fonde essentiellement sur le potentiel d'évolution. À la sortie, il s'agit d'apprécier si l'évolution est advenue. Dans les deux cas, la réflexion s'appuie sur le référentiel de compétences visé par la formation. Et au-delà, elle se réfère à la représentation que se font les membres du jury de ce qu'est un « bon professionnel ». Dans les deux cas également, le processus ne peut pas être purement automatique. Il implique une part d'appréciation subjective, gage d'une tentative de prise en compte effective de la globalité de la personne.

1.   L'admission

EXEMPLE La délibération est délicate pour l'admission de ce salarié d'entreprise (candidature individuelle), à une formation de responsable en gestion des ressources humaines. Xavier R. est reçu par un enseignant et un directeur des ressources humaines qui constituent le jury. Après avoir écouté Xavier R. présenter son parcours et répondre à des questions, les membres du jury demeurent perplexes : les capacités intellectuelles du candidat paraissent tout à fait à la hauteur des exigences de la formation et du métier. De plus le candidat possède une expérience d'encadrement dans le secteur industriel. Elle lui donne *a minima* des situations de référence à partir desquelles construire ses apprentissages et son nouveau rôle, et au mieux des compétences d'encadrement appropriées à la fonction ressources humaines. Néanmoins, il connaît peu ce domaine. Visiblement, l'idée qu'il s'en fait est très loin de la réalité. Il idéalise la dimension sociale.

➜

En revanche, la façon dont il réagit aux questions et exprime sa conception du métier laisse entrevoir un intérêt pour l'humain (jugé indispensable pour ce type de fonction). Sa motivation est forte, étayée par une soif d'évolution, mais pas toujours par des arguments relatifs au métier. Lors de la délibération, le débat est intense. Les capacités à apprendre du candidat paraissent certaines. Son expérience est un atout intéressant car il n'a pas à découvrir l'environnement professionnel industriel. Le point central reste la question : serait-il capable d'évoluer sur le plan comportemental pour développer l'écoute et la prise de recul nécessaires à la fonction ? Son positionnement très « aide sociale », sa dimension envahissante lui permettraient-elles de mener à bien ses missions et de se faire reconnaître dans la fonction ressources humaines ? par sa hiérarchie ? ses pairs ? ses collaborateurs ? les salariés ? Serait-il capable de changer et d'ajuster son comportement aux attendus du métier ? À l'issue de la délibération, la décision est favorable. Oui, les membres du jury pensent que ce qu'ils ont perçu de sa capacité de remise en cause et de sa réflexivité ouvrira la porte à son évolution. Sa motivation, son expérience et ses facultés intellectuelles l'aideront à mettre alors en place les évolutions souhaitées. L'acquisition des outils de la fonction sera un support pour trouver une prise de recul et un positionnement ajustés qu'il affinera lors du chantier en entreprise.

Les membres du jury appellent Xavier R. pour lui communiquer l'avis et les commentaires issus de sa délibération.

Il semble bien entendre les limites de sa candidature et les axes de travail proposés. Le premier retour est positif. La dynamique de changement s'amorce...

À peine Xavier R. est-il sorti que le directeur des ressources humaines se tourne vers son confrère, avec un sourire malicieux : « Je vous souhaite bien du plaisir avec ce candidat ! Je crois que vous avez du pain sur la planche... Mais, après tout, de tels challenges sont votre métier et c'est en partie là que le talent de votre formation peut s'exprimer ! »

2. Processus de sélection

Au regard de théories sur l'identité psychosociale, cet entretien de recrutement s'est tenu en présence de trois acteurs : un candidat et deux membres de jury (un formateur et un professionnel).

Un membre du jury est ici le représentant officiel d'une institution, elle-même habilitée à remettre un diplôme d'État. À ce titre, il est, dans une certaine mesure, le représentant de la société civile. Il agit par délégation, dans le cadre d'un processus défini, pour prononcer un accord ou un refus à l'égard d'un sujet candidat à une formation. Le candidat postule à une nouvelle activité dans la société. Cette activité est associée à un nouveau rôle professionnel, en l'occurrence, dans l'exemple, prendre davantage de responsabilités et s'investir dans le nouveau domaine des ressources humaines.

Mandatés de la sorte, les membres du jury ont marqué un temps d'accueil et de présentations. Ils ont exprimé le cadre de l'entretien (durée, etc.) et ses objectifs, notamment « permettre de valider votre candidature à la formation de responsable en ressources humaines au regard des attendus du métier et du diplôme, de votre profil et de votre projet, et enfin au regard du projet de l'institution délivrant le diplôme ».

Après quoi le candidat a débuté sa présentation puis a répondu aux questions du jury. Le processus est classique et l'écoute des membres du jury est orientée vers l'évaluation de différents points : capacité à suivre la formation avec profit, capacité à évoluer pour obtenir le diplôme et donner potentiellement satisfaction à un employeur dans le métier visé (figure 3.1).

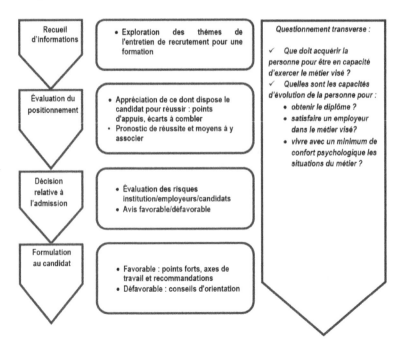

Figure 3.1 – *Processus type de recrutement pour une formation*

Cet avis se construit progressivement en explorant des thématiques dont les grands sujets touchent au parcours, aux connaissances et aux compétences, au projet du candidat, à ses motivations, etc. (encart 3.1).

Le processus de travail du jury n'est pas linéaire, mais plutôt multi-tâche, avec des observations parallèles, des liens multiples, des hypothèses intermédiaires. Tout est imbriqué. Par exemple, dans la façon dont le candidat parle du métier visé, le jury décode en arrière-plan un point fort, un attrait, une crainte, etc. La complexité est grande, la dimension sociale importante. Le recours à un jury de professionnels contribue au traitement de cette complexité. Si Xavier R. affirme en répondant à une question « la dimension sociale est essentielle dans la fonction ressources humaines », les membres du jury effectuent différentes opérations mentales tout en poursuivant leur écoute. Elles peuvent être une prise de position (accord ou non), un questionnement (sincérité ? pertinence ? ajustement aux attentes du métier ?). Il en découle la préparation de la question suivante tout en y intégrant les informations nouvelles fournies par l'écoute qui se poursuit.

Encart 3.1
Thèmes couramment explorés en entretien de recrutement
par les membres du jury *(explicitement ou implicitement,*
consciemment ou inconsciemment)

- Connaissances.
- Expériences professionnelles :
  - situations,
  - contextes professionnels,
  - liens avec le métier visé.
  - expériences extra-professionnelles.
  - compétences acquises.
- Connaissances et expériences du métier visé :
  - valeur ajoutée apportée par le métier à son environnement,
  - principales tâches, activités, fonctions assurées,
  - attentes de l'entreprise, des clients, de la hiérarchie,
  - contexte et environnement,
  - objectifs courants et indicateurs de performance,
  - problèmes et/ou situations typiques,
  - interactions relationnelles.

- Rôle attendu et posture requise par le métier.
- Projet de la personne :
    - à court terme ; à moyen terme,
    - attentes et motivations à l'égard du métier visé et de la formation,
    - craintes et appréhensions,
    - intégration au projet de vie,
    - continuités et ruptures biographiques,
    - contraintes.
- Relation aux autres :
    - travail en équipe,
    - adaptation,
    - leadership,
    - négociation.
- Images identitaires :
    - représentation du métier,
    - professionnels rencontrés,
    - affiliations et appartenances.
- Potentialités.
- Relation à soi :
    - analyse réflexive,
    - remise en cause,
    - volonté,
    - motivation,
    - anticipation,
    - cohérence,
    - affirmation de soi,
    - autonomie,
    - initiatives.
- Traits de personnalité :
    - qualités personnelles favorables dans l'exercice du métier,
    - qualités personnelles défavorables dans l'exercice du métier,
    - autres traits de personnalité.
- Socialisation professionnelle :
    - valeurs et motivations sous-jacentes au discours,
    - normes sociales intégrées.

- Traitement de la situation d'entretien et d'admission :
    - expression orale et écrite (CV, lettre de motivation, dossier de candidature),
    - argumentation,
    - écoute,
    - qualités relationnelles,
    - compréhension et ajustement à la situation.
- Émotions exprimées (verbales ou non verbales).
- Autres éléments :
    - contextes personnels particuliers.
- Etc.

Les informations recueillies au travers de l'exploration de ces thématiques participent à dresser un portrait de la personne qui dépasse l'évaluation de la simple capacité intellectuelle à suivre la formation. De fait, est dressé là un inventaire identitaire des caractéristiques de la personne au regard du projet de formation.

Le processus de délibération a conduit à assigner une identité professionnelle, sociale. Cette identité attribuée à la personne (ou identité pour autrui) est celle de candidat admis dans une formation préparant aux fonctions des ressources humaines. Une attribution effectuée par deux personnes significatives, puisque mandatées par une institution elle-même habilitée à délivrer un diplôme. Les deux membres du jury sont représentatifs également au regard de leur expérience professionnelle.

Si nous nous plaçons maintenant du point de vue du candidat, ce dernier a une histoire au cours de laquelle il a acquis des compétences. Il a aussi construit son sentiment d'identité au travers de situations vécues en interactions avec son environnement et des relations sociales, de l'évaluation qu'il en a faite et du sentiment qu'il en a retiré. Il va s'efforcer de montrer, avec plus ou moins d'habileté, en quoi son parcours, son potentiel et sa motivation le disposent à s'engager dans la voie demandée. Lors de cet entretien se manifestent les premières tensions entre les trois projets déjà évoqués, à savoir ceux de l'école, de l'entreprise, de la personne.

Le dilemme est évident lors de la délibération au sujet de candidats à la limite de l'acceptation : faut-il dire oui ou dire non ?

Dans ces cas, lorsqu'il est possible d'associer la personne concernée à la décision, il peut être intéressant de lui poser le dilemme : « Nous trouvons des limites à votre candidature sur tel ou tel aspect. Nous pensons que vous êtes capable de réussir à telle ou telle condition (investissement particulier dans une matière, choix d'un stage permettant de combler une faiblesse identifiée). La décision vous appartient. Il y a un risque que nous vous avons indiqué. Si vous êtes prêt à le prendre et à faire le nécessaire pour l'éviter, alors nous sommes prêts de notre côté à faire tout notre possible pour votre réussite. Mais vous comprenez que cela ne se fera pas sans un engagement important de votre part. Si vous n'y êtes pas prêt, mieux vaut ne pas poursuivre dans cette voie avec nous. Vous perdriez votre temps. »

3.   L'évaluation du chantier de fin de formation

L'objectif de cette évaluation est de définir si l'apprenant a conduit son chantier de fin de parcours d'une manière cohérente avec ce qui est attendu par les personnes exerçant le métier préparé.

Là aussi les processus de traitement sont multitâches, s'attachant à cerner différents aspects de la prestation.

Le point de départ de l'évaluation s'appuie sur le référentiel des compétences visées par le dispositif. De tels référentiels présentent :
– les activités à mener par le titulaire du diplôme ;
– les compétences mises en œuvre ;
– les modalités et critères d'évaluation de l'acquisition des compétences.

Le chantier d'application vise à faire vivre une situation représentative du métier. Parmi toutes les compétences ciblées, un tel chantier permet d'apprécier tout spécialement des compétences relatives à la capacité d'appréhender la situation, de combiner avec pertinence les autres compétences du référentiel et de jouer le rôle (social) attendu.

À ce titre, une soutenance permet d'observer l'apprenant, notamment dans ce qu'il dit de :
– la problématique rencontrée ;
– de son traitement ;
– des difficultés rencontrées ;
– du résultat obtenu ;
– du bilan personnel dressé.

Au-delà des dires de l'apprenant, il y a aussi sa façon de le formuler (verbale et non verbale) et ce que cela indique de son adéquation avec les objectifs de la formation.

Nous retiendrons principalement comme grands volets d'observation :
– la gestion de la situation de présentation orale (et écrite dans le cas d'un mémoire associé) ;
– le traitement de la problématique posée ;
– le résultat obtenu ;
– la pertinence des méthodes employées ;
– la posture prise ;
– la qualité des réponses aux questions et la manière de le faire ;
– l'analyse et le recul sur son action ;
– la fiabilité du propos.

La restitution de l'évaluation nécessite le respect de la personne. La prudence est de mise car l'appréciation est portée au travers de quelques minutes de présentation. Le travail s'est déroulé sur plusieurs mois. L'expérience montre néanmoins que les membres de jury se trompent rarement dans leurs affirmations finales. Ils ne voient pas forcément tout, mais leur appréciation s'appuie sur des éléments perçus, ayant une certaine réalité pour qui a suivi l'apprenant.

L'accompagnant a, dès lors, matière pour dresser un bilan avec l'accompagné.

Effectuer le positionnement de l'accompagné constitue un traitement multitâche complexe. Il s'effectue par l'analyse de l'écart entre une façon d'opérer prise comme référence et celle perçue comme étant pratiquée par l'accompagné. Entre en jeu également l'appréciation de la capacité à combler cet écart.

Le recours à des jurys de professionnels est une façon de prendre en compte cette complexité. L'apprenant est évalué au travers de grands volets d'observation tels que ceux de la figure 3.2.

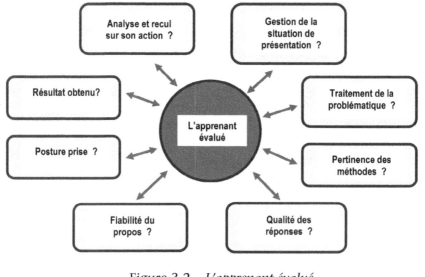

Figure 3.2 – *L'apprenant évalué*

L'ESSENTIEL

ACCOMPAGNER L'ACQUISITION DE CONNAISSANCES

Sur la base de quels repères peut s'accompagner l'apprentissage des connaissances ?
Ce chapitre se propose d'apporter quelques éclairages à ce sujet.

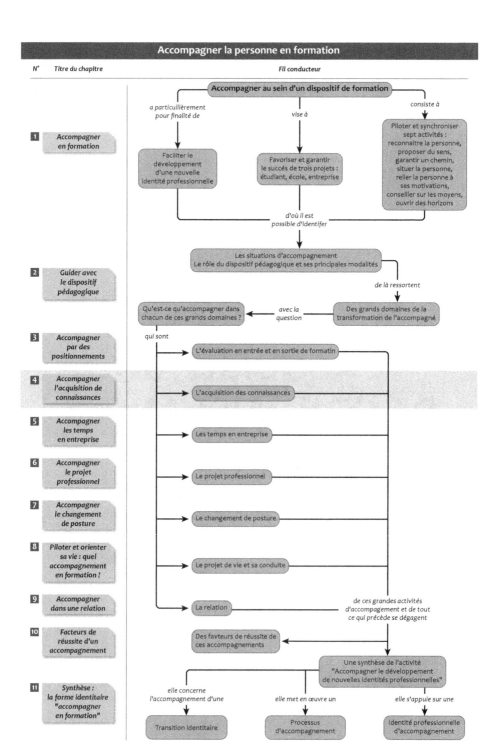

Accompagner la personne en formation

N°	Titre du chapitre	Fil conducteur

Accompagner au sein d'un dispositif de formation

a particullièrement pour finalité de

vise à

consiste à

1 Accompagner en formation

Faciliter le développement d'une nouvelle identité professionnelle

Favoriser et garantir le succès de trois projets : étudiant, école, entreprise

Piloter et synchroniser sept activités : reconnaître la personne, proposer du sens, garantir un chemin, situer la personne, relier la personne à ses motivations, conseiller sur les moyens, ouvrir des horizons

d'où il est possible d'identifer

Les situations d'accompagnement
Le rôle du dispositif pédagogique et ses principales modalités

2 Guider avec le dispositif pédagogique

de là ressortent

Qu'est-ce qu'accompagner dans chacun de ces grands domaines ?

avec la question

Des grands domaines de la transformation de l'accompagné

3 Accompagner par des positionnements

qui sont

L'évaluation en entrée et en sortie de formatin

4 Accompagner l'acquisition de connaissances

L'acquisition des connaissances

5 Accompagner les temps en entreprise

Les temps en entreprise

6 Accompagner le projet professionnel

Le projet professionnel

7 Accompagner le changement de posture

Le changement de posture

8 Piloter et orienter sa vie : quel accompagnement en formation ?

Le projet de vie et sa conduite

9 Accompagner dans une relation

La relation

de ces grandes activités d'accompagnement et de tout ce qui précède se dégagent

10 Facteurs de réussite d'un accompagnement

Des favteurs de réussite de ces accompagnements

Une synthèse de l'activité "Accompagner le développement de nouvelles identités professionnelles"

11 Synthèse : la forme identitaire "accompagner en formation"

elle concerne l'accompagnement d'une

elle met en œuvre un

elle s'appuie sur une

Transition identitaire

Processus d'accompagnement

Identité professionnelle d'accompagnement

EXEMPLE

Un entretien de suivi

Jérémy a des notes très faibles en statistiques.

– Comment expliques-tu tes notes, Jérémy ?

– Je ne suis pas très motivé.

– Pourquoi ?

– Je ne vois pas l'intérêt.

– Pourtant tu travailles dans le domaine de la qualité qui emploie ces techniques.

– Oui, mais je n'ai pas à me servir des statistiques

– Te serait-il utile de savoir à partir de quel nombre de pièces mesurées il est possible de décider de l'acceptation ou du rejet d'un lot de marchandise ?

– Oui, mais j'utilise des grilles toutes faites !

– Penses-tu qu'il n'y a aucune entreprise où ce serait utile de savoir le faire ?

– Non, il doit y avoir des postes où c'est nécessaire.

– Et si un jour tu voulais postuler à l'un de ces postes ?

Jérémy a les capacités intellectuelles pour traiter les problèmes de statistiques, encore faut-il qu'il apprenne à le faire. Comment l'aider à s'y investir ?

Les sciences cognitives mettent en avant l'importance de placer l'apprenant comme acteur de son apprentissage, de favoriser les échanges et les apprentissages basés sur des problèmes, de partir des connaissances déjà acquises (Centre for Éducation Research and Innovation, 2007, p. 240). À cela, Alice et David Kolb (Kolb et Kolb, 2005) ajoutent comme préconisations le respect de l'étudiant et la mise en place d'espaces accueillants, les liens à établir avec la motivation intrinsèque de l'étudiant. Ils décrivent l'apprentissage comme idéalement un cycle à quatre étapes (Kolb et Kolb, 2009) : l'action concrète, l'observation de cette action, la conceptualisation issue de l'observation et l'expérimentation des concepts (qui ouvre la voie à de nouvelles actions concrètes).

L'apprentissage présente le paradoxe d'une démarche entre plasticité cérébrale et résistance au changement, nécessitant des approches variées (Giordan, 1998, p. 186).

Dans un séminaire interne, un conférencier (Moal, 1995) posait les grands jalons (figure 4.1) de l'apprentissage. Ce dernier part des connaissances antérieures, qui confrontées à la réalité, se révèlent parfois insuffisantes pour traiter des problèmes. Résoudre ces questions fait émerger l'utilité de l'acquisition de nouvelles connaissances. Il s'ensuit la quête de ce nouveau savoir. Qu'il soit apporté par un professeur (cours traditionnel) ou recherché par l'apprenant (apprentissage par problème par exemple), il donne lieu à un travail individuel d'appropriation. Ce travail effectué, la confrontation à d'autres points de vue, l'aide apportée par un collègue pour faciliter la compréhension d'un aspect demeuré obscur sont autant d'activités qui vont conforter la connaissance en cours de construction. Il est alors temps d'évaluer l'acquisition, de la valider dans une confrontation auprès d'un expert ou à l'épreuve du terrain. L'ultime étape du processus est la généralisation à d'autres situations. Être capable d'appliquer la nouvelle connaissance à au moins trois contextes différents (nombre indicatif) conduit à penser à une réelle généralisation.

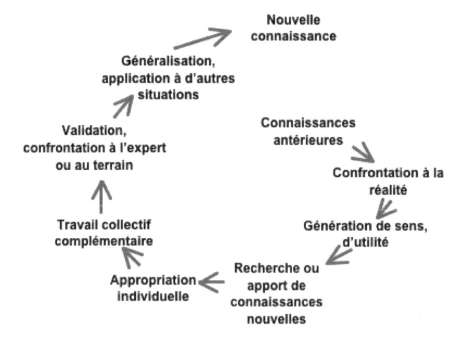

Figure 4.1 – *Une représentation du processus d'apprentissage*

Le rôle de l'accompagnant est de favoriser ces étapes. Il requiert des qualités telles que l'authenticité, la spontanéité, la flexibilité, la générosité, l'accueil, la coopération, la solidarité, la réciprocité (Trocmé-Fabre, 1999, p. 199-200)…

Dans son activité, il est important que l'accompagnant cherche à développer les leviers essentiels que sont l'auto-positionnement, l'auto-questionnement et l'auto-évaluation (Trocmé-Fabre, 1999, p. 154-158).

Il aborde des thèmes et suggère des moyens tels que ceux de l'encart 4.1.

Encart 4.1
Exemples de thèmes et conseils pour l'apprentissage des connaissances

- Mettre en pratique par des exercices (autant que nécessaire).
- Travailler les durées nécessaires.
- Travailler le cours : appropriation par des reformulations (résumés, fiches, etc.).
- Revoir le cours précédent avant le suivant.
- Oser poser des questions au professeur (pendant le cours, après...).
- Trouver de l'aide auprès d'étudiants plus forts.
- Constituer un groupe de travail.
- Scinder préparation du travail de mémorisation et activité pure de mémorisation.
- Utiliser des moyens mnémotechniques.
- Donner du sens aux apprentissages (penser aux applications).
- Se fixer des objectifs, une progression, un temps.
- Demander conseil à son professeur quant aux méthodes de travail, aux points clés du cours.
- Organiser sa prise de note.
- Planifier son temps de travail en fonction de ses rythmes biologiques.
- Etc.

De même, il est précieux d'aborder les erreurs dans une attitude de construction. « Ces erreurs sont moins des fautes *a priori* condamnables que des "symptômes" signalant les obstacles sur lesquels a buté leur pensée » (Giordan, 1998, p. 126). Aider à identifier ces obstacles et susciter le questionnement pour favoriser leur traitement sont deux axes clés de l'accompagnement lors de l'apprentissage des connaissances.

Dans les pédagogies actives, l'accompagnement trouve une place naturelle dans le rôle de tuteur (terme souvent choisi pour démarquer ce rôle d'accompagnement de celui de professeur dans un cours magistral).

L'apprentissage par problème, par exemple, vise à rendre davantage autonome les apprenants en leur fournissant des « situations-problèmes » à partir desquelles ils vont dégager des objectifs d'apprentissage. Il s'organise en plusieurs temps. Pendant le premier temps, les étudiants travaillent en petits groupes sur la « situation-problème » proposée (en fonction de la progression pédagogique). Des rôles d'animation et de secrétariat sont tenus tour à tour. L'objectif de cette première étape est de s'approprier la situation ainsi que le vocabulaire associé, puis d'en dégager la problématique en s'appuyant sur l'expression des différents points de vue. Partant de là, le plan d'action est construit. Il donne lieu à des axes d'apprentissage. Des pistes de ressources peuvent être communiquées. Pour la deuxième étape, le travail est individuel. Chacun recherche et s'approprie les connaissances visées au travers du plan d'action. La constitution de preuves d'acquisition fournit un temps d'appropriation. La troisième étape voit chaque groupe se reconstituer. Chacun apporte le fruit de ses recherches. Le travail du groupe a alors pour objectif d'apporter une solution au problème posé non sans s'être s'assuré de la pertinence des sources d'information et des savoirs proposés par chacun des membres. Ces savoirs sont confrontés, les solutions apportées sont comparées entre elles et aux attentes initiales. Une dernière étape consiste en une phase de bilan du travail et de la vie du groupe.

Cette modalité pédagogique est bien différente du cours magistral. S'y retrouvent les grands principes évoqués précédemment. La contrepartie de l'autonomie laissée, en environnement étudiant, est une démarche très structurée dans le temps et les rôles.

À l'Exia Cesi, dans le cadre de l'apprentissage par problèmes, le tuteur qui accompagne le groupe lors de ses échanges est très discret, en retrait de l'activité des étudiants. Son rôle est cependant très actif (Cesi, 2007) car :

– il est garant du respect de la démarche et de la place prise par chacun ;
– il guide les étudiants à leurs débuts ;
– il intervient, régule ou stimule des échanges en posant des questions ;
– il vérifie la qualité des appropriations faites ;
– il valide les plans d'actions et s'assure de leur avancement ;
– il anime l'étape de bilan et donne un retour sur sa perception de la prestation fournie par les étudiants.

Dans l'accompagnement de l'apprentissage par problèmes, comme dans tout autre accompagnement, l'empathie et la confiance dans la progression du groupe jouent un rôle important.

L'ESSENTIEL

Questionnement, mise en évidence d'écarts, écoute des difficultés, suggestions de méthodes et moyens, plans d'action et objectifs, suivi, etc. sont autant d'outils de l'accompagnement de l'acquisition des connaissances. Les dimensions de conseil et de lien social y jouent un rôle important.

5

ACCOMPAGNER LES TEMPS EN ENTREPRISE

En alternance avec les temps en institution, l'apprenant vit des situations en entreprise. Ces expériences sont accompagnées par le maître d'apprentissage ou tuteur en entreprise. Comment se conjugue cet accompagnement avec celui de l'école ? Quelles sont les motivations des acteurs ? Les progressions pédagogiques ? Les facteurs de réussite ? Les dysfonctionnements ? Les outils ? Ces points seront abordés en prenant pour point d'observation celui de l'école.

Sommaire

Accompagner la personne en formation

N°	Titre du chapitre	Fil conducteur

Accompagner au sein d'un dispositif de formation

a particulièrement pour finalité de   *vise à*   *consiste à*

1   *Accompagner en formation*

Faciliter le développement d'une nouvelle identité professionnelle

Favoriser et garantir le succés de trois projets : étudiant, école, entreprise

Piloter et synchroniser sept activités : reconnaitre la personne, proposer du sens, garantir un chemin, situer la personne, relier la personne à ses motivations, conseiller sur les moyens, ouvrir des horizons

d'où il est possible d'identifer

Les situations d'accompagnement
Le rôle du dispositif pédagogique et ses principales modalités

2   *Guider avec le dispositif pédagogique*

de là ressortent

Qu'est-ce qu'accompagner dans chacun de ces grands domaines ?

avec la question

Des grands domaines de la transformation de l'accompagné

qui sont

3   *Accompagner par des positionnements*

L'évaluation en entrée et en sortie de formatin

4   *Accompagner l'acquisition de connaissances*

L'acquisition des connaissances

5   *Accompagner les temps en entreprise*

Les temps en entreprise

6   *Accompagner le projet professionnel*

Le projet professionnel

7   *Accompagner le changement de posture*

Le changement de posture

8   *Piloter et orienter sa vie : quel accompagnement en formation ?*

Le projet de vie et sa conduite

9   *Accompagner dans une relation*

La relation

de ces grandes activités d'accompagnement et de tout ce qui précède se dégagent

10   *Facteurs de réussite d'un accompagnement*

Des favteurs de réussite de ces accompagnements

Une synthèse de l'activité "Accompagner le développement de nouvelles identités professionnelles"

11   *Synthèse : la forme identitaire "accompagner en formation"*

elle concerne l'accompagnement d'une   *elle met en œuvre un*   *elle s'appuie sur une*

Transition identitaire

Processus d'accompagnement

Identité professionnelle d'accompagnement

EXEMPLE

17 h 45 : un appel retentit sur le portable de Gérard, enseignant, responsable d'une promotion d'apprentis ingénieurs. Il décroche.

– Bonjour, je suis Monsieur L. de l'entreprise C. le tuteur de Matthieu. Vous vous souvenez, nous nous sommes rencontrés lors de votre visite dans nos locaux ?

– Oui, tout à fait, comment allez-vous Monsieur L ?

– Très bien, merci. Je vous appelle car j'ai un petit souci. Non pas avec Matthieu, tout va pour le mieux avec lui. Mais au sujet de son chantier de fin d'études. Je vous explique. J'ai compris que ce chantier était important pour l'attribution de son diplôme, aussi je souhaite avoir votre avis. Matthieu travaille au sein d'une équipe méthodes. Je pense lui confier le traitement d'une réclamation client. Elle est liée à un problème de process, justement sur la machine d'emballage sur laquelle il a débuté. Cette réclamation nous pose actuellement un très gros souci. Qu'en pensez-vous ?

– Je ne connais pas suffisamment votre contexte pour donner un avis pertinent. Mais, en revanche, je vous propose de passer en revue ensemble les critères qui selon moi font un bon chantier : un sujet cohérent avec la formation suivie ; des responsabilités confiées qui correspondent au diplôme préparé et notamment une ampleur suffisante et un rôle de pilote ; une réelle autonomie pour que Matthieu soit confronté à la réalité de ses futures fonctions et pour qu'il puisse mettre en valeur ses compétences devant le jury.

– Je vois… L'autonomie n'est pas un problème, je compte sur lui pour résoudre notre difficulté et il le sait. L'ampleur… Hum, l'enjeu stratégique est fort pour nous car ce client est très important. Par contre, en y réfléchissant, cette mission durera-t-elle suffisamment pour être significative ?

– Vous pointez là un aspect qui retenait mon attention. Pour le peu que je sache de votre contexte, je craignais que ce projet soit un peu, disons, court… Puisque vous avez besoin d'une réponse au problème industriel que vous rencontrez, autant le prendre comme sujet. Et alors pourquoi n'élargiriez-vous pas le champ à un projet du type réduction des taux d'anomalies ou mise en place de l'amélioration continue ?

– Vous me donnez une idée. Nous avons un projet pour fiabiliser toute notre ligne de production, je pourrais l'intégrer dans l'équipe projet.

– Oui. Sa responsabilité sera-t-elle identifiée ?

– Que comprendrait-elle ?

– Eh bien, il encadrera de façon fonctionnelle le technicien méthodes du secteur. Outre le traitement de la réclamation de notre client, il sera le pilote du projet avec l'objectif d'obtenir une réduction de 8 % des coûts de non-qualité et de mettre en place un processus de traitement des anomalies. Il travaillera en lien avec les services maintenance, qualité et production (c'est un secteur de 45 personnes). Et je lui confierai un budget pour la mise en place des solutions.

– Cela semble prendre une belle tournure, qui, pour ce qui me concerne, répond bien aux objectifs pédagogiques à cette étape de la formation.

– Pour moi, il en est de même. Je suis rassuré. Matthieu va pouvoir tirer profit de ce projet sur le plan professionnel. Je suis aussi convaincu qu'il y trouvera matière à faire une soutenance à la hauteur de ses qualités. Et moi, je vous avoue être aussi soulagé de pouvoir l'utiliser dès maintenant pour résoudre ce problème vraiment très important pour nous et pour lequel nous manquons de ressources.

L'analyse qui suit porte sur ce type d'interactions entre tuteur école et maître d'apprentissage. Elle se construira autour du cas des apprentis. La transposition vers les stagiaires de la formation continue se fera naturellement.

1. Les finalités en jeu

L'entreprise qui accueille un apprenti ou un stagiaire, a en général des motivations principales explicites (figure 5.1). Principalement, il s'agit de constituer un vivier dans lequel pourront s'opérer de futures embauches. 71 % des chefs d'entreprise espèrent ainsi former un jeune avant de l'embaucher (Cesi/Ipsos, 2012). C'est également le moyen de disposer d'une ressource bon marché sur le plan de la rémunération (10 % des chefs d'entreprise (Cesi/Ipsos, 2012)), au sein d'un accord qui dans une majorité de cas se veut gagnant/gagnant. Moins exprimée, mais tout de même présente, existe la volonté des entreprises de s'impliquer dans la formation des jeunes, au titre de leur responsabilité sociale. Parfois, cette orientation se fait avec une visée sociale interne à l'entreprise, celle de pouvoir répondre aux sollicitations de stage des enfants des salariés. Enfin, certaines entreprises apprécient la présence d'apprentis et stagiaires, car elle les met en relation avec l'extérieur, apporte des idées nouvelles, des méthodes autres, des questionnements...

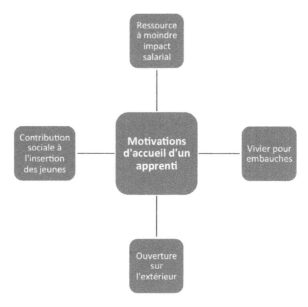

Figure 5.1 – *Motivation d'accueil d'un apprenti*

Dans cette optique, le tuteur en entreprise se voit confier la mission de guider l'apprentissage et souvent, dans le même temps, d'employer l'apprenti. Du côté des difficultés, ce rôle, parfois imposé par la hiérarchie, lui procure des contraintes, notamment de temps et de responsabilité. Il est plus ou moins facile de vivre selon le contexte de l'entreprise, les relations avec l'apprenti, avec l'école. Côté bénéfices, le tuteur peut trouver dans sa mission une reconnaissance à son expertise, une contribution à la pérennité de l'entreprise, à l'insertion des jeunes. Parfois, cette activité est la possibilité de déployer des talents pédagogiques enfouis ou inconnus. Elle offre aussi une ouverture extérieure, procure de la variété, ouvre un champ d'autonomie au sein de l'organisation...

Figure 5.2 – *Motivations d'un tuteur*

Les attentes fondamentales de l'apprenti sont de pouvoir acquérir des compétences afin d'obtenir un diplôme et un emploi (voire des emplois pour les plus visionnaires). L'expérience qui en résultera sera l'un des éléments qui rendront crédibles les compétences annoncées à un futur employeur. La formule de l'alternance procure par ailleurs une rémunération, étape vers une autonomie financière et, parfois, seul moyen d'accéder à des études. Pour certains, cette modalité est le gage d'efficacité de l'apprenti. Des apprentis, plus à l'aise avec les approches inductives, ont besoin de se confronter à des problèmes de terrain pour venir ensuite chercher dans les cours les outils utiles aux traitements des problématiques rencontrées.

L'école, quant à elle, souhaite essentiellement que les mises en situation en entreprise suscitent le développement des savoir-agir et de la posture visée par le diplôme. C'est l'occasion pour l'apprenti de mettre à l'épreuve du terrain les connaissances théoriques et pratiques acquises à l'école. Puis de revenir en cours avec un supplément d'attention. En complément, l'école y trouve un moyen de veille sur l'adéquation de sa proposition pédagogique avec les besoins des entreprises.

L'objectif des périodes en entreprise est globalement de mettre en situation l'apprenti pour lui donner la possibilité de développer de nouveaux savoir-agir complexes mobilisant ses ressources antérieures dont celles récentes de la formation suivie (qu'elles soient acquises en centre ou en entreprise).

À cette fin, les situations proposées à l'apprenti, le temps, la relation, la réflexivité, le degré d'autonomie et le sens sont les grands leviers d'action sur lesquels vont jouer les acteurs. Leur orchestration est complexe et les facteurs à prendre en compte sont nombreux.

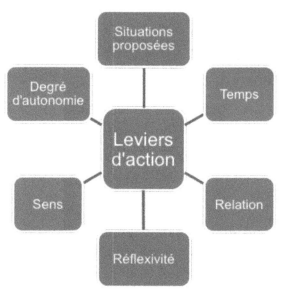

Figure 5.3 – *Leviers d'action*

2.   Les facteurs de réussite

Il est difficile de hiérarchiser par ordre d'importance les facteurs de réussite. Chacun de ceux énumérés ici est, en règle générale, nécessaire, mais jamais suffisant à lui seul. Le « savoir-faire métier » de l'accompagnant réside pour beaucoup dans son savoir orchestrer et canaliser les interactions de ces multiples éléments. Les fondations de la démarche reposent sur les deux principes :

– combiner avec le temps en définissant les niveaux de compétences à acquérir à des étapes données, autrement dit définir la progression pédagogique ;

– accomplir la progression pédagogique en effectuant des ajustements et de la coordination, objets importants des accompagnements.

L'accompagnement du tuteur et de l'école se synchronise sur la ligne de temps de l'apprenti et des exigences des entités respectives. L'un des paramètres de l'accompagnement en formation est le cadre temporel défini.

L'autre paramètre clé réside dans les niveaux d'acquisitions de compétences à atteindre par l'apprenti. Définir ces niveaux et leur chronologie fournit un jalonnement de résultats visés par le dispositif. Combinée au facteur temps, la progression donne aux acteurs la feuille de route. Elle peut être visée, réalisée, perçue par chacun des trois acteurs, partagée par ces mêmes sujets.

Pour optimiser l'action de chacun, il importe que ces acteurs communiquent et se coordonnent, au service des finalités évoquées précédemment. Les outils présentés plus loin contribuent à cet objectif.

Pour satisfaire les objectifs d'acquisition de niveaux de compétences, le choix des situations et le suivi de l'apprenti dans sa confrontation à la réalité opérationnelle sont primordiaux. Les situations offrent des « potentiels » (Mayen, 2007) d'apprentissage qui sont à apprécier et à proposer à l'apprenti au moment opportun de sa progression. À ce niveau, le rôle du tuteur est déterminant. L'école, elle, apporte la référence à un cadre général. Pour faciliter l'apprentissage, l'alternant appréciera une formulation en objectifs concrets, reliés aux situations et au métier.

Découvrir l'entreprise, prendre confiance grâce à des missions simples, puis varier les missions simples ou augmenter leur degré de difficulté pour, au final, mener un projet ou un chantier représentatif de ceux du métier préparé sont les principales phases de la progression (fig. 5.4).

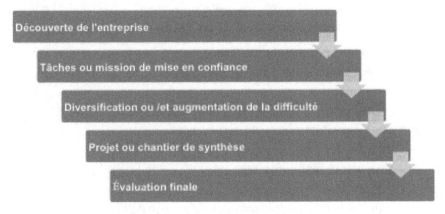

Figure 5.4 – *Progression type*

Dès lors qu'est évoquée une progression, s'impose la nécessité d'établir des points d'avancement. Lors de ces points, il est utile de parler des acquisitions réalisées et de les objectiver. Il est tout aussi important de prendre le temps d'évoquer la façon dont les situations ont été vécues par les acteurs et avec quel ressenti.

Les écarts objectivés seront confrontés à la progression prévue et, de là, se déduiront les objectifs de la période suivante.

Cette planification laisse la place aux opportunités et est sujette aux contrecoups des difficultés opérationnelles.

Lors de ces points, mais pas uniquement, l'accompagnement suscite la réflexion de l'apprenti sur les problèmes qui se sont posés à lui et sur la façon qu'il a eue de les traiter, sur les leçons qu'il en retire pour le futur. Il l'aide à prendre conscience de l'expérience acquise et des ressources qui lui ont été utiles. Il sollicite une attention sur le rôle à tenir.

Quand deux accompagnements se juxtaposent, il y a une impérieuse nécessité de coordination. Là également réside l'un des facteurs essentiels de réussite du temps en entreprise. De façon évidente cette relation doit se faire dans une visée définie, commune, où chacun est à la fois un soutien et un garant du rôle et de l'action de l'autre. Les activités d'accompagnement recouvrent les huit processus énoncés précédemment. Leur mise en œuvre efficiente dépasse la simple coordination pour entrer dans le cadre d'une coopération porteuse d'une visée commune, et d'une volonté partagée de résoudre les difficultés. Elle nécessite bien entendu l'implication des trois acteurs.

L'encart 5.1. rassemble ces différents facteurs de réussite.

Encart 5.1
Facteurs de réussite du temps en entreprise

- Situations proposées cohérentes avec :
  - personne
  - formation
  - entreprise
- Progression des situations et apprentissages.
- Implication des acteurs.
- Connaissance mutuelle suffisante :
  - du dispositif de formation,
  - de l'activité de l'entreprise et du service de l'apprenti.

- Objectifs exigeants et cooptés.
- Évaluations existantes et justes.
- Cadre transmis et compris.
- Communication régulière :
    - attentes,
    - ressentis,
    - cadre, contraintes, limites et ouvertures,
    - alertes,
    - sens,
    - problèmes.
- Coopération :
    - compréhension et respect des points de vue mutuels,
    - usage de la complémentarité des rôles respectifs,
    - volonté d'aborder et de traiter les problèmes,
    - recherche commune de solutions.
- Compétences :
    - pédagogiques,
    - métier.

3. Les dysfonctionnements communs

Les dysfonctionnements seront abordés ici en adoptant principalement l'angle de vue de l'école. Ils trouvent essentiellement leur source chez les acteurs. Ils proviennent de la méconnaissance des attentes des parties prenantes, du manque de compétence de l'un des acteurs pour traiter une situation donnée, d'un défaut d'implication, voire de mauvaise volonté. Les aléas de la vie en centre et en entreprise ainsi que les contraintes permanentes ou provisoires du contexte des acteurs amplifient ces fragilités et conduisent parfois aux dysfonctionnements dont la liste ci-après recense des cas typiques (tableau 5.1).

D'une façon générale, deux éléments clés de toute relation sont à respecter pour la bonne marche du trio tuteur en entreprise/accompagnant école/apprenti.

Tableau 5.1 – *Écarts et dysfonctionnements typiques du temps en entreprise*

Points clés	Dysfonctionnements	Traitements possibles
Mission	Inadéquation avec les attentes ou les possibilités de l'un des interlocuteurs.	– Expliciter les attentes des parties prenantes et leurs contraintes. – Être ferme sur les points clés : pertinence de la mission, tutorat, échéances principales, résultats visés, degré d'autonomie. – Alerter l'interlocuteur ressources humaines. – En ultime recours, rupture de la relation.
Rôle, posture, identité professionnelle visée	– Apprenant trop « scolaire » ou passif. – Tuteur surprotecteur ou pas impliqué. – Discours de l'une des parties prenantes discréditant l'autre ou les autres. – Écarts de vue sur l'identité professionnelle visée.	– Prendre acte avec les interlocuteurs, resituer le sens et les objectifs, parfois les devoirs mutuels. – Distinguer les faits des opinions et des sentiments. – Adopter successivement les différents points de vue. – S'appuyer sur les outils de l'accompagnement du changement de posture (fig. 7.3 p 109), sur le référentiel du diplôme. – Rechercher ensemble des solutions à des faits concrets.
Objectifs	– Objectifs inadaptés ou imprécis, voire absents. – Tuteur ou apprenti interprétant librement ce qui est acceptable ou non.	– Travailler avec l'apprenant pour qu'il définisse lui-même les objectifs et les fasse valider par le tuteur. – Présenter les objectifs, lever les freins, vérifier l'adhésion. – Mettre en garde, si nécessaire par écrit, sur les risques encourus à l'égard de la réussite au diplôme et de la préparation du métier. – Rappeler l'importance de l'évaluation dans l'apprentissage.
Chantier/projet en entreprise de fin d'études	– Idem que la mission. – Dilution dans de multiples petites activités fragmentées. – Échéances décalées par rapport à celles de la formation.	– Valider, à son lancement, la compatibilité du projet avec la formation. – Regrouper les activités en une mission globale, dégager un axe prioritaire et ample. – Définir le projet sur la période de formation balisé par un diagnostic de départ et une évaluation des résultats en final. – Attirer l'attention sur les limites du projet et susciter des ajustements.
Connaissances	– Jugement d'inadéquation du programme par rapport aux besoins du terrain. – Manque de retour à l'égard du tuteur sur ce qui a été vu en cours.	– Rappeler qu'un planning ne permet pas de traiter toutes les connaissances en même temps. – Inviter à des points réguliers. – Définir des modalités de circulation de l'information.

Points clés	Dysfonctionnements	Traitements possibles
Apprentissage	– Objectifs et missions incohérents avec la progression de la formation (contenus, moments…). – Mise en œuvre d'une méthode de façon moins rigoureuse au sein de l'entreprise de l'apprenti qu'ailleurs en général. – Apprenti en retard ou en avance sur les objectifs proposés. – Concurrence entre le calendrier entreprise et formation.	– Inviter à des retours d'information, à des points réguliers. – Identifier les causes et chercher ensemble des solutions – Sensibiliser l'apprenti à l'écart qui existe entre la pratique de son entreprise et celle des entreprises en général. – Fixer les règles relatives aux absences dès le départ.
Évaluation	– Manque de retour du tuteur en entreprise ou de l'école. – Évaluation injuste (complaisance du tuteur, méconnaissance du système d'évaluation et de l'impact des notes).	– Inviter à des retours d'information et faire des points réguliers. – Communiquer régulièrement sur les principes du système d'évaluation.
Vie au travail	– Respect des règles de présence et du règlement intérieur. – Accidents.	– Rappeler le sens et les devoirs. – Sanctionner en cas de nécessité. – Appliquer les procédures en vigueur.
Engagement	Déficit d'implication de l'un ou l'autre interlocuteur.	– Encourager l'apprenti à dialoguer, à trouver un tuteur en substitution. – Être vigilant à l'impact des rythmes de la formation. – Éviter des périodes sans objectif majeur pour chaque interlocuteur.
Tutorat	Tuteur dépourvu de compétences managériales ou pédagogiques.	– Guider, conseiller le tuteur : fournir des exemples, suggérer des possibilités sous réserve de son accord. – Fournir les informations utiles. – Proposer une formation.
Accompagnant école	Accompagnant école dépourvu de connaissances et de compréhension des situations d'entreprise.	– Exercer en double l'accompagnement le temps de se former. – Sélectionner des accompagnants avec expérience métier.
Relations entre les interlocuteurs	– Problèmes interpersonnels. – Détournement de la mission ou des moyens au profit de l'une des parties (utilisation à des fins personnels de moyens de l'entreprise ; tâches demandées situées abusivement hors du champ des objectifs professionnels). – Utilisation de la présence de l'enseignant pour passer des messages à l'apprenant. – Manque de respect mutuel. – Harcèlement.	– Comprendre le relationnel instauré entre le tuteur et l'apprenti – Distinguer faits, opinions, sentiments. – Quel est le problème ? En quoi est-ce gênant ? Quelle solution apporter ? – Aider chaque partie prenante à se placer dans la situation de l'autre. – Faire s'exprimer dans le respect les ressentis, les valeurs affectées, les peurs, les attentes, les motivations. – Situer les enjeux professionnels, les besoins pédagogiques et renvoyer les interlocuteurs à leurs responsabilités. – Alerter l'interlocuteur du service ressources humaines. – Pour l'accompagnant, savoir demeurer dans son cadre.

D'une part, il s'agit du partage des objectifs et donc du projet en général. D'autre part, cela concerne la communication nécessaire à ce que chacun puisse réguler son activité en intégrant les retours des deux autres. Tout ce qui y contribue ne peut que faciliter le déroulement du temps en entreprise. Communiquer implique l'existence d'un contenu. Il doit avoir été défini, notamment par l'école : quels sont les progrès attendus ? les points à observer, à évaluer… ? Les tuteurs apprécient ces informations. « Notre métier n'est pas d'établir une progression pédagogique. Nous avons besoin de savoir quel est le niveau à viser et à évaluer, et sur la base de quels critères. Nous sommes heureux quand nous disposons de tels repères. »

La communication de ce contenu nécessite à la fois l'organisation de mode de communication et la formalisation d'outils (voir tableau 5.2 p. 70).

La prévention de compétences défaillantes s'opère, d'une part, par les retours que chacun effectue et d'autre part par les conseils que l'accompagnant ou le tuteur peuvent échanger.

Meilleures seront la communication et la responsabilisation, et plus grandes seront les chances d'implication. De même, en cas de mauvaise volonté : communiquer et comprendre, autant que possible, les causes de ce qui est perçu comme de la mauvaise volonté, ouvrira dans bien des cas la porte à un changement d'attitude.

Le tuteur en entreprise joue un rôle essentiel dans l'acquisition par l'apprenti d'une identité professionnelle. À la fois modèle proche, prescripteur et acteur des situations du métier, le tuteur est une référence et une ressource capitales pour l'apprenant. Un cas délicat réside quand la vision de l'identité professionnelle n'est pas partagée par les deux accompagnants. La divergence de vue conduit souvent l'apprenant à opter pour l'un au détriment de l'autre. Le travail de l'un et de l'autre s'en trouve alors compliqué. La situation devient très délicate quand les options de l'entreprise ne sont plus compatibles avec les critères d'attribution du diplôme.

Beaucoup des dysfonctionnements identifiés peuvent être contenus sous réserve d'une anticipation suffisante. Un cadre organisationnel favorise un tel bon fonctionnement du processus de formation engagé dans l'entreprise. Il se matérialise par différents outils.

Les acteurs, dans une grande majorité de cas, accomplissent leur mission avec professionnalisme, souvent même de façon très engagée. La satisfaction et l'émotion de certains tuteurs lors des évaluations expriment davantage que toute parole l'implication de ces derniers. Mais pour arriver au résultat final, il a fallu quelquefois passer par des situations rendues difficiles du fait de l'un des participants. Voici donc (cas ci-dessous), à l'extrême de cette relation tripartite, quelques rares exemples illustrant des chemins, invraisemblables *a priori*, mais pourtant croisés[1]. En les plaçant ici, nous souhaitons rendre hommage, d'une part, à tous ceux grâce à qui de tels événements n'arrivent pas et d'autre part à ceux grâce à qui de tels événements trouvent, malgré tout et pour la plupart, une issue pédagogique soit heureuse ou du moins souvent « acceptable ».

EXEMPLE

Souvenirs d'accompagnant

Il est midi. Au dessert, deux enseignants partagent des souvenirs de leur expérience.

« Une fois, je suis appelé par la mère d'un alternant :

– Monsieur, vous avez pris mon fils dans votre dispositif et j'en suis particulièrement heureuse. Je tenais à vous remercier.

– Madame, je suis sensible à votre démarche, mais sachez que l'admission de votre fils n'est liée à aucun favoritisme. Il nous a fait, ainsi qu'à l'entreprise, une bonne impression. Nous sommes ravis de l'accueillir.

– Moi aussi. Je m'inquiétais. Oui, je ne vous ai pas dit, mais il souffre de troubles psychologiques importants. Je suis soulagé qu'il soit pris quelque part !

– Et bien nous aurions aimé le savoir avant pour lui rechercher une mission adaptée ! Il était admis dans une grande entreprise... d'armement ! J'ai alerté le tuteur. Nous avons "géré" et tout s'est très bien passé.

Une autre fois, un tuteur me téléphone :

– Je suis ennuyé de vous appeler, mais j'ai besoin de vos conseils. Bruno, notre alternant, est parti vendredi, sans l'avoir demandée, avec la voiture de service. Il est revenu fatigué ce lundi. La voiture avait 800 km de plus au compteur et le coffre était plein de sang. Rassurez-vous, ce n'était qu'une partie de chasse ! Que faisons-nous maintenant ? »

Et encore, lors d'un jury, le comportement d'une tutrice est très sévère à l'égard de l'alternant. C'est curieux, car dans une grande majorité de cas, les tuteurs sont plutôt des supporters affirmés de leur élève. La soutenance se passe. L'évaluation est mauvaise. Quelques jours plus tard, croisant l'alternant, je cherche à comprendre.

---

1. Merci aux collègues enseignants pour leurs récits.

– Oh, vous savez, nous avons eu une liaison amoureuse et j'ai rompu quinze jours avant la soutenance… »

Il y a eu aussi le faux mot d'excuse pour absence produit par une alternante avec imitation de la signature du tuteur et vrai cachet de l'entreprise ! Et le vrai mot d'excuse d'un garagiste certifiant la réalisation d'une vidange en justification d'une absence.

Il y a eu le cas d'un tuteur qui employait son stagiaire informatique pour monter des murs en parpaing. Aucun nouvel alternant n'a été proposé à cette entreprise.

Il y a eu aussi les cas douloureux d'accident (mortel) de trajet en se rendant en stage.

Et également celui arrivée à cette jeune femme. Ses absences sont de plus en plus longues. Et depuis peu, elles surviennent également en formation. L'enseignante convoque Corinne pour avoir une explication avec elle. Au bout de quelques minutes, Corinne s'effondre en pleurs. La vie en entreprise est devenue un enfer pour elle. Elle n'ose en parler avec personne : elle se dit victime de harcèlement par son tuteur. Il l'invite à toutes les réunions, tous les déplacements. Il semble la serrer de près. Ils sont dans un même bureau…

Elle n'a rien voulu dire, puis la pression montant, elle a fait une dépression, et a commencé à enchaîner des arrêts maladie. Que faire ? Indépendamment de la véracité des faits, l'enseignant envisage différents aspects. D'un côté cette jeune femme est adulte, d'un autre, elle est en souffrance, sa formation est compromise : quelle est la juste mesure de l'intervention de l'enseignante ? Il reste à Corinne sept mois de formation, mais elle ne veut plus retourner en entreprise et surtout ne pas mener le chantier final avec son tuteur. L'enseignante fait le point avec son service juridique. Elle parle avec elle, l'écoute et la fait réfléchir à tous les aspects de la situation, évoque ses droits, les comportements des deux parties, les façons de s'affirmer, l'invite à réfléchir aux solutions possibles et lui proposent plusieurs scénarios. L'enseignante alerte la responsable ressources humaines de l'entreprise. Cette dernière ne semble pas vraiment prendre les choses au sérieux, au départ. Corinne décide néanmoins de retourner en entreprise : elle tient à obtenir son diplôme. Quelques semaines se sont écoulées sans que rien ne bouge vraiment. Nouveau point avec l'alternante. Appel à la responsable ressources humaines. Et quelques jours plus tard, subitement, convocation de l'alternante par le directeur du site.

Un bureau est mis à la disposition de Corinne à proximité de la direction. Le sujet du chantier de fin d'études de Corinne est redéfini à l'initiative de l'enseignante et en accord avec l'entreprise, de façon à ce qu'il ne relève plus de la responsabilité du tuteur. Ces dispositions semblent favoriser un *modus vivendi* acceptable. Corinne achève sa formation dans l'entreprise et obtient son diplôme.

Lors des jurys, les enjeux de l'évaluation exacerbent les positions, particulièrement pour les apprenants dont le niveau est insatisfaisant. À la marge de la multitude de déroulements satisfaisants un enseignant ou un maître d'apprentissage peut avoir la tentation, comme membre d'un jury, d'imposer son point de vue de façon autoritaire (et non délibérative). Les motivations sous-jacentes peuvent être opposées : « Ce n'est pas social de ne pas donner un diplôme à quelqu'un qui a suivi la formation » ou : « Après ce qu'il m'a fait voir, il ne mérite pas un diplôme. » Heureusement, ces rares cas se régulent équitablement grâce au discernement des autres membres du jury ou à l'attention du président du jury. À titre d'exemple, un tuteur en entreprise a défendu un jour « bec et ongles » l'attribution d'une note satisfaisante pour une soutenance désastreuse du chantier final de son apprenti. En sortant de la délibération, ce même tuteur glisse à l'oreille de l'enseignant : « Et surtout, vous ne m'envoyez plus d'apprenti comme celui-là, je n'en veux pas ! »

À l'autre extrême, il y a aussi des cas comme ce tuteur qui évoque la soutenance finale catastrophique de son alternant : « J'ai été très déçu par la prestation de Bertrand. Pourtant, chez nous, il a fait un excellent travail. Nous vous sommes reconnaissants d'avoir accepté de lui redonner une chance en lui offrant de refaire sa soutenance. C'est un garçon courageux qui mérite d'être soutenu. De notre côté, nous lui avons proposé de prolonger sa mission. Je vais le suivre de près et je vous garantis qu'il sera à la hauteur de la confiance que vous lui accordez. Je lui ferai faire des soutenances à blanc dans mon bureau. »

4. Les outils

Comme cela a été dit précédemment, l'importance de la communication entre les trois acteurs est telle qu'il y a avantage à développer des outils qui formalisent et suscitent à la fois le questionnement et l'échange de points de vue sur les grands aspects de l'acquisition de la nouvelle identité professionnelle. Il y a là un enjeu essentiel pour la qualité (Centre régional de ressources pédagogiques et de développement de la qualité de la formation, 2000, p. 328-350).

Si les outils, vecteurs de la relation, prennent des formes diverses, l'objet de leur contenu se répertorie dans un nombre limité de fonctions à assurer (tableau 5.2). Ils vont apporter des informations relatives au sens du dispositif et à l'esprit dans lequel comprendre les autres informations. Une présentation du dispositif aide chacun à se situer dans le cadre général de la formation. Le rôle des acteurs décrit les objectifs fonctionnels attribués aux uns et aux autres ainsi que les comportements attendus et les moyens utilisés.

Tableau 5.2 – *Communication entre acteurs de l'alternance*

Objet de communication	Exemples d'outils
– Sens.	– Plaquette de présentation de la formation.
– Dispositif (description).	– Charte.
– Progression (objectifs pédagogiques	– Progression pédagogique.
situés dans le temps).	– Entretiens de suivi (en entreprise, en centre,
– Engagements mutuels.	à distance…) et leur compte rendu.
– Mission.	– Réunions de tuteurs.
– Objectifs.	– E-portfolio.
– Résultats (situations expérimentées,	– Fiche de liaison.
compétences acquises…).	– Grilles d'évaluation.
– Évaluations.	– Journal de suivi.
– Déroulement (situations expérimentées, vécu,	– Fiche de mission.
points spécifiques, etc.).	– Fiche de chantier.

La progression est un élément clé. Outre une information générale donnée en début de parcours, il est préférable que l'information précise d'une séquence donnée parvienne au moment où elle devient utile. Les tuteurs utilisent ces informations qui les aident à calibrer leur action et à prendre la mesure de l'évolution de leur apprenti. Cette progression décrit les objectifs pédagogiques, les compétences visées, les types de situation à faire expérimenter, les critères de l'évaluation, la période concernée.

Après avoir cité les principales informations communes à tous les acteurs d'un même dispositif, voici celles qui décrivent les spécificités. Elles actent du partage de l'information, parfois de la « négociation » ou de l'adhésion relatifs à des situations à faire expérimenter, à des objectifs pédagogiques ou opérationnels et à leur évaluation. Les points principaux concernés sont les objectifs qui découlent de la progression et des opportunités de la vie de l'entreprise. Y figurent aussi les résultats obtenus. Ces objectifs et résultats trouvent une formulation concrète dans des documents tels qu'un compte rendu d'entretien de suivi (tableau 5.3).

Tableau 5.3 – *Feuille d'enregistrement d'entretien*

Dispositif/Promotion			
Apprenant :		Date :	
Tuteur/maître d'apprentissage :		Entretien de la période :	
Entreprise :		Enseignant :	
	Objectifs issus de l'entretien précédent	Bilan de la période	Objectifs pour la période suivante (et moyens associés)
Situations à expérimenter			
Acquisition de connaissances			
Acquisition de savoir-agir			
Relation aux autres			
Relation à soi			
Évolution de la posture			
Projet professionnel			
Lien avec le projet personnel (facultatif)			
Ressenti dans la période			

Certaines des situations auront un impact important sur l'atteinte des objectifs. Elles nécessitent un engagement mutuel. L'ensemble mérite d'être formalisé. Il s'agit principalement de la mission et du chantier (tableau 5.4).

Tableau 5.4 – *Description de chantier*

Description de chantier	
Dispositif :	Date :
Apprenti :	Enseignant :
Tuteur :	
Intitulé : Contexte : Situation à traiter : Objectifs : Enjeux : Démarche : Périmètre : Contraintes : Échéances : Livrables : Critères de réussite : Visa des acteurs :	

5.   La conjugaison de deux accompagnements

En conclusion de ce chapitre, retenons que le tuteur en entreprise joue un rôle d'accompagnement. Il accompagne avec le but de rendre efficace un apprenti à un poste donné, dans un secteur d'activité particulier, au sein d'une culture d'entreprise spécifique. Le tuteur précise et aide à rendre opérationnel le travail réalisé en centre de formation. Son référentiel premier est plutôt le poste de travail tel qu'il est défini dans l'entreprise, voire dans la branche. À titre de comparaison, l'enseignant tendrait plutôt à souligner les généralisations possibles à différentes entreprises à renvoyer aux représentations plus globales signifiées par le référentiel du diplôme. Le cœur de métier du premier est le savoir-agir dans les situations concernées au sein de son entreprise, le cœur de métier du second est de guider dans les apprentissages nécessaires pour facilement s'adapter et finaliser ces apprentissages en situation réelle. La référence au général offre sans doute davantage de place à la sollicitation du projet de la personne.

La situation optimale se réalise quand les deux accompagnements jouent de concert, à la fois se respectent et collaborent en plaçant au centre l'apprenti, dans une visée de développement de ses potentialités. Cette complémentarité (tableau 5.5) mise en œuvre est alors un formidable atout pour l'apprenti.

Tableau 5.5 – *Deux accompagnements complémentaires*

Entreprise	École
Précise ce qui a été appris dans l'école.	Élargit ce qui a été appris dans l'entreprise.
Fait plutôt référence au poste de travail.	Fait plutôt référence au métier.
Reconnaissance visée : le statut, l'embauche.	Le diplôme, un emploi.
Situations réelles, spécifiques.	Situations transposées et généralisées.
Cœur de compétences : traiter les situations réelles concernées.	Cœur de compétences : guider dans les apprentissages concernés.
Projet de l'entreprise.	Projet de l'organisme.
Projet de la personne peu sollicité.	Projet de la personne davantage sollicité.
Fournit l'actualité des compétences utilisées.	Dégage des tendances métier.

Cette complémentarité va se déployer dans la mise en œuvre des points clés, en tentant d'optimiser les composantes, de réguler les conflits d'intérêts, de pallier aux défaillances et aléas. L'accompagnement passe par la communication entre les interlocuteurs et la capacité à faciliter l'atteinte des objectifs mutuels.

L'ESSENTIEL

Le succès de l'accompagnement lors du temps en entreprise réside dans l'implication et la coopération des acteurs. Il s'exerce particulièrement autour des points décrits dans la figure 5.6.

La prise en compte de l'ensemble de ces points est essentielle au développement de la nouvelle identité professionnelle.

Points clés objets d'accompagnement
- Mission, situations proposées
- Rôle, posture, identité professionnelle visée
- Objectifs
- Chantier / projet en entreprise de fin d'études
- Connaissances
- Apprentissage
- Evaluation
- Vie au travail
- Existence tutorat / accompagnant école
- Compétences tuteur et accompagnant
- Engagement des interlocuteurs
- Relations entre les interlocuteurs

Difficultés des interlocuteurs
- Manques de connaissance et d'information
- Défaut de compétence
- Insuffisance d'implication voire mauvaise volonté

Aléas des situations

Accompagner en suscitant la communication et l'attention aux points clés
- Aider à expliciter les situations vécues (faits, opinions, sentiments, etc.)
- Faire mémoire du chemin parcouru
- Rappeler le cadre (diplôme, contrat de travail, dispositions école et entreprise...)
- Renvoyer au sens (le projet des acteurs) et à la responsabilité de chacun
- Evaluer les conditions pédagogiques, la progression
- Alerter sur les éventuels écarts
- Apporter des conseils, des méthodes
- Ouvrir des possibilités
- Encourager, souligner réussites et évolutions
- Assurer de la pertinence de solutions
- Instaurer une dynamique : sens, objectifs, évaluation (constructive), plan d'actions, évaluation

Figure 5.6 – *Accompagner le temps en entreprise*

ACCOMPAGNER LE PROJET PROFESSIONNEL

La construction d'une identité professionnelle trouve, en s'appuyant sur un projet professionnel, un guide à la réflexion et à l'action. Quelles démarches et quelle pédagogie favorisent la construction d'un projet professionnel ? Quels écueils ? Quel accompagnement ?

Accompagner la personne en formation

N°	Titre du chapitre	Fil conducteur

Accompagner au sein d'un dispositif de formation

a particullièrement pour finalité de — *vise à* — *consiste à*

1 — Accompagner en formation

- Faciliter le développement d'une nouvelle identité professionnelle
- Favoriser et garantir le succés de trois projets : étudiant, école, entreprise
- Piloter et synchroniser sept activités : reconnaître la personne, proposer du sens, garantir un chemin, situer la personne, relier la personne à ses motivations, conseiller sur les moyens, ouvrir des horizons

d'où il est possible d'identifer

Les situations d'accompagnement
Le rôle du dispositif pédagogique et ses principales modalités

2 — Guider avec le dispositif pédagogique

de là ressortent

Qu'est-ce qu'accompagner dans chacun de ces grands domaines ? ←— *avec la question* —← Des grands domaines de la transformation de l'accompagné

qui sont

3 — Accompagner par des positionnements
- L'évaluation en entrée et en sortie de formatin

4 — Accompagner l'acquisition de connaissances
- L'acquisition des connaissances

5 — Accompagner les temps en entreprise
- Les temps en entreprise

6 — Accompagner le projet professionnel
- Le projet professionnel

7 — Accompagner le changement de posture
- Le changement de posture

8 — Piloter et orienter sa vie : quel accompagnement en formation ?
- Le projet de vie et sa conduite

9 — Accompagner dans une relation
- La relation

de ces grandes activités d'accompagement et de tout ce qui précède se dégagent

10 — Facteurs de réussite d'un accompagnement
- Des favteurs de réussite de ces accompagnements ←—

Une synthèse de l'activité "Accompagner le développement de nouvelles identités professionnelles"

11 — Synthèse : la forme identitaire "accompagner en formation"

elle concerne l'accompagnement d'une — *elle met en œuvre un* — *elle s'appuie sur une*

- Transition identitaire
- Processus d'accompagnement
- Identité professionnelle d'accompagnement

1.   Contextes et enjeux

EXEMPLE

Besoin d'accompagner le développement des identités professionnelles

Jérôme R. sort de son premier entretien. Il vient de rencontrer la directrice des ressources humaines pour un poste en contrat à durée indéterminée d'ingénieur en maintenance. Il bruine, mais il ne s'aperçoit pas du temps maussade. Et son esprit passe en revue l'heure passée. Tout a commencé devant la porte de la directrice des ressources humaines. L'enjeu était important pour lui. La gorge serrée, la main moite, il a frappé à la porte. Une voix lointaine a dit : « Entrez. »

Puis tout s'est enchaîné très vite.

– Bonjour Monsieur R. J'apprécie votre ponctualité. Asseyez-vous. J'ai lu avec attention votre lettre de motivation et votre CV. Je vous laisse m'en parler quelques instants et ensuite je vous poserai des questions.

Jérôme a été succinct dans sa présentation, préférant se placer dans le jeu des questions/réponses. Et des questions, il en a eues !

– Pouvez-vous préciser votre parcours et vos expériences professionnelles ?

– Selon vous, quelles compétences requièrent le profil de poste auquel vous postulez ?

– De quelles qualités personnelles disposez-vous pour satisfaire à cette fonction ?

– Pouvez-vous me décrire vos compétences ?

– Quelles sont les premières choses que vous ferez lorsque vous serez en poste ?

– Ce poste est à pourvoir à l'étranger. Que pouvez-vous me dire de l'expatriation ?

– Et si vous me parliez de vos motivations ?

– Quelles sont vos prétentions salariales ?

Il a été surpris de la clarté de ses réponses. Elles lui sont venues avec une spontanéité qu'il ne se connaissait pas en de pareilles circonstances. Et beaucoup plus aisément que lorsque pour la première fois, lors de la formation, de telles questions lui avaient été posées. Elles lui avaient alors semblé très saugrenues.

Maintenant, en face de chaque question, apparaissent dans son esprit des exercices, des questionnements ou des situations vécues lors du parcours de formation et particulièrement lors des séances « projet professionnel ». Il n'avait pas toujours perçu l'intérêt d'une telle insistance à mener à bien ces réflexions accueillies de façon très diverses au sein de la promotion. Certains semblaient apprécier, d'autres beaucoup moins. Lui avait trouvé l'exercice ardu, mais il avait fait confiance.

À cet instant, il est particulièrement heureux de s'être attelé à cette démarche. Il mesure la compréhension et l'argumentaire acquis. Et comme il est convaincu, grâce à ce travail, que ce type de postes correspond à qui il est, il est particulièrement déterminé.

Il a été un peu ébranlé lorsque la directrice des ressources humaines l'a interrogé sur son expérience de management. En effet, le besoin de renforcer cette dimension est apparu lors de l'élaboration de son plan d'action de projet professionnel. Il avait donc décidé d'essayer d'intégrer une telle expérience dans sa mission en entreprise. Il avait été particulièrement difficile de convaincre son tuteur. Mais ce dernier y avait finalement consenti. Et l'expérience avait été bénéfique. Il pense avoir convaincu la directrice des ressources humaines de ses capacités.

Jérôme R. prend une grande bouffée d'air. Oui, il a bien fait de fournir tout ce travail car il sent à sa portée l'obtention de ce contrat et il se sent tout à fait en capacité de répondre aux attentes de l'entreprise.

Son téléphone sonne : la directrice des ressources humaines lui propose un entretien avec le directeur technique, au plus tôt...

L'apprenant sait qu'il vient chercher un diplôme et que ce diplôme devrait lui être utile pour trouver un emploi. Il mesure moins souvent que la formation vise à lui apporter des compétences et lui offre une période pour se préparer à l'insertion professionnelle. La construction du projet professionnel établit un lien entre ces aspects.

Par projet professionnel, il faut entendre une démarche autonome par laquelle un étudiant dresse un bilan de tout ou partie de ses compétences, choisit une cible professionnelle, est capable d'argumenter de ses compétences et de ses motivations au regard de cette cible, d'évaluer les compétences manquantes et d'engager le cas échéant un plan d'action pour réduire cet écart et évoluer vers l'activité désirée.

Cette démarche facilite la prise de conscience des attentes du monde externe, des besoins, des talents personnels et du travail possible et nécessaire pour se préparer au mieux. Partant de là, une plus grande personnalisation de la formation est possible et un engagement plus fort peut s'opérer.

Savoir construire un projet professionnel est d'autant plus important que les formes de travail évoluent. Il y a quelques dizaines d'années encore un individu s'engageait dans un métier avec le projet de l'exercer toute sa vie. Les évolutions rapides des technologies et de l'environnement économique rendent caduque cette approche. « Le nouveau marché de l'emploi dans notre économie chancelante demande de concevoir sa carrière, non pas comme un engagement à vie à un seul employeur, mais comme la vente de services et de compétences à une série d'employeurs qui ont besoin de mener à bien leurs projets » (Savickas, 2010). Ainsi, l'emploi ou le métier tendent à devenir des missions ou des projets. Le travailleur devient un travailleur de l'incertain et doit s'adapter à de multiples transitions professionnelles qui exigent de lui connaissance de soi et confiance en soi, d'où le soin à prendre dans la construction de son identité professionnelle et de ses évolutions (Savickas, 2010). Le conseil d'orientation pour l'emploi estime que « 46 % des salariés du privé âgés de plus de 30 ans ont connu au moins une mobilité professionnelle au cours des cinq dernières années » (Conseil d'orientation pour l'emploi, 2009, p. 52-54). Par mobilité professionnelle sont considérés les changements d'entreprise, de fonctions, de service, d'établissement, de métier, les promotions ou un passage par une période de chômage. Ce taux monte à 55 % pour les cadres et à 62 % pour les diplômés de l'enseignement supérieur. 44 % des salariés sont à l'initiative de ces changements. L'Institut national de la statistique et des études économiques estime que « les individus nés avant 1940 ont connu en moyenne 2,7 emplois à l'âge de 40 ans contre 4,1 au même âge pour ceux nés dans les années 1960 » (Rouxel et Virely, 2012, p. 39). Pour la frange de la population la plus diplômée (bac + 3 et plus) ces valeurs sont de 1,7 avant 1940 pour 3,0 après 1960. Cette même étude montre que « l'expérience du chômage concernerait près d'un individu sur deux pour les générations nées après 1960 » (Rouxel et Virely, 2012, p. 42).

La vie professionnelle semble se segmenter. Les revues spécialisées affichent en titre les problématiques spécifiques à l'emploi des jeunes, des « quadras », des « seniors », etc. L'égalité des chances offre un angle de vue supplémentaire sur l'insertion professionnelle.

De leur côté, les entreprises sont confrontées à des changements technologiques et organisationnels incessants qui entraînent une adaptation des salariés. Élément central dans les fonctions ressources humaines, le pilotage des compétences s'est doté d'outils tels que la gestion prévisionnelle des emplois et des compétences.

Accueillant des étudiants en formation pour se préparer à leur avenir professionnel, il semble nécessaire, dans ce contexte de société, que les centres de formation leur fournissent les outils pour élaborer et faire évoluer leur identité professionnelle, tout au long de leur vie professionnelle.

Par ailleurs, formant des personnes qui assumeront pour la plupart des responsabilités sur d'autres personnes, il semble tout autant nécessaire que les étudiants sachent prendre en compte le développement des compétences de leurs collaborateurs dans leur management. Et comment mieux savoir le faire qu'en se l'appliquant d'abord à soi-même ?

Telles sont les considérations qui poussent des organismes comme le Cesi à mettre au centre de leurs dispositifs le fil rouge que peut constituer une démarche de projet professionnel.

2. Le projet professionnel

Par projet est considéré « ce qu'on a l'intention de faire et l'estimation des moyens nécessaires à la réalisation » (Centre national des ressources textuelles et lexicales). La démarche pour la réalisation de cette intention est un moyen essentiel.

Le projet permet d'anticiper et de favoriser une transition de vie (Boutinet, 2007, p. 344-345). En dehors des accidents de la vie et des changements évoqués juste avant, des transitions s'imposent au fil de l'existence de tout humain (Turner et Hévin, 2000, p. 105-133). Leurs principales déclinaisons sur le champ professionnel sont :
– la phase de démarrage dans la vie professionnelle avec la prise de repères ;
– la montée en puissance ;
– le milieu de vie avec le questionnement poursuivre ou changer ;
– la fin de carrière où le temps et la qualité de vie s'apprécient davantage.

À ces transitions s'ajoutent celles des pertes d'emploi, des mobilités professionnelles.

Le projet professionnel est l'une des façons de conduire ces transitions. Il va mener à une appropriation de la ligne de temps de l'individu, lien entre son passé où puiser ses ressources, son présent lieu de l'action, et le futur attendu. Expérience et action unifient ainsi, dans le projet, passé et présent (Boutinet, 2006, p. 63), en les dirigeant vers le futur.

Le projet professionnel offre l'opportunité de formuler son action dans la durée. S'il permet de réfléchir, il facilite aussi la communication (Boutinet, 2006, p. 5), dimension essentielle pour la concrétisation du projet professionnel aux composantes sociales si fortes. Cette communication favorise l'aide dans la construction du projet, puis sa promotion auprès des recruteurs.

S'engager dans un projet, c'est enfin le choix de croire dans un avenir possible, différent. Cette démarche révèle trois attitudes sous-jacentes (Pattakos, 2006, p. 68) : visions positives et visions créatrices, motivation pour agir.

2.1   Les étapes de la construction d'un projet professionnel

2.1.1   Des étapes méthodologiques

La construction du projet professionnel consiste à relier et à travailler des informations relatives à trois grands domaines : la personne, le métier et le marché de l'emploi. S'y ajoute l'acquisition de la démarche pour effectuer ce travail et la mise en œuvre des actions pour acquérir notamment les compétences manquantes.

Notre propos prendra appui sur une démarche déployée au sein du Cesi. Son intérêt est que la construction d'un projet professionnel est introduite dans plusieurs dispositifs de formation et dans un grand nombre d'établissements. De plus, le Cesi a décidé d'appuyer cette pédagogie sur une plateforme Web 2.0 (Serreau, 2010), Viacesi, qui fournit un guide aux étudiants.

Nous l'avons dit, le projet professionnel lie le passé, le présent et le futur. Les grandes familles de fonctions à assurer pour le projet professionnel reprennent, d'une certaine manière, ces temporalités.

La première famille, tournée vers le passé, concerne le bilan de la personne. Ce bilan est construit à partir du parcours professionnel, du portefeuille de compétences et des qualités de la personne. La description du parcours vise à identifier les grandes situations traversées et dans lesquelles la personne puise son expérience. L'élaboration d'un portefeuille de compétences permet d'extraire du parcours les compétences que la personne pourra proposer à un employeur. Les qualités personnelles ont davantage trait au profil psychologique. Elles viennent enrichir les compétences par les attitudes privilégiées de l'apprenant. Elles n'apportent pas une valeur ajoutée directe (la rémunération ne rétribue pas les qualités personnelles) mais elles sont des ressources utilisées dans le cadre des compétences.

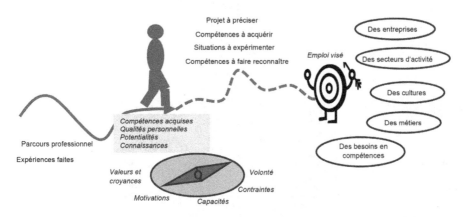

Figure 6.1 – *Construire un projet professionnel : un chemin à parcourir*

La deuxième famille a pour objectif de définir le projet. Elle oriente vers l'avenir et prend appui dans le présent. Faire le point sur ses motivations est l'une des clés de cette grande étape. En parallèle les cibles professionnelles nécessitent d'être précisées et décrites : compétences requises, réalités du marché du travail… Ayant nommé ses compétences et celles de cibles potentielles, l'étudiant peut alors recenser les écarts et établir un plan d'action pour les réduire.

La troisième famille de fonctions à assurer est celle relative à la recherche d'emploi proprement dite : rédiger des CV, des lettres de motivation, se présenter (CV, lettres de motivation, site Web…), bénéficier de liens avec le réseau des diplômés, organiser ses actions. Tous ces éléments ne sont que des moyens en vue de se faire connaître puis de convaincre.

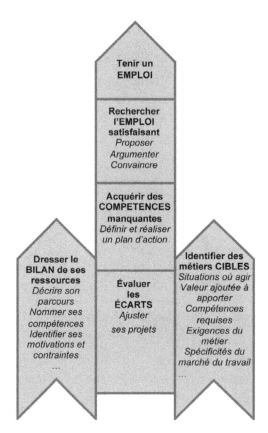

Figure 6.2 – *Grandes étapes de construction du projet professionnel*

2.1.2　Des étapes psychiques

Les grands mouvements de l'étudiant au cours de l'élaboration du projet professionnel passent fréquemment par tout ou partie des thèmes suivants :

– une idée avec laquelle se familiariser : beaucoup d'étudiants n'ont qu'une notion très vague de ce qu'est une telle démarche et un grand nombre sont surpris d'y être confrontés pendant leurs études ; il leur faut se familiariser avec cette notion et ce qu'elle implique ;

– un rêve à explorer : quand l'idée est acquise, une phase de rêve s'ouvre, entraînant l'étudiant dans des espaces nouveaux ;

– face à la réalité des renoncements à opérer : la concrétisation des domaines explorés trouve des limites dans la confrontation aux contraintes personnelles et réalités du marché ; des choix sont à opérer, le projet s'affine de façon plus pertinente et argumentée ;

– réaliser le projet : une phase faite de hauts et de bas, mais globalement « heureuse » au sens où l'énergie engagée l'est pour l'aboutissement d'un projet qui doit contribuer à l'accomplissement de la personne ;
– sereine motivation, excitation et/ou peur de la concrétisation : la dernière étape perçue en formation est celle de la recherche d'emploi ou de ses préparatifs ; l'échéance évaluatrice du travail fourni approche, avec les enjeux multiples d'insertion professionnelle, d'estime de soi, de reconnaissance par ses proches, etc.

Les parcours des étudiants empruntent à ces réactions face au projet, à des moments et avec des itérations qui sont propres à chaque acteur.

On retrouve dans ces démarches des points communs aux démarches projet en général, et de projet professionnel en particulier, avec, par exemple, des méthodes telles que DECLIC (APEC, 2004). Si le récit auto-biographique est peu répandu en France (Wittorski, 2007, p. 48-49), une telle démarche, même si elle n'est pas produite sous la forme d'un récit, présente des similitudes. La mise en mots et en histoire produit une appropriation de son passé et une réorganisation de la mémoire de son expérience.

Comment se déclinent concrètement ces étapes ? C'est l'objet de ce qui suit.

3. Le bilan

3.1 Le parcours et les qualités personnelles

Le bilan commence habituellement par un état des lieux du parcours professionnel et des activités extraprofessionnelles. L'expérience conduit à penser que le fil chronologique est structurant. Il aide la mémoire à répertorier les différentes activités exercées. Il semble que cette étape soit un préalable indispensable au travail sur les compétences. Elle vise à décrire les activités et leurs contextes à partir desquels s'effectuera le raisonnement sur les compétences mises en œuvre.

Le travail sur les qualités personnelles se déroule en parallèle des autres étapes du bilan. L'objectif est de pouvoir décrire ses qualités de façon lucide et argumentée, et de savoir exprimer sans difficulté ses défauts.

Il n'existe pas de qualité ou de défaut en tant que tel. Une qualité fait référence à une situation donnée, avec des interlocuteurs spécifiques. Tout autant que ses qualités, l'apprenant a intérêt à repérer les circonstances dans lesquelles ses traits de tempérament sont plutôt des atouts et celles dans lesquelles ils sont plutôt des handicaps. Il peut ensuite développer les nouveaux comportements pour pallier aux situations dans lesquelles il se trouve en faiblesse. Pour cette raison, il est judicieux d'associer à chaque qualité identifiée un contexte. Il illustre et argumente la possession de telle ou telle qualité. « J'ai de l'implication » attend un complément et est précisé avec, par exemple, « lorsque la ligne de fabrication est tombée en panne, j'ai cherché et j'ai réussi à convaincre des collaborateurs de faire des heures supplémentaires pour rattraper le retard. Je suis venu les voir en dehors de mes heures pour vérifier avec eux si tout se passait bien. »

L'identification de ces qualités et traits de personnalité peut se faire en passant des tests, mais surtout en demandant à l'entourage de faire un retour sur des qualités, des défauts et les situations qui confirment leur dire.

3.2   Le portefeuille de compétences

Une fois le parcours dressé, l'inventaire des compétences peut commencer. Il s'agit probablement de l'étape la plus difficile de la démarche. Il suffit de participer à un groupe de travail sur l'élaboration d'un référentiel de compétences pour constater combien des professionnels du sujet tâtonnent avant d'aboutir à une formulation. Cela donne la mesure de ce à quoi est confronté un non-initié quand on le lance dans l'exercice !

La notion de compétence est complexe. Notre propos vise ici non pas à traiter l'aspect scientifique de la question mais la façon pragmatique d'accompagner des personnes à prendre possession de leur expérience pour la reconvertir en capacité d'action. Tout l'enjeu du travail qui s'opère dans cette étape est de passer du « J'ai fait…, j'ai fait…, j'ai fait… », énumération chronologique de réalisation à « Je suis capable de faire… », énoncé affirmatif offrant une capacité d'agir.

Plusieurs difficultés concrètes guettent l'apprenant. Quand il a peu d'expériences, il lui faut arriver à cerner quelles sont celles à partir desquelles dégager des informations utiles pour le monde professionnel. Une fois des expériences utiles identifiées, se pose la question de comment les décrire ? Parmi les principales interrogations qui émergent se trouvent celles de la maille à utiliser : faut-il considérer la compétence mise en œuvre dans une activité telle « manager une équipe d'ouvriers sur un chantier » ou faut-il dissocier chaque compétence élémentaire : fixer un objectif, animer des réunions, suivre l'avancement des travaux, féliciter ou sanctionner, etc. ? Pour arbitrer ce dilemme, tout comme pour les savoirs d'action (Astier, 2007), la prise en compte du contexte d'énonciation est utile.

À ces fins, la notion d'action semble s'appréhender par au moins quatre aspects (Wittorski, 2007, p. 33) que sont l'intention, sa relation aux déterminants externes, ses processus de développement, ses résultats. Du coup, un énoncé de compétences présente un contexte, une finalité, une évaluation du sujet basée sur le résultat de son action (Barbier, 2007, p. 62-63). Nous retrouvons ces aspects dans les modèles évoqués précédemment. Ils sont également présents dans le modèle des compétences pour l'ingénieur, modèle développé par Bernard Blandin (Blandin, 2012). Cette description se base sur les aspects suivants : libellé, contexte, savoirs, savoir-faire, procédures, indicateurs.

Pour aider des apprenants à nommer, par un travail réflexif, leur capacité à agir et, compte tenu des difficultés évoquées ci-dessus, il paraît judicieux d'adopter sur le plan pédagogique un modèle simplifié. Quels sont les contextes d'énonciation visés ? L'apprenant doit être capable de formuler ses compétences pour lui-même, pour l'école et pour un employeur, au regard du type de poste visé et de la responsabilité correspondante. Le type et le niveau de détails à fournir s'évaluent au regard de l'usage à faire de l'information.

Dans cette perspective, je suggère d'opter pour un modèle de compétences tel que défini dans le tableau 6.1.

Une autre difficulté rencontrée réside dans le vocabulaire limité dont dispose l'individu pour nommer son expérience. L'acquisition des mots adaptés pour décrire ses capacités devant autrui devient un enjeu majeur de l'exercice.

À cette étape, il est utile que l'apprenant ait le retour de son accompagnant sur la bonne appropriation du concept. À cet effet, un travail collectif facilite l'engagement et manifeste la diversité des compétences présentes au sein du groupe.

Tableau 6.1 – *Formuler une compétence*

Intitulé de la compétence : (verbe d'action + complément)	Contexte (domaine, ampleur, aspects technique, organisationnel, humain et économique, quantification...)	Résultats (concrets, quantifiés, éléments de preuve...)	Difficultés surmontées
Concevoir des machines automatisées.	Machines de palettisation pour l'agroalimentaire ; responsabilité de l'élaboration du cahier des charges à la mise en service ; encadrement de 3 techniciens.	– 35 machines conçues. – Montant de 100 K à 5 M. – Respect des délais et du devis dans 90 % des situations.	– Nouvelle technologie à tester. – Délai très court imposé par le client. – Un technicien est tombé malade deux mois avant la livraison.

Le contexte fournit des informations sur les caractéristiques des familles de situation rencontrées. Par exemple, elles se regroupent dans des familles telles que les secteurs d'activité, les typologies de procédé de production, etc.

4.   Le projet

4.1   Motivations, attentes et aptitudes

4.1.1   Le sens du travail et motivations

Dans toute situation, y compris de travail, un sens peut être trouvé (Pattakos, 2006). Et chacun porte une part de responsabilité sur ce sens donné (Regnault, 2004, p. 43). Parmi les grandes familles de sens donné au travail sont citées : la nécessité d'avoir de l'argent, le besoin de relation, la satisfaction de créer ou faire, le besoin de contribuer à la société, l'accomplissement personnel (Regnault, 2004, p. 35-42).

Le travail est un projet parmi d'autres pour la personne. La vie adulte s'articulerait autour de quatre projets : personnel, familial, professionnel et latéral (Boutinet, 2007, P. 39-40). Le mot « social » est préféré à « latéral » par certains auteurs (Goguelin et Krau, 1992, p. 55), et le mot « couple » est parfois ajouté (Turner et Hévin, 2000, p. 84).

Le projet professionnel va aussi se construire autour des intérêts liés à la personnalité de l'individu. L'un des modèles les plus connus est le modèle de Holland (Vrignaud, 2005, p. 51-86) nommé RIASEC. Il définit six catégories de profil, correspondant de façon extrêmement grossière au : réaliste (plutôt orienté vers les activités concrètes), l'investigateur (plutôt orienté vers la recherche), l'artiste (orienté vers la création libre), le social (orienté vers les relations avec d'autres), l'entreprenant (orienté vers le pouvoir et l'aventure), le conventionnel (orienté vers les activités de bureau).

Prises sous un angle complémentaire, les motivations pour un emploi se classent également en deux familles : les capacités et les préférences.

Sous l'appellation de capacités, l'apprenant recense les motivations relatives à la contribution qu'il est susceptible de fournir à un employeur. Les préférences recensent ce qu'il attend de son emploi.

4.1.2 Les capacités

Dans le travail sur les activités, les apprenants associent à des verbes d'actions un positionnement sur trois axes : « je sais faire », « je veux faire » et « j'aime faire » (Serreau, 2008). Ce positionnement s'effectue selon six graduations, trois positives et trois négatives, signifiant les positions, par exemple pour « je sais faire », entre « je suis expert » et « j'ignore » (tableau 6.2).

L'apprenant en ressort une cartographie d'activités au regard des trois axes. Il peut en parler avec son accompagnant.

Tableau 6.2 – *Principe du positionnement des capacités*

Verbe d'action	Trois axes de positionnements		
	Je sais faire (je suis expert = + 3 ; j'ignore = − 3)	J'aime faire (j'adore = + 3 ; je déteste = − 3)	Je veux faire (je veux = + 3 ; je répugne = − 3)
Animer	2	3	3
Planifier	− 2	− 3	− 2
Négocier	3	− 2	− 2
Gérer	− 3	− 3	3
Concevoir	− 2	2	3

Les combinaisons possibles de ces trois variables à six niveaux (entre − 3 et + 3) fournissent sept grandes familles. Elles correspondent à la fois à des positionnements de l'accompagné et aussi à des recommandations à faire pour l'accompagnement. Elles sont détaillées dans le tableau 6.3.

Tableau 6.3 – *Typologie de recommandations en fonction des capacités*

Typologie de recommandations	Commentaires
Motivation forte et maîtrise élevée ; un point fort sur lequel s'appuyer.	Cas où les trois axes du positionnement sont à + 2 ou + 3. *(Exemple : animer dans le Tableau.)*
Motivation forte : un chantier est à conduire pour bien maîtriser la capacité.	L'axe *je sais faire* est faible, les autres sont forts. *(Exemple : concevoir.)*
Faible motivation, absence de maîtrise : ne pas s'engager dans cette voie.	Les trois axes sont faibles. *(Exemple : planifier.)*
Positionnements antagonistes qui méritent un arbitrage et une décision prise avec lucidité.	Des valeurs extrêmes autres que les cas listés par ailleurs.
Positionnement qui semble non prioritaire ou indéterminé.	Les trois axes ont des valeurs faibles ou négatives.
Positionnement qui semble mériter de renforcer la motivation pour être tenue.	L'axe *je sais faire* est fort, les autres faibles. *(Exemple : négocier.)*
La maîtrise et l'enthousiasme s'opposent à la volonté ; il y a un gros risque.	L'axe *je sais faire* est faible tout comme *j'aime faire* ; seul *je veux faire* est fort. *(Exemple : gérer.)*

4.1.3   Les préférences

Les préférences donnent aussi lieu à un positionnement qui se fait selon des degrés d'importance attribuée et de satisfaction. L'encart 6.1 en formule quelques-unes.

Encart 6.1
Exemples de préférences

- Avoir de l'autonomie.
- Pouvoir développer de nouvelles compétences.
- Voyager à l'étranger.
- Avoir un certain niveau de rémunération.
- Pouvoir évoluer.
- Avoir peu de trajet.
- Etc.

Dans le cadre de l'usage de la plateforme Viacesi, les positions prises par l'apprenant sur la plateforme Web, sont traduites dans une liste de points forts, de points à travailler, de capacités et de préférences sources de motivation et/ou de savoir-faire. Ces informations pourront être rapprochées par la suite avec les compétences requises pour un poste et son contexte.

4.2 Les cibles de la formation et cibles professionnelles

4.2.1 Les compétences ciblées

La recherche des informations sur les compétences ciblées débute une phase d'ouverture sur le monde extérieur à la formation et en grande partie à l'entreprise d'accueil.

Les sites internet, les salons, les rencontres de professionnels dans le cadre de l'entreprise ou de journées dédiées, les journaux spécialisés, les organisations professionnelles, les offres d'emploi, les discussions avec les collègues de formation, etc. sont autant de moyens de parvenir à collecter les précieuses informations. Il faut d'ailleurs souvent se les réapproprier avant de les confronter à ses préférences et ses capacités.

L'un des points délicats est pour l'apprenant d'arriver à se faire une idée du niveau exigé pour un type de compétence donné.

4.2.2 La réalité du marché du travail

Le principe de réalité est un point clé évoqué par les acteurs de l'accompagnement (Serreau, 2010). Certains individus tendent à rester dans leur imaginaire sans aller se confronter aux réalités du terrain. Quel est le quotidien d'un ingénieur de production ? d'un responsable de formation ? d'un chef de chantier ? d'un responsable réseau ? d'une moyenne ou d'une grosse entreprise ? etc.

Les réalités des entreprises et des fonctions visées seront confrontées avec les préférences définies.

Parmi ces réalités, quelques-unes méritent d'être considérées quasi systématiquement. L'encart 6.2 en fournit quelques exemples.

4.2.3 Les écarts et le plan d'action

Les écarts entre les compétences requises par la cible professionnelle et celles dont dispose l'étudiant se formalisent après un processus itératif. Durant celui-ci l'intéressé négocie en interne pour équilibrer son désir avec ce qu'il perçoit de la réalité du marché du travail, des capacités dont il dispose et de l'engagement qu'il est prêt à fournir. Ce processus est spécifique à chacun.

Encart 6.2
Exemples de points concrets pour questionner
la « réalité du travail »

- Niveaux de rémunération.
- Statut.
- Taille d'entreprise.
- Secteur d'activité.
- Niveau et type de responsabilité.
- Qualités requises.
- Expériences demandées.
- Niveau de diplôme.
- Évolutions des offres.
- Journée types.
- Catégories d'interlocuteurs et types d'interaction.
- Etc.

Mais le but est d'aboutir à une liste de compétences à développer en vue de satisfaire aux exigences d'une famille de postes donnée.

Le plan d'action définit les moyens à mettre en œuvre pour minimiser ces écarts. Ils se réduisent souvent à quelques grandes familles d'action (encart 6.3).

Encart 6.3
Actions types pour réduire un écart de compétence

- Modules de formation.
- E-learning.
- Lectures spécialisées, sites Web.
- Rencontres de professionnels.
- Simulations et jeux « sérieux ».
- Mises en situation :
    - stages ;
    - missions ;
    - activités extraprofessionnelles ;
    - emploi ou fonction marquant une étape intermédiaire.

4.3 La recherche de stages et d'emploi

Ces aspects sont classiques. Ils sont abondamment traités dans d'autres ouvrages. Nous ne nous y attarderons pas. Ils s'intéressent aux rédactions des CV et des lettres de motivation, à la préparation aux entretiens de recrutement, aux démarches de recherche d'offres, aux candidatures spontanées, à la veille, aux réseaux à activer, etc.

5. Pédagogie et accompagnement du projet professionnel

5.1 Dispositifs

La construction d'un projet professionnel nécessite à la fois des méthodes, de la réflexion sur soi, de la collecte d'information. Une profession est aussi un mode de vie. La rencontre de personnes qui exercent le métier considéré apporte des informations qui humanisent la réflexion. La dimension sociale de la compétence et du recrutement rend pertinent le recours à des interactions collectives. Les conseils et les retours d'un guide font gagner du temps et limite le risque d'erreurs grossières. Parfois, ils ouvrent un horizon insoupçonné.

Toutes ces caractéristiques conduisent l'ingénierie pédagogique à articuler diverses facettes. Elles s'organisent autour des objectifs pédagogiques. Ces derniers sont tributaires du public considéré. Trois grandes familles de public se dégagent à partir de deux portes d'entrée : l'usage à faire de la logique de compétences, d'une part, et, d'autre part, le besoin potentiel d'orientation.

Ces trois grandes familles sont :
- les personnes en besoin d'orientation et dont le niveau de responsabilité les conduira très probablement à gérer les compétences de collaborateurs ou à avoir un impact sur elles ; il leur faut à la fois trouver un emploi, mais la démarche leur sera utile aussi dans leurs interactions professionnelles avec des subordonnés ou d'autres acteurs du milieu professionnel ;
- les personnes en besoin d'orientation n'ayant *a priori* pas ou peu d'impact managérial et dont l'objectif essentiel est d'être embauché ;
- les personnes en poste dont le besoin est davantage de consolider leur position et d'acquérir les outils pour manager les compétences de leurs collaborateurs.

Les niveaux de diplômes donnent une indication pratique sur l'impact managérial potentiel. Le tableau 6.4 recense ces aspects.

Chacune des étapes précédemment citées se traduit par des objectifs pédagogiques. Eux-mêmes ouvrent la voie à des modalités pédagogiques diverses. Une majorité d'entre elles offrent un temps réflexif et de travaux collectifs ou de rencontres. Recueillir d'autres points de vue favorise les ajustements sur les représentations. Les rencontres permettent de tester, même partiellement, son projet devant autrui.

De même des recommandations pour l'accompagnement se dessinent à chaque étape (tableau 6.5).

Tableau 6.4 – *Objectifs pédagogiques du projet professionnel en fonction du public*

Niveau de qualifica-tion	Objectifs généraux	Objectifs	
		Public à orientation imprécise, emploi à trouver, transition professionnelle (*étudiants, apprentis et publics en réorientation*)	Public à orientation définie, emploi acquis, consolidation du projet professionnel (*salariés d'entreprise*)
Niveaux I et II *(ingénieurs et cadres)*	Maîtriser la démarche de projet professionnel pour développer ses compétences et celles de ses collaborateurs.	Maîtriser la globalité de la démarche.	– Établir son parcours. – Nommer ses compétences. – Identifier les compétences requises pour consolider son poste. – Évaluer les écarts et mener un plan d'action – Argumenter auprès de sa hiérarchie.
Niveau III *(techniciens)*	Savoir utiliser la démarche pour rechercher un emploi, argumenter sur ses compétences et évoluer.	– Établir son parcours. – Nommer ses compétences. – Repérer des compétences requises. – Rédiger CV et lettre de motivation. – Se présenter dans un entretien de recrutement.	Peu de cas.

5.2 Difficultés et points clés d'accompagnement

L'accompagnement du projet professionnel donne lieu à des difficultés spécifiques.

Du point de vue de l'accompagné, la démarche de projet professionnel ne fait pas toujours sens, d'autant plus quand la personne est éloignée du marché du travail. Pour certains, la démarche réflexive et projective semble incompatible avec leur mode de fonctionnement. « Moi, je n'ai pas l'habitude de regarder loin devant », « À quoi cela sert-il ? Je préfère rester libre de saisir les opportunités ». De mon point de vue, la capacité à saisir les opportunités est meilleure quand la personne s'y est préparée. Comment mieux savoir que l'offre proposée est une opportunité si ce n'est en ayant réfléchi à ses motivations et aux buts poursuivis ?

La mise en mot n'est pas non plus aisée pour tout le monde. Il faut conceptualiser son activité d'une part et d'autre part disposer d'un vocabulaire suffisamment riche pour en rendre compte. La démarche de projet professionnel favorise cette acquisition.

Le principe de réalité (Goguelin et Krau, 1992, p. 40) est un incontournable sujet de vérifications et de suggestions de la part de l'accompagnant. La confrontation à la réalité fait émerger les raisons de la démarche et son intérêt. Certains accompagnés repoussent cette confrontation.

Parfois, l'étudiant arrive avec un projet « tout bouclé », comme Anne qui savait déjà qu'elle serait embauchée comme responsable ressources humaines dans une entreprise dont elle avait été l'un des fournisseurs juste avant d'entrer en formation. Il est alors souvent difficile de motiver l'étudiant à construire une démarche qu'il a déjà en partie effectuée. L'expérience révèle néanmoins que ce projet professionnel a été souvent mené avec une moindre réflexion et surtout moindre méthode. L'enjeu est alors d'acquérir une démarche structurée. Elle conduit dans bien des cas à élargir le champ des possibilités, parfois à reprendre le projet. Et ce d'autant plus que la formation avançant, l'étudiant apprend à se connaître et à connaître le métier préparé. Ou est confronté à un événement majeur, comme ce fut le cas pour Anne, avec un changement de direction de l'entreprise et un projet de recrutement qui tourne court.

Dans certains cas, plus fréquents lorsque le public est composé de demandeurs d'emploi, des difficultés peuvent apparaître à l'idée de retourner vers un environnement perçu comme hostile. Un travail de renforcement de l'estime de soi est utile pour faciliter cette étape.

Pour d'autres, des représentations sociales fortement marquées freinent le regard vers de nouvelles responsabilités. Ainsi cet ancien syndicaliste tâtonne pour trouver la fonction ressources humaines qui lui convienne. Il doit effectuer un gros travail identitaire pour équilibrer ambition professionnelle et valeurs syndicales.

D'autres étudiants encore ont un projet tellement arrêté et un investissement tellement volontariste, qu'ils deviennent sourds à toute information qui leur paraît étrangère ou inutile pour atteindre immédiatement leur cible. Cette focalisation extrême peut engendrer un manque d'écoute et une raideur destructrice pour la réalisation même du projet.

Pour l'accompagnant, l'une des principales difficultés réside dans sa capacité à se maintenir à jour des évolutions du marché du travail et des *desiderata* spécifiques aux secteurs d'activités. Un autre point délicat est de ne pas se substituer à l'étudiant et de ne pas faire de sa recherche le projet de l'accompagnant. Sans aller jusque-là, un compromis doit être en permanence trouvé entre le conseil et la question pour que l'étudiant trouve par lui-même, tout en demeurant dans les échéances de la formation.

Dans le cadre des publics jeunes en alternance, l'accompagnant est pris parfois dans un conflit. Doit-il plutôt susciter la consolidation des compétences associées à la fonction tenue dans l'entreprise ? Cette fonction tient alors lieu de projet professionnel. Ou doit-il ouvrir la voie à des questions plus profondes d'orientation ? Ne serait-ce que le choix d'une autre fonction dans le cadre du même métier. Une éventualité à prévenir est alors le décrochage subit de l'apprenant dans la formation si ce dernier trouve un intérêt plus grand ailleurs.

Toute la démarche du projet professionnel participe à l'ouverture des représentations qui vont infléchir et faciliter un changement de posture. Inversement, sans cette évolution de posture, l'intérêt de la construction d'un projet professionnel est loin de convaincre tous les étudiants.

Tableau 6.5 – *Étapes d'un projet professionnel et modalités pédagogiques*

Étapes	Objectifs pédagogiques	Recommandations pour l'accompagnement	Exemples de modalités pédagogiques
Connaître la démarche	Comprendre les enjeux d'une démarche de projet professionnel.	Point à vérifier lors des entretiens de suivi.	Conférences, rencontres, salons de recruteurs et de diplômés de l'école.
	Connaître les étapes d'un projet professionnel.	Intégrer les étapes dans les objectifs lors des entretiens de suivi.	Travail de groupe pour identifier les étapes de la démarche.
	Savoir décrire des compétences.	Vérifier l'appropriation du concept et la pertinence des formulations effectuées.	Présenter trois compétences à un groupe de collègues en formation.
Établir son bilan	Rédiger son bilan (parcours, compétences, qualités, motivations).	– Évaluer la qualité du travail et son avancement temporel lors de points de suivi. – La production de ces écrits est un jalon à suivre.	Présenter son parcours à des collègues de formation ou à des proches, et obtenir un retour (séminaires projet pro).
Définir sa cible et lancer son plan d'action	Définir ses cibles Recenser les compétences requises par les cibles.	·En vérifier la compréhension, l'avancement, les résultats et l'implication lors des points de suivi. – S'assurer d'un travail suffisamment large et d'une quête d'informations concrètes, précises.	– Visite à des professionnels. – Salons. – Échanges au sein de la promotion. – Équipes projet autour d'une thématique métier identique. – Alternance de temps collectifs et de temps individuels. – À formuler sous forme de planning.
	Repérer les réalités du métier et les confronter à ses souhaits.		
	Évaluer les écarts.		
	Définir un plan d'action (et relier ses actions à des compétences ciblées).	– Évaluer la qualité et l'avancement lors des points de suivi ; c'est un jalon. – S'assurer des aspects concrets, réalistes, pertinents.	
Réaliser son plan d'action	Réaliser son plan d'action.	En suivre la réalisation lors de points de suivi.	Présentation de l'avancement à l'équipe projet.
Savoir se présenter	Rédiger CV et lettre de motivation, se présenter sur un Webfolio, participer à un entretien de recrutement.	Vérifier que la mesure est prise des attentes des professionnels.	– Présentation à des recruteurs. – Travail en groupes mixtes entre promotions de différents dispositifs.
Solliciter un réseau	Savoir contribuer et bénéficier d'un réseau.		Rencontre avec les associations de diplômés.
Avoir un retour sur sa démarche	Présenter sa démarche à l'oral.	Organiser une évaluation de la démarche en veillant à respecter et à ne pas évaluer le projet en tant que tel.	Présenter à des professionnels ou à des recruteurs, jury de professionnels, de diplômés
	Présenter une note de synthèse écrite et/ou un rapport écrit.		

L'ESSENTIEL

La construction d'un projet professionnel contribue particulièrement à la construction identitaire. Elle favorise la consolidation d'une estime de soi sur le plan professionnel. Elle relie l'activité professionnelle visée aux motivations et aux capacités. Elle aide à se dire. Elle met l'apprenant en projet et place le dispositif de formation dans une perspective d'utilité.

L'accompagnant guide dans la démarche et suscite la réflexion de l'accompagné.

ACCOMPAGNER LE CHANGEMENT DE POSTURE

Mettre l'apprenant en situation professionnelle se révèle parfois insuffisant pour qu'il évolue conformément aux attendus du métier. Dans ce cas, c'est souvent l'acquisition d'une nouvelle posture qui fait défaut à la transition vers la nouvelle identité professionnelle. Quelles sont les caractéristiques d'une posture ? Comment en accompagner l'évolution ? Par quelles étapes passer ? Quels leviers pédagogiques employer ?

Sommaire

Accompagner la personne en formation

N°	Titre du chapitre	Fil conducteur

Accompagner au sein d'un dispositif de formation

a particullièrement pour finalité de — *vise à* — *consiste à*

1 — Accompagner en formation

Faciliter le développement d'une nouvelle identité professionnelle

Favoriser et garantir le succés de trois projets : étudiant, école, entreprise

Piloter et synchroniser sept activités : reconnaitre la personne, proposer du sens, garantir un chemin, situer la personne, relier la personne à ses motivations, conseiller sur les moyens, ouvrir des horizons

d'où il est possible d'identifer

Les situations d'accompagnement
Le rôle du dispositif pédagogique et ses principales modalités

2 — Guider avec le dispositif pédagogique

de là ressortent

Qu'est-ce qu'accompagner dans chacun de ces grands domaines ? — *avec la question* — Des grands domaines de la transformation de l'accompagné

qui sont

3 — Accompagner par des positionnements

L'évaluation en entrée et en sortie de formatin

4 — Accompagner l'acquisition de connaissances

L'acquisition des connaissances

5 — Accompagner les temps en entreprise

Les temps en entreprise

6 — Accompagner le projet professionnel

Le projet professionnel

7 — Accompagner le changement de posture

Le changement de posture

8 — Piloter et orienter sa vie : quel accompagnement en formation ?

Le projet de vie et sa conduite

9 — Accompagner dans une relation

La relation

de ces grandes activités d'accompagnement et de tout ce qui précède se dégagent

10 — Facteurs de réussite d'un accompagnement

Des favteurs de réussite de ces accompagnements

Une synthèse de l'activité "Accompagner le développement de nouvelles identités professionnelles"

11 — Synthèse : la forme identitaire "accompagner en formation"

elle concerne l'accompagnement d'une — *elle met en œuvre un* — *elle s'appuie sur une*

Transition identitaire

Processus d'accompagnement

Identité professionnelle d'accompagnement

EXEMPLE

Julie vient d'achever la présentation, devant des profession- nels, du projet qui clôt la mi-parcours de sa formation. Julie a décrit son travail, un peu comme un journal d'événements. Elle a présenté avec détails la solution trouvée. Lors des questions, les demandes du jury l'ont embarrassée. Elle s'est sentie déstabilisée et n'a pas compris pourquoi. Pourtant, elle a réalisé scrupuleusement les tâches demandées. Elle a appliqué à la lettre les consignes, et elle a pris soin de ne pas heurter les susceptibilités. Elle a veillé à ne pas s'impliquer en dehors de ce que lui demandait de faire son tuteur. Et très sincèrement, elle pense en avoir fait assez pour ne pas être « inquiétée ».

Appelée pour écouter la restitution des membres du jury, elle entre dans la salle.

– Mademoiselle, comment s'est passée pour vous cette soutenance ? questionne Michel, l'un des membres du jury.

– Pas trop mal. Je ne suis pas sûre d'avoir répondu à toutes les questions, mais je pense avoir montré que j'avais atteint les objectifs.

– Merci, c'est ce que nous pensions aussi avoir perçu. Voici donc notre retour. Nous avons relevé comme points forts la qualité de votre présentation, sur la forme, même si celle-ci pouvait être encore plus aboutie. Nous avons aussi noté la quantité de travail dans l'entreprise, qui nous semble réelle.

Et d'une voix à la fois ferme, exigeante et bienveillante, Michel poursuit :

– Maintenant, je ne peux pas vous cacher que votre travail pose bien d'autres questions et nous allons prendre le temps d'en parler. Je vais avoir à vous dire des choses peu agréables, mais il est de notre devoir de vous les dire parce que nous croyons dans votre capacité à les corriger et que nous ne serions pas dans notre rôle si nous ne vous les disons pas.

Mademoiselle, vous nous avez dit tout ce que vous aviez fait. Vous ne nous avez jamais dit pourquoi vous le faisiez. Quels objectifs ? quels bénéfices ? quels avantages ?

Vous avez mis en œuvre des solutions, sans jamais avoir montré si vous aviez travaillé plusieurs possibilités.

Quand nous vous avons posé la question, vous n'avez pas su restituer votre action dans le contexte du service, de l'entreprise.

Et vos clients ? Vous nous en avez si peu parlé ! De même pour vos collabo- rateurs... Qui sont-ils ? Comment vivent-ils ces changements ?

➡

Vous n'avez pas mis en valeur votre capacité à être force de proposition… et pourtant nous sommes convaincus que vous avez apporté de nombreuses idées.

Et d'une voix encourageante : « Alors, maintenant, que pouvez-vous nous dire de plus sur ces sujets ? »

L'échange est bref. Julie est certes prise au dépourvu, mais surtout elle n'a pas la réponse à toutes ces questions. Soudain, un pan du monde dans lequel elle a vécu ses premiers mois de formation se révèle à elle. Elle l'avait inconsciemment évité, et là, dans cette salle de soutenance, il revient en force se confronter à elle. Elle mesure le fossé. Un voile de larmes trouble ses yeux.

Michel, vigilant, reprend :

– Mademoiselle, nous ne sommes pas là pour vous mettre en difficulté, nous sommes ici pour vous aider. Nous avons la conviction que vous avez la capacité de mener à bien ce type de projet. Vous avez une bonne connaissance technique. Et votre assurance se confortera au fil du temps. Mais pour réussir, il faudrait absolument changer votre positionnement dans ces situations. Le métier auquel vous vous préparez exige que vous soyez force de proposition et pas simple exécutante. Vous devez prendre le rôle d'un pilote de projet et prendre en considération les enjeux. S'il vous faut déterminer des « comment ? », il vous faut en premier lieu identifier les « pourquoi ? » de votre action.

Personnellement, je suis sûr que vous allez y arriver. Et si la note aujourd'hui n'est pas bonne, je suis persuadé que lors de votre prochaine soutenance vous démontrerez que vous avez su prendre en considération nos remarques.

Si vous avez besoin d'aide, n'oubliez pas que votre responsable de formation est de bons conseils.

Julie, comme régulièrement d'autres apprenants, a cru que la seule compréhension des connaissances suffirait à l'obtention de son diplôme. Le jury lui a montré l'erreur. Changer de niveau de responsabilité passe par une évolution des comportements et un changement de posture. Ce constat est particulièrement présent lors des formations de passage cadre en formation continue.

> **EXEMPLE** Franck, par exemple, a reçu la proposition de son directeur des ressources humaines de suivre une formation pour accompagner une évolution de fonction. Alors que l'organisme de formation a déjà été contacté, Franck tarde à donner sa réponse. La formation l'intéresse, mais son souci est ailleurs. Il mesure que cette évolution changera ses relations avec des camarades de travail qu'il côtoie depuis plus de vingt ans. Et puis, à dix ans de la retraite, y a-t-il un intérêt à accepter un poste qui demande davantage d'implication, d'exposition ? La question ne porte pas sur la capacité, mais sur le rôle à prendre, ou non, et sur les conséquences à assumer après ce choix.

1. La posture

Composante de l'identité professionnelle, je pense que la posture prend en compte la façon dont se coordonne l'ensemble des compétences et dont s'appréhende la situation. La posture est l'idée d'une nouvelle position à prendre. Elle est une forme de vision du monde à intégrer, avec le rôle que l'on tient à y jouer. C'est aussi un degré d'emprise, d'intervention sur la situation et sur autrui, dans lequel la personne souhaite d'emblée se situer.

Une posture est d'abord un ensemble de rôles à tenir pour assurer une valeur ajoutée répondant à des attentes d'interlocuteurs. Derrière manager une équipe se retrouve, par exemple, des rôles liés au leadership, à la cohésion de l'équipe, à sa représentation vis-à-vis de l'extérieur, à la capacité à faire agir les acteurs. Ces rôles s'appuient sur des valeurs et des croyances, internes à l'individu ou imposées par la culture du milieu ambiant, comme dans notre exemple pourrait l'être la place accordée ou non à la concertation, à l'équité, etc.

Définir dans un cahier des charges pédagogiques les rôles à assurer ne suffit pas. Il faut que la personne en prenne connaissance. Ensuite, elle doit avoir conscience de la nécessité de les mettre en œuvre. Elle doit mesurer les écarts qui existent entre sa posture actuelle et celle attendue dans son métier futur. Elle doit alors acquérir les outils et les comportements pour prendre possession de ses nouveaux rôles et assumer la nouvelle posture. Au final, il faut maintenir une volonté d'agir depuis cette posture.

Une posture, c'est donc un point de vue à prendre, une position d'observation, puis d'action. C'est un certain angle de vue pour se situer et définir son action.

Le retour d'autrui est un élément déterminant pour valider cette transition.

La posture est un élément de l'identité professionnelle. Il en serait, en quelque sorte, le noyau central de pilotage ou l'un de ses éléments. C'est un point de départ et une ligne de conduite. Dans cette perspective, s'orientent ensuite les actions et la mise en œuvre des compétences pratiques de l'individu.

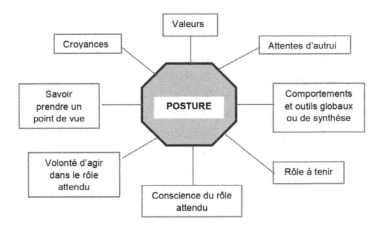

Figure 7.1 – *Paramètres de la posture*

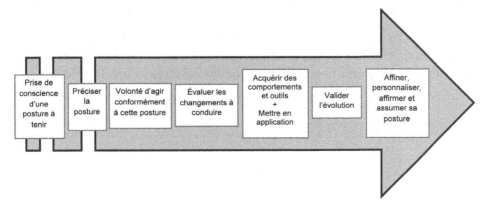

Figure 7.2 – *Étapes de transition d'une posture*

2. Augmenter ses responsabilités

L'accroissement des responsabilités rend nécessaire le changement de posture. C'est le cas lors de la prise de responsabilité de type cadre, responsable, ingénieur. Par exemple dans le passage d'un niveau de technicien supérieur à celui de « cadre ».

Les paramètres présentés ici valent très probablement pour d'autres évolutions. Par quoi caractériser une évolution de responsabilités ?

Les situations d'entreprises présentent au moins quatre aspects essentiels : aspects technique, organisationnel, humain (Charrier et Kemoune, 1989, p. 33) et économique. À un niveau de responsabilité de type cadre, ces quatre aspects sont à prendre en compte dans l'activité. Ils n'ont pas obligatoirement une importance égale, ou même parfois l'un d'eux peut être faiblement exprimé ou absent d'une description de poste. Mais l'action de l'acteur a un impact dans ces quatre dimensions et il se doit de les avoir à l'esprit en permanence.

L'évolution des responsabilités passent par une relation au temps différente. Les objectifs moyens ou longs termes augmentent souvent, même s'il reste un quotidien à gérer.

Les interlocuteurs se diversifient : externes, internes, clients, fournisseurs, niveaux hiérarchiques… Le responsable doit être capable de situer son rôle et d'appréhender ses interlocuteurs pour adapter son discours et son agir.

L'impact des décisions sur la pérennité de l'entreprise, les niveaux de qualification des interlocuteurs, la contribution à la stratégie de l'entreprise sont encore des éléments.

La complexité des processus à mettre en œuvre, la maîtrise technique exigée, le périmètre couvert, l'expertise sont également des facteurs associés au développement de la responsabilité (Serreau, 2012) (tableau 7.1).

Tableau 7.1 – *Indicateurs d'évolution de la responsabilité*

Technique	Organisation	Humain	Économique
Processus	Position hiérarchique Ressources allouées	Nombre de personnes Niveaux de qualification Type d'interlocuteurs (interne, externe, etc.)	Montant Résultats
Complexité Impact sur la pérennité de l'entreprise Part relative long terme/court terme ; efficience Diversité Expertise			

Dans l'évolution, au sein d'une formation par apprentissage, qui conduit à assumer des fonctions d'ingénieur, Bernard Blandin (Blandin, 2012) souligne l'acquisition de cinq compétences essentielles orientées pour une action donnée : agir comme un ingénieur dans l'organisation, mobiliser une variété de ressources cognitives, utiliser un mode de raisonnement approprié, mobiliser des ressources humaines adaptées, utiliser des instruments adaptés. Cette acquisition s'opère au travers de seuils identitaires qui se franchissent de diverses façons au niveau individuel, mais qui sont relativement bien identifiés au niveau collectif au sein des étapes du dispositif pédagogique. Les seuils identifiés sont le « technicien », le « encore technicien », le « presque ingénieur » et « l'ingénieur ».

J'ai pour hypothèse que les seuils de « technicien » et « encore technicien » correspondent plutôt aux étapes où s'assimilent les connaissances et les savoir-faire élémentaires propres au domaine de l'ingénieur. Ces étapes, à mon sens, sont communes à tous les passages de technicien d'un domaine vers responsable dans ce domaine (c'est du moins le constat que je fais dans des dispositifs qui relèvent du champ des ressources humaines et de la qualité).

Ce qui se met en place, plutôt sur les deux derniers seuils, c'est la compétence « agir comme un ingénieur » et à un degré moindre, mais néanmoins important, le « raisonner de façon appropriée à l'action ». Comme je propose de généraliser ce concept, je parlerai maintenant de « agir comme un responsable », et « raisonner de façon appropriée à l'action d'un responsable ».

Le « agir comme un... » correspond à l'idée de posture.

Franchir cette étape est capitale pour le succès de la personne et celui de la formation, et elle n'est pas aisée.

Comment accompagner cette phase ?

Le changement de posture est un travail de construction identitaire. Fred Davis a mis en évidence dans des formations pour infirmières, six étapes (Dubar, 2010, p. 136-137) de cette transformation : l'innocence initiale, la conscience d'incongruité, le déclic, la simulation du rôle, l'intériorisation anticipée (dualité au sein de la personne) et l'intériorisation stable (incorporation).

Le tableau 7.2 présente des exemples de pensées types et de modalités d'accompagnement que j'associe à ces étapes.

Tableau 7.2 – *Accompagnement des étapes de l'évolution identitaire*

Étapes selon Fred Davis	Pensées types	Modalités d'accompagnement
L'innocence initiale	Il suffit d'assister aux cours, d'être présent et de bien préparer les contrôles.	Aider à côtoyer des professionnels ; fournir des grilles de lecture des attentes professionnelles.
La conscience d'incongruité	Cela ne suffit pas en entreprise. Je ne comprends pas pourquoi.	Faire réfléchir sur le sens, les manières de faire, les comportements. Faire rechercher les bonnes pratiques.
Le déclic	Je ne peux pas continuer ainsi. Il faut que je change !	Les retours de la pratique ou d'autrui significatif (tuteur, jury, enseignant)
La simulation du rôle	Je reste moi-même, mais si je faisais comme mon tuteur, qu'est-ce que cela donnerait ?	Offrir des espaces d'expérimentation.
L'intériorisation anticipée (dualité au sein de la personne)	Je suis moi-même, et je suis aussi déjà autrement qu'avant.	Mettre en valeur les résultats obtenus, les changements qui s'opèrent et leurs effets.
L'intériorisation stable (incorporation)	J'assume sereinement ma nouvelle identité professionnelle.	Valoriser l'évolution réalisée, retours d'autrui significatif. Confier pleinement les responsabilités correspondantes.

Dans la pratique, l'accompagnant s'appuie souvent sur des outils méthodologiques pour illustrer les attentes et guider l'apprenant. Ces moyens, à l'usage de l'accompagné, sont des supports cognitifs à l'action. Ils offrent aussi une fonction quasi symbolique du pas à franchir.

Le recensement d'outils auxquels des formateurs se réfèrent pour guider l'évolution de posture conduit à identifier des grands axes de ce travail (figure 7.3).

Les outils offrent des clés génériques pour appréhender l'organisation du travail et traiter les situations. Ils forment l'assise à partir de laquelle l'individu peut interagir avec ses interlocuteurs et faire reconnaître sa valeur ajoutée. Les pédagogies pour aider à l'acquisition de ces méthodes sont multiples. Certaines peuvent même servir de base à un réaménagement du modèle classique de l'apprentissage par problème pour l'adapter à la formation des managers (Serreau, 2008).

Sans la proposition à l'apprenant de ce type d'outils, l'injonction « changer de posture » reste vaine et source de destruction de la confiance en soi. Si l'accompagné doit faire évoluer sa posture, l'accompagnant doit lui proposer des moyens sur lesquels s'appuyer pour amorcer ce changement.

Outre les séances de formation prévues à cet effet, l'intégration des nouveaux modes de raisonnement et de pensée se fait toutes les fois que l'opportunité se présente. Les évaluations devant des jurys de professionnels et les analyses qui en suivent, les entretiens de suivi, sont les moments par excellence où se passent ces messages du côté de l'accompagnant.

La mise en place de ces modalités impacte toutes les facettes de la forme identitaire subjective : valeurs, savoir-agir, rapports aux objets, aux autres, à soi…

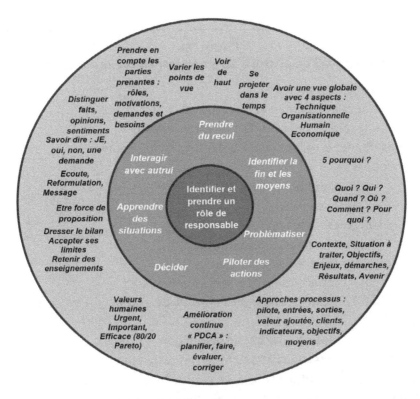

Figure 7.3 – *Exemple d'outils d'accompagnement vers la posture de responsable*

Un élément fondamental pour la construction identitaire réside dans les personnes auxquelles le sujet peut s'identifier (Guichard, 2010, p. 5). « Les gens recherchent activement des modèles qui possèdent les compétences auxquelles ils aspirent. Par leur comportement et leurs modes de penser, ces modèles compétents transmettent des connaissances et enseignent aux sujets des compétences et des stratégies efficaces pour répondre aux demandes environnementales » (Bandura, 2007, p. 137). Je crois que l'acquisition de la posture passe beaucoup par ce « modelage (ou apprentissage vicariant) » (Bandura, 2007, p. 135-156). Le changement de posture s'opérera d'autant plus facilement que l'apprenant aura trouvé ces personnes.

Le rôle de l'accompagnant est donc de favoriser la rencontre de l'accompagné avec une variété d'acteurs. Il stimule l'observation de l'apprenant afin qu'il trouve des modèles à sa démarche. À ce titre, la formation collective et en « présentiel » offre la richesse très concrète et visible que présentent les comportements des participants.

Encart 7.1
Aspect du travail de posture dans une transition de « responsable »

– Connaître (et comprendre) :
    – la valeur ajoutée et les enjeux du rôle à tenir,
    – le rôle tel qu'attendu par l'environnement.
– Se positionner en pilote pour opérer une valeur ajoutée.
– Développer :
    – une vue globale,
    – la prise de recul.
– Situer son niveau d'action :
    – dans la stratégie de l'entreprise,
    – dans la ligne hiérarchique,
    – par rapport à ses différents interlocuteurs.
– Avoir une conscience aiguë de l'objectif de son action et du contexte global.
– Avoir une perception adaptée de la situation.
– Entraîner des personnes à sa suite (en les respectant).
– Développer des attitudes positives et proactives.
– Optimiser les ressources et en particulier son temps.

– Exercer ses responsabilités :
    – autonomie,
    – confiance en soi,
    – s'affirmer,
    – dimension éthique.
– Assumer la conduite du changement.

L'accompagnant suscite aussi la prise de conscience et l'examen des postures des interlocuteurs de la situation de travail. Il incite à repérer celles auxquelles s'identifier, à choisir des modèles et des contre-modèles.

Parmi les propositions identitaires les plus communes citons : le tuteur, le responsable hiérarchique du tuteur, des interlocuteurs de l'entreprise, des membres d'un jury, des diplômés de la formation, l'accompagnant, un enseignant, un collègue de formation...

Parfois l'identification emprunte des caractéristiques à plusieurs personnes différentes. Dans tous les cas, l'accompagnant est lui-même impliqué dans l'identification. Il se doit de manifester de la congruence entre son propos, son rôle d'accompagnant et la posture proposée.

L'accompagnement est particulièrement important dans cette étape du changement de posture. En effet, cette phase met en jeu les systèmes de représentation et le rapport aux autres et à soi.

L'évolution de posture est un passage délicat : la personne quitte une position dans laquelle elle est reconnue (pour un rôle dans un réseau social, des compétences, des résultats, etc.). Elle abandonne cette position pour une nouvelle, inconnue et surtout dans laquelle elle n'est pas reconnue : elle n'a pas encore eu de résultat, elle n'y a pas démontré ses compétences et elle doit se faire admettre dans son nouveau rôle (parfois au milieu d'anciens collègues).

Quitter un connu reconnu pour un inconnu non reconnu !

L'apprenant prendra d'autant plus facilement le risque de se mettre dans une position fragile s'il peut le faire sous le regard d'une personne qualifiée. Elle garantit le sens, guide la démarche, fournit un retour sur la progression et est bienveillante quant aux maladresses transitoires.

L'ESSENTIEL

Enjeu essentiel de la construction d'une nouvelle identité professionnelle, l'acquisition d'une nouvelle posture est un passage qui se révèle souvent délicat. De ce fait, il mérite un accompagnement. Ce dernier s'effectue principalement dans quatre directions (figure 7.4).

Figure 7.4 – *Axes pour guider l'évolution de posture*

Chapitre

PILOTER
ET ORIENTER
SA VIE : QUEL
ACCOMPAGNEMENT
EN FORMATION ?

*L'accompagnement de la construction identitaire opérée
en formation ne saurait se faire sans resituer la personne
dans sa trajectoire de vie. Durant cette période, bien
des décisions ont à voir avec son orientation. Aussi il est utile de
disposer d'un modèle sur la conduite de l'existence.
Partant de là, il sera possible de décrire les étapes
à accompagner, les questionnements types, les exercices
pédagogiques à proposer, les biais possibles
et leurs remèdes...*

Accompagner la personne en formation

N° **Titre du chapitre** **Fil conducteur**

Accompagner au sein d'un dispositif de formation

a particullièrement pour finalité de — *vise à* — *consiste à*

1 *Accompagner en formation*

Faciliter le développement d'une nouvelle identité professionnelle

Favoriser et garantir le succès de trois projets : étudiant, école, entreprise

Piloter et synchroniser sept activités : reconnaître la personne, proposer du sens, garantir un chemin, situer la personne, relier la personne à ses motivations, conseiller sur les moyens, ouvrir des horizons

d'où il est possible d'identifer

Les situations d'accompagnement
Le rôle du dispositif pédagogique et ses principales modalités

2 *Guider avec le dispositif pédagogique*

de là ressortent

Qu'est-ce qu'accompagner dans chacun de ces grands domaines ? ← *avec la question* ← Des grands domaines de la transformation de l'accompagné

qui sont

3 *Accompagner par des positionnements*

L'évaluation en entrée et en sortie de formatin

4 *Accompagner l'acquisition de connaissances*

L'acquisition des connaissances

5 *Accompagner les temps en entreprise*

Les temps en entreprise

6 *Accompagner le projet professionnel*

Le projet professionnel

7 *Accompagner le changement de posture*

Le changement de posture

8 *Piloter et orienter sa vie : quel accompagnement en formation ?*

Le projet de vie et sa conduite

9 *Accompagner dans une relation*

La relation

de ces grandes activités d'accompagement et de tout ce qui précède se dégagent

10 *Facteurs de réussite d'un accompagnement*

Des favteurs de réussite de ces accompagnements ←

Une synthèse de l'activité "Accompagner le développement de nouvelles identités professionnelles"

11 *Synthèse : la forme identitaire "accompagner en formation"*

elle concerne l'accompagnement d'une — *elle met en œuvre un* — *elle s'appuie sur une*

Transition identitaire

Processus d'accompagnement

Identité professionnelle d'accompagnement

1.　Introduction

Au fil des étapes précédentes, se dessine l'ampleur du questionnement et du travail sur soi qui se pose à l'apprenant. Ce travail a des implications avec le monde externe à la formation de l'accompagné. Et cet environnement interagit de façon plus ou moins forte avec l'apprenant dans sa construction identitaire.

En effet, choisir tel ou tel métier, tel ou tel poste impacte de façon significative les autres pans de l'existence. Ces choix peuvent influer sur la reconnaissance du conjoint ou des relations, sur l'équilibre de la vie familiale, sur le rapport à soi. La plus ou moins bonne adéquation de la personne à son travail a des répercussions sur l'identité attribuée, l'engagement. Elle induit d'une certaine façon l'énergie que ce sujet mettra en œuvre pour atteindre le résultat. Face aux turbulences du monde moderne, se sentir à sa place et acteur de sa vie est un gage de sérénité et de robustesse face aux aléas. Cette qualité semble particulièrement utile pour un plein exercice des fonctions managériales.

Notre démarche s'effectuera en deux temps. Le premier sera consacré à définir des repères sur la conduite de vie. Je prendrai appui sur différents auteurs pour proposer une modélisation à ce sujet. Le second temps s'intéressera à l'exploitation de ces repères aux fins de l'accompagnement.

> **EXEMPLE**
>
> **Les situations de Sébastien et d'Agnès**
>
> Sébastien est en fin de parcours de formation d'ingénieur. Son goût pour la technique et pour les situations d'urgence l'a conduit à des missions de maintenance dans lesquelles il s'est beaucoup plu. Il a choisi sa cible professionnelle dans ce domaine. L'entreprise qui l'a accueilli pour effectuer son apprentissage vient de lui proposer un contrat de travail qui correspond tout à fait au projet préparé. Il doit donner sa réponse dans huit jours. Il y a quinze jours, il était enthousiaste ! Hier un chasseur de tête l'a démarché et lui a proposé un poste d'ingénieur d'affaire rémunéré 10 % de mieux, dans une société prestigieuse. Il doit déménager à 600 km. Sébastien hésite et ne sait plus que faire. Il vient demander conseil à son responsable de formation. Il a conscience que tout le projet qu'il a construit ne correspond pas vraiment à cette proposition. Mais n'est-ce pas une opportunité à saisir ? Entre aussi en compte dans sa désorientation soudaine le fait qu'il a une amie, qui, elle, travaille dans la région où se trouve le poste en maintenance. Sébastien, tiraillé par les deux possibilités et les conséquences qu'elles entraînent, se trouve perdu.
>
> ➡

Pour Agnès, la situation est la suivante : depuis la rentrée, son comportement témoigne d'un manque d'engagement dans la formation qui n'a pas échappé à l'enseignant. Et cela ne ressemble pas à la jeune fille de l'année précédente. L'enseignant lui en fait gentiment la remarque. « J'ai des soucis », répond-elle. « S'ils concernent la formation et que tu souhaites en parler, mon bureau est ouvert… » Agnès a frappé à la porte du bureau trois jours après. Tendue et visiblement dépitée, elle a annoncé : « Je vais arrêter la formation. » « Ah bon ! Acceptes-tu de m'expliquer ce qui te conduit à cette idée ? » En quelques mots abrupts, Agnès explique sa situation. Derrière les paroles parfois maladroites, l'enseignant croit comprendre que le tuteur d'Agnès lui a fait une remarque sur la dernière mission qu'elle a menée. Elle a le sentiment qu'elle n'arrivera jamais à le satisfaire. Et puis le contexte de l'entreprise est difficile. Elle n'a aucun attrait pour les produits fabriqués. Elle se trouve étrangère dans cette entreprise, comme dans un autre monde, avec des valeurs différentes. Les premières notes de l'année s'en ressentent. Du coup, elle remet tout en cause : son projet d'ingénieur qualité et également le fait d'exercer un jour le métier d'ingénieur.

Quelles clés utiliser pour l'accompagnement dans de telles situations ?

2. Les processus « piloter et orienter sa vie »

La psychologie positive indique que le développement de l'autonomie et des compétences, l'atteinte des objectifs, le renforcement du sentiment de bien-être, de l'estime de soi et de la sérénité se développent dans la durée quand la personne se choisit des objectifs « auto-concordants ». Autrement dit quand ils sont en cohérence avec ses valeurs, ses besoins profonds, sa personnalité. Une condition est nécessaire : que ces buts soient pris librement, de tout cœur et pour la satisfaction escomptée (Sheldon, 2004, p. 106-116).

Comment construire et tendre à cette auto-concordance ? Comment piloter sa vie ?

Pour répondre à cette question, il est utile de disposer d'un modèle qui permet de situer l'accompagné dans son projet de formation au sein de ses autres projets. Il aide à appréhender la construction de cohérence. De cette manière l'accompagnant peut à la fois positionner l'accompagné (pour la part qu'il veut bien exprimer consciemment ou inconsciemment) et comprendre ce qui est en jeu. Il consolide la démarche de l'accompagné notamment en le renvoyant à l'articulation de son projet de formation avec son projet de vie, et en le renvoyant également à sa responsabilité dans la construction de celui-ci.

Selon le contexte, il n'est pas toujours opportun de pousser chaque élève à questionner son projet personnel. C'est là l'une des expertises de l'accompagnant que de mesurer le besoin à cet égard. Mais dans tous les cas de figure, comme accompagnant, il ne peut pas ignorer les enjeux sous-jacents. Le bénéfice visé est à la fois la qualité de la construction identitaire et les retombées positives évoquées qui se déclinent dans tous les niveaux d'action de la personne.

Notre propos n'est pas de s'inscrire dans le débat de l'inné ou de l'acquis, ni dans celui de savoir quelle est la part des molécules biochimiques et celle de notre « esprit ». Notre hypothèse de départ est que nous sommes, pour une part, acteur de notre vie. Cette qualité d'être acteur, aussi appelée « agentivité », se caractérise par l'intentionnalité, la pensée anticipatrice, l'autoréactivité et l'autoréflexion (Bandura, 2009, p. 22-30). Cela suppose que nous soyons libres de mettre en action notre volonté dans quelque situation que ce soit. C'est ce dont témoigne Viktor Frankl, psychiatre, prisonnier des camps de concentration pendant trois ans, lorsqu'il affirme : « On peut tout enlever à un homme, excepté une chose, la dernière des libertés humaines : celle de décider de sa conduite, quelles que soient les circonstances dans lesquelles il se trouve » (Pattakos, 2006, p. 61).

Disposant de cette liberté et de la capacité à être acteur de notre vie, quels sont les leviers conscients avec lesquels conduire notre existence ? Nous envisagerons les réponses à cette question dans le cadre d'individus ne souffrant pas de pathologies psychologiques.

Chez Sébastien, plusieurs désirs s'affrontent et touchent à des sphères différentes de son existence : l'intérêt du travail, l'image social et la rétribution qu'il peut en escompter, la vie sentimentale... À cet instant de sa vie, ses différents désirs lui offrent des perspectives de satisfaction et certains sont antagonistes. Décider, et donc agir, revient à donner une priorité dans ces désirs pour choisir celui à mettre en œuvre et ceux à placer de côté (en supposant que la situation soit bien analysée et le problème posé pour que la décision puisse s'opérer). Selon quels critères opérer ce choix ? Les expériences passées permettent à Sébastien d'associer une certaine satisfaction aux désirs qu'il a. L'analyse de la situation et son sentiment d'efficacité lui fournissent une espérance dans sa capacité à traiter la situation et donc dans la satisfaction et la reconnaissance qu'il pourra en obtenir. Le choix de la solution finale sera facilité si Sébastien a un projet, un axe de valeurs et d'action qui l'aide à donner du sens à sa vie. Les résultats de l'action posée par Sébastien, et obtenus grâce à sa compétence, se traduiront pour lui par différents sentiments. Ils le renseigneront sur le degré d'ajustement de son action dans la situation par rapport à ses attentes. Ces sentiments lui fourniront des renseignements précieux pour ses choix futurs.

Pour Agnès, il en va de même. Quel bénéfice à arrêter sa formation si, le moment de doute passé, elle peut y développer avec bonheur ses capacités ? Et par contre quel intérêt pour elle à continuer si sa formation ne s'inscrit pas dans sa motivation profonde ?

Conduire son existence suppose que nous ayons un moyen de nous orienter.

Nous allons tenter de démêler l'écheveau complexe des pensées qui habitent Agnès et Sébastien.

Concrètement, de quels « matériaux » disposent-ils pour mener leur réflexion ? Tous deux sont tiraillés par le choix à opérer parmi des désirs antagonistes. Chaque désir abouti à un engagement dans l'action, mais des actions différentes. En fait, le questionnement porte, ou devrait porter, sur le choix des actions par lesquelles chacun pourra le mieux se réaliser. Des sentiments de bien-être ou de mal-être résulteront pour une part de ce choix.

Il est ici question d'un processus qui fait passer la personne d'un état donné à un autre. Les processus et systèmes finalisés (Mélèse, 1991) peuvent être représentés sous la forme d'un schéma. Cette simplification ne doit pas faire perdre de vue que le processus en question symbolise une démarche du vivant et non celle d'une machine ; et qu'il est le lieu d'interactions multiples.

Le processus « piloter son existence » se caractérise par les points communs aux systèmes. Il a comme entrées les désirs. Sa valeur ajoutée s'opère grâce aux compétences (moyens de transformation) pour produire des actes (sorties) qui expriment notre identité profonde et font sens pour nous (mission). Les signaux informant de la qualité de fonctionnement du processus (indicateurs) sont les sentiments de bien-être ou mal-être qui renseignent la fonction de décision (pilote) de « l'état du système » et de l'efficacité du processus. La fonction de pilotage comprend les systèmes de valeurs, de rapport à soi et à l'environnement, ainsi que le sentiment de sa capacité à agir avec pertinence. C'est elle qui assure le tri parmi les désirs et notamment devrait donner la priorité à ceux qui contribuent à la mise en œuvre de l'élan central, du projet de vie, s'il existe ou est conscient (directive) (figure 8.1).

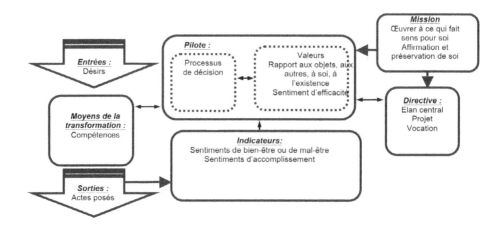

Figure 8.1 – *Processus « piloter son existence »*

Reprenons en détail ces différents points, tout en gardant à l'esprit que leur interaction est permanente. C'est dans cette interaction que se dessine réellement chacune des fonctionnalités.

2.1 La mission : œuvrer à ce qui fait sens

Dans l'approche systémique proposée par Jacques Mélèse (1991), la mission est la raison d'être d'un système. Elle correspond aussi à ce qu'apporte ce système à son environnement.

Définir la mission pose la question de ce que l'être humain poursuit dans l'existence. Cette question fait émerger un débat clé : le but de la vie est-il le bonheur ? ou est-il d'œuvrer à ce qui fait sens pour soi ?

Réaliser quelque chose qui a du sens suscite du plaisir et, dans la durée, du bonheur. Et du coup, prêter attention à nos états d'âmes positifs aide à percevoir ainsi le sens de la vie (André, 2009, p. 376).

Notre action fait sens quand elle signifie quelque chose vis-à-vis de soi ou d'autrui (le sens est le signifié (Frankl, 2009, p. 62)). Agir conformément à nos valeurs les plus importantes est la façon de répondre à la quête de sens (Turner et Hévin, 2000, p. 72). Cette volonté de sens habite chaque être humain (Frankl, 2009, p. 74).

V. Frankl, et sa théorie, la logothérapie, attirent l'attention sur le fait que bonheur et l'accomplissement ne constituent pas une fin en soi, mais une résultante d'une vie orientée par le sens donné. Le bonheur ne se produit pas par lui-même. Il n'est jamais certain. Et pire, prendre le bonheur pour fin risque de l'éloigner (Frankl, 2009, p. 31-38). L'homme est habité par une quête de sens et ses actes cohérents avec ses valeurs, son identité profonde, sont susceptibles de causer du bonheur.

Il est à noter que les petits plaisirs quotidiens contribuent aussi au bonheur (André, 2009, p. 376).

Personnellement, je pense que deux éléments sont à conjuguer : une attitude d'ouverture lucide face à la vie et un engagement dans des projets qui ont du sens. Le premier ouvre la possibilité de trouver de la joie dans les événements quotidiens. Le second trace un axe directeur autour duquel dynamiser l'existence.

La source du sens pourrait être notre élan vital, notre désir essentiel (Diel, 1991, p. 39). C'est ce que considère Paul Diel qui oppose deux finalismes (Diel, 1991, p. 40) dans l'existence : celui du désir essentiel ou encore élan vital, source d'harmonie et de satisfaction durable ; le finalisme accidentel, fait de désirs multiples, d'excitations non unifiées, source d'insatisfaction.

La concrétisation de cet élan vital permet d'attribuer à ce qui fait sens trois composantes principales (Lecomte, 2007, p. 289) : les relations affectives avec d'autres personnes, les croyances et les valeurs, et l'engagement dans l'action. Nous y ajouterons l'avancement au quotidien en harmonie avec son sens de l'existence (de Saint Paul, 1999, p. 92). Une contrainte ne doit pas être négligée : celle de rester cohérent avec ses capacités et ses ressources, à un moment donné.

Les croyances et les valeurs qui impliquent les relations positives avec d'autres personnes tiennent une place importante. Une enquête effectuée dans plus de soixante-six pays place ainsi la bienveillance en tête des valeurs les plus répandues (Schwarz, 2006/4, p. 946). Des études révèlent que « des personnes se comportant de manière généreuse se disent généralement plus heureuses et cela plus durablement » (Thalmann, 2011, p. 153). « [...] plus on secourt autrui et plus on est heureux ; et plus on est heureux plus on est enclin à aider les autres. En contribuant au bonheur des autres on s'offre sens et plaisir... » (Ben-Shahar, 2007, p. 192). Une base neurologique semble agencer de la sorte l'être humain. Le cerveau est « prédisposé à l'amour, la coopération, l'empathie » (Lecomte, 2012, p. 249-269).

Les valeurs, ce à quoi nous attachons de l'importance, motivent nos actes et sont exprimées par nos actions. Elles nomment ce qui fait sens pour nous, ce avec quoi nous conduisons notre existence. Nous les retrouvons quand nous cherchons à remonter aux sources de ce qui a motivé une de nos actions. Et plus nous remontons, plus nous atteignons le noyau dur de notre identité et nous rejoignons quelques valeurs particulièrement essentielles dans notre vie. Pour V. Frankl, dans ces motivations essentielles se trouvent systématiquement l'amour et la conscience (Pattakos, 2006, p. 109-110).

Plus l'être humain unifie ses actes avec ses valeurs essentielles, et elles-mêmes avec son élan vital, et plus il peut éprouver un sentiment de plénitude. Il prend aussi davantage conscience du sens de sa vie : « Le sens de la vie émane de la manifestation de l'identité de la personne, de son "agir essentiel", de ses liens essentiels et de la croissance de ces réalités » (PRH – International, 1998, p. 210).

La hiérarchisation des valeurs aboutit à la prise de décision. Il y a de multiples typologies de valeurs. À ce stade, nous en retiendrons deux :
- une première compte six grandes valeurs (Turner et Hévin, 2000, p. 73) : la capacité à agir ou le pouvoir, l'accomplissement ou le fait de se prouver à soi-même, le partage de relations, l'expression créative et ludique, la recherche de sens, le don de soi par la compassion ou la contribution ;
- une seconde typologie compte trois grandes familles de valeurs : ce que nous créons ou donnons, ce que nous recevons ou prenons, ce que nous choisissons d'adopter comme attitude dans des situations difficiles (Frankl, 2009, p. 70-71). Ce dernier point est essentiel car les circonstances de la vie sont loin d'être toutes sources de bonheur. Par contre, elles offrent un espace d'accomplissement. Car toutes offrent une possibilité de choisir des attitudes face aux tribulations. Un choix conscient, usant de cette liberté pour demeurer cohérent avec ses valeurs, développe la paix, le sentiment d'unité intérieure, l'harmonie avec soi-même. Même si la situation est déplaisante.

À ce titre, affirmer qui nous sommes, avec intégrité, est un élément fondamental avec lequel construire son existence (Larivey, 2004). Ce qui ne va pas forcément de soi et demande aussi du courage (Salomé, 1999). Développer sa personnalité exige un réel travail sur soi dans le cadre des relations qui ont du prix à nos yeux et s'opère dans trois grands axes que sont les droits à l'existence, à être distinct et à être sexué (Larivey, 2004).

D'autres critères indiquent une croissance de l'être (PRH – International, 1998, p. 157-161) : sensation de son évolution, progression de l'autonomie et amélioration des relations à autrui, accroissement des capacités d'engagement, conscience plus aiguë, meilleur ajustement à la réalité, pour certains l'ouverture à une transcendance.

On peut considérer trois accès au sens (PRH – International, 1998, p. 207-210) : celui qu'on nous impose, celui que l'on se donne et celui que l'on découvre et qui s'impose à nous. « On découvre le sens quand on sait apprécier le moment présent ; on le découvre dans la gratitude, dans la conscience et dans la relation » (Pattakos, 2006, p. 133). Quel que soit l'accès, il me semble qu'une adoption consciente de ce sens est un signe de maturité de la personne.

Œuvrer à ce qui fait sens, c'est trouver des voies à l'expression cohérente de nos valeurs et de nos capacités. Il s'agit donc de la mise en œuvre de moyens, librement choisis ou adoptés.

Ce qui fait sens se conçoit dans le respect fondamental de l'humain.

En conclusion, je propose de considérer la mission (au sens systémique) attribuée au processus d'orientation et de conduite de l'existence, comme étant de produire des actes qui font sens pour soi (et donc exprimant avec cohérence notre identité profonde), dans le respect de l'humain. Elle s'appuie sur des points clés (encart 8.1).

Encart 8.1
Clés pour orienter sa vie

- Adopter une attitude d'ouverture lucide face à l'existence.
- Œuvrer à ce qui fait sens pour soi (et donc en parallèle chercher à le connaître).
- Affirmer son identité.
- Bonheur et accomplissement ne sont que des résultantes.
- Trouver des joies ou de la satisfaction dans ce qui est vécu.
- Des mots clés : volonté, conscience, cohérence.

2.2 Les directives

Parfois, la personne a le privilège d'unifier ce qui fait sens pour elle en un projet de vie, une vocation. Il s'agit d'une orientation générale de la vie. Elle se décline en autant de sous-projets, au gré des circonstances de la vie, mais relie chacun d'eux dans un même ensemble. La vocation se découvre parmi des rôles sociaux possibles « tout en me spécifiant dans ce que j'ai de plus intime et dans ce qui me rend unique » (Schlanger,

1997, p. 73). Même s'il y a des milliers de vocations d'artistes, chaque acteur s'exprime spécifiquement au travers de SA vocation.

Pour choisir les actes à poser et donc faire le tri parmi les désirs, il est particulièrement facilitateur et éclairant d'avoir mis au jour cette vocation ou encore projet de vie. Le vocable est divers pour signifier l'orientation fondamentale, le sens durable qu'un être peut donner à son existence. Mission, vocation, désir essentiel, élan vital, finalité, projet de vie, effort central, agir essentiel, etc. sont autant de termes qui tentent de cerner de plus ou moins près cette notion (par la suite nous éviterons le mot mission, par ailleurs utilisé dans l'approche systémique).

La vocation peut être considérée comme un intermédiaire entre l'élan vital qui anime notre vie et le projet concret dans lequel la personne se situe. Par exemple, la vocation de médecin se décline en de multiples possibilités. Perdre, pour n'importe quelle raison, la possibilité d'exercer la médecine pour quelqu'un qui a cette vocation, ne lui enlève pas *a priori* son élan vital (même si l'on mesure le travail de reconstruction identitaire à poursuivre). Elle devra trouver comment le réaliser sous une forme différente. Telle a été l'expérience que V. Frankl relate de sa déportation (Frankl, 2006).

Je pense que cette « vocation » est dotée de composantes d'agir, de motivation, de projection. Elle est le point de « métaconvergence » entre les compétences, les motivations, le projet. À ce point, chacun des aspects précédents tend à se confondre avec les deux autres. La « vocation » est à la fois le projet qui orchestre les autres projets, la motivation qui insuffle les autres motivations, la compétence qui se déploie en de multiples compétences, le désir qui inspire les désirs. Elle est à la croisée du talent et de la passion. Elle est aussi la compétence qui motive, le projet qui donne consistance à la motivation, ouvre un champ d'expression à la compétence. En ce sens, je trouve que le terme « agir essentiel » (PRH – International, 1998, p. 284-285) décrit au mieux toutes ces dimensions.

« Moi, je ne sais que travailler avec la lumière : la capter pour la projeter » (Quinson, 2011). Cette citation du réalisateur Xavier Beauvois pourrait être une formulation de vocation. Dans cette proposition, j'imagine « capter la lumière et la projeter » comme à la fois la compétence et la motivation de ce réalisateur. C'est le fil rouge qui relie au passé et autour duquel se dessinent les nouveaux projets. C'est un projet jamais abouti, ligne d'horizon, source d'engagement dans l'action. De lui peut découler du bonheur.

La vocation apporte une contribution à une communauté. C'est le propre d'un projet de vie : « Il exprime le besoin de s'épanouir dans un agir au service de la communauté » (Monbourquette, 2001, p. 16). Cette dimension de choix d'un agir contributeur, efficace, est cruciale car pour qu'une action fasse sens. Il importe que la personne en sente l'impact sur son environnement (Ben-Shahar, 2007, p. 78-79).

Chaque personne a une façon propre, unique de s'accomplir. Nommer cette spécificité, c'est nommer sa vocation.

L'identification et la mise en œuvre d'une vocation sont sources de développement de l'estime de soi et de la confiance en soi (Monbourquette, 2001, p. 37). Agir en cohérence avec le sens de la vie pour soi produit une joie profonde, une unification des désirs, une unité intérieure, un renforcement de facultés fondamentales comme « la clarté de pensée, la persévérance de la volonté, la profondeur des sentiments » (Diel, 1991, p. 60-75). Elle aboutit à l'accomplissement, à la réalisation de la personne. À l'inverse, l'incohérence suscite une multiplication des désirs qui aboutit à des sentiments d'angoisse et de souffrance (Diel, 1991, p. 60-75) (sous cet angle, les sentiments jouent le rôle d'indicateurs). Les familles d'actions reliées au sens sont celles qui permettent de déployer les composantes de son identité. « Toute identité cherche normalement à s'affirmer et à se réaliser » (Mucchielli, 2009). Favoriser le développement des sentiments constitutifs du sentiment d'identité (figure 8.2) est le signe d'une maturité identitaire (Mucchielli, 2009, p. 121).

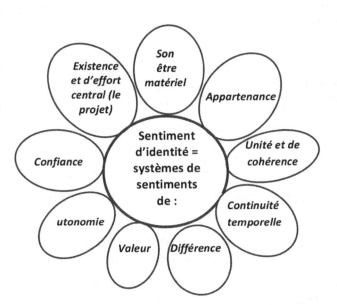

Figure 8.2 – *Sentiment d'identité (inspiré de Muchielli, 2009, p. 65-79)*

2.3 Les indicateurs

Des études sur le cerveau appréhendent ce dernier comme un système qui utilise nos émotions pour capitaliser l'expérience. Dans cette approche, le fonctionnement du cerveau apparaît comme prédisant des événements. La confrontation de la réalité avec cette prédiction suscite des émotions : une bonne prédiction est récompensée par une décharge de dopamine source de plaisir, une mauvaise est marquée par l'absence de cette dopamine, signal d'erreur de prédiction. Ces informations sont confiées à la mémoire qui réorganise en conséquence les connexions cérébrales et emmagasine de la sorte l'expérience (Lehrer, 2010, p. 41-73) (*cf.* figure 8.3).

Antonio Damasio définit les émotions comme des « programmes complexes et en grande partie automatisée d'action » (Damasio, 2010, p. 136-137). Selon ce même auteur, « les sentiments émotionnels [...] sont des perceptions composites de ce qui se passe dans notre corps et dans notre esprit quand nous éprouvons des émotions » (Damasio, 2010, p. 136-137). Pour lui, les émotions « sont le joyau de la régulation vitale ». Elles concourent à l'adaptation de l'organisme à son environnement. Les sentiments apparaissent avec la prise de conscience des émotions.

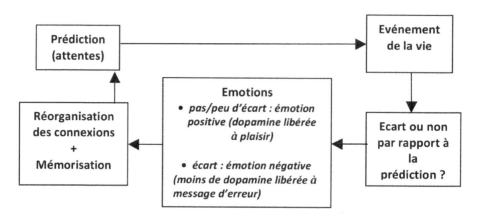

Figure 8.3 – *Capitaliser l'expérience grâce aux émotions*

Ces éclairages de neurosciences confortent l'idée d'utiliser les sentiments complexes comme indicateurs de notre adaptation.

L'expérience commune montre que plus nos actes expriment nos valeurs essentielles, notre élan vital, et plus notre satisfaction est grande et durable (Diel, 1991, p. 72), et donc notre sentiment de bien-être.

Inversement, s'en éloigner conduit à des sentiments de mal-être.

Ces sentiments de bien-être ou de mal-être, dans la durée, ont bien sûr un lien avec notre bonheur (André, 2009, p. 376-377), d'autant que des études considèrent que le bonheur possède quatre caractéristiques : joie, engagement, sérénité, satisfaction (Thalmann, 2011, p. 45-47).

De là il découle que si les actes sont en concordance avec les valeurs et font sens pour soi (lieux de fortes attentes), alors la personne éprouve des sentiments de bien-être, et inversement pour les sentiments de mal-être.

Comme ces sentiments trouvent leur source dans la confrontation des attentes avec les événements, il est riche d'enseignements, lorsque la personne éprouve un sentiment, de savoir quelle est l'attente concernée et en quoi elle a été ou non satisfaite. Un parallèle peut s'établir avec les recommandations de maîtres spirituels comme Ignace de Loyola qui préconisent la relecture de vie, en se mettant à l'écoute de ses mouvements intérieurs (De Loyola, 1986).

Au mal-être s'associent des familles de sentiments liés à la peur, la tristesse, la colère. Le bien-être est relié à la joie, la paix intérieure, la sérénité, l'entrain, l'ouverture aux autres, l'unité intérieure, la cohérence, le sentiment d'appartenance (André, 2009, p. 376), etc. Ces derniers sont, pour beaucoup, communs avec ceux composants le sentiment d'identité (figure 8.1). Plus ce sentiment d'identité est fort et plus probablement l'est la cohérence entre les actes et l'identité. Lorsque la cohérence se fait, alors la personne peut « sentir qu'elle contribue, à sa modeste place, à l'avancée de l'humanité » (PRH – International, 1998, p. 221).

Au moyen de ces indicateurs, la personne repère les types de situation dans lesquels elle est davantage susceptible d'éprouver des sentiments de bien-être. Les sentiments révèlent en parallèle ce qui fait sens pour elle : qu'est-ce qui a été source d'unité intérieure dans un moment qui fait date dans sa vie ? En quoi a-t-il été important pour elle de poser tel acte qui l'a comblé de joie ?

Connaissant ces types de situation et ses motivations essentielles, elle peut envisager de poser les choix les plus favorables à son épanouissement. Y compris sur le plan professionnel, l'individu peut ainsi « oser le bonheur » (Centre des jeunes dirigeants, 2002).

Dans la perspective de sentiments indicateurs pour la conduite de la vie, toute expérience est porteuse d'enseignements pour la suite. Grâce à eux, l'orientation et la conduite de l'existence deviennent possibles.

L'énergie dépensée et le temps affecté à l'activité figurent également parmi les paramètres des situations qu'il convient d'examiner au regard de nos attentes. Les sentiments générés par cet examen sont importants. Énergie et temps sont deux ressources limitées dont la gestion impacte notre équilibre physique et psychologique directement ou indirectement. L'énergie et le temps sont intimement liés. Vivre consomme de l'énergie. Il faut la renouveler. Notre durée de vie est limitée. Consacrer du temps à une activité, c'est lui consacrer de cette énergie, si précieuse. Cette dernière est fournie avec des variations en quantité et en durée (*cf.* les notions physiques de travail et de puissance). Ces deux paramètres sont significatifs de l'engagement de la personne. Aux extrêmes, la gestion de l'énergie touche directement à l'intégrité physique (épuisement d'un marathonien, d'un gréviste de la faim, etc.). Ces considérations conduisent à considérer avec soin l'énergie et le temps consacrés à une activité.

2.4 Entrée du processus : les désirs

De façon pragmatique, les futurs choix trouvent leurs prémices dans les désirs.

Paul Diel définit le désir comme « une action en suspens, une tension énergétique vers l'action ». Le désir se représente sous la forme d'un but. L'énergie portée par le désir est motivante. Le choix entre les désirs s'effectue sur la base de « leur valeur relative à la satisfaction. Les qualités de la satisfaction sont l'intensité et la persistance » (Diel, 1991, p. 61-66).

Tous les désirs n'offrent pas la perspective d'une satisfaction identique. La mise en œuvre de certains, éloignés de ses capacités, de ses possibilités immédiates, ou de ce qui fait sens pour soi, peut être nocive sur le plan de l'équilibre psychologique et de la quête du bonheur.

Les désirs associent les perspectives d'action et de satisfaction.

2.5 Sortie : les actes

L'être humain est un être dont l'organisme, y compris le cerveau, est construit essentiellement pour agir (Berthoz, 2003). *A minima*, se maintenir en vie consomme de l'énergie et pousse à agir pour la restaurer. Le temps transforme l'environnement et oblige à s'adapter.

L'acte posé transforme l'environnement de la personne. Il s'inscrit dans une situation donnée. Et dans cette situation, il manifeste une identité de la personne. Il est indissociable de la situation et de son auteur.

2.6   Transformation : les compétences

Les actes posés mettent en œuvre les compétences. Savoir opérer une transformation dans l'environnement est la manifestation de cette compétence. Cette notion ayant déjà été traitée, nous ne nous y attarderons pas.

2.7   Le pilotage

Toute l'ambition du « pilotage », de la « conduite » de sa vie, tel que proposé ici, est d'ordonner sa vie en fidélité à son être profond. Dans cette perspective, la personne sélectionne ses désirs. Elle pose les actes qui la placent toujours davantage en cohérence avec sa vocation, avec son « agir essentiel ». Elle se place ainsi dans une dynamique d'affirmation de son identité et de plein déploiement de ses capacités. Pour PRH[1], « la personne en ordre est celle qui : s'est unifiée autour de l'être, axe sa vie sur la réalisation de l'être, se réfère à lui et à la conscience profonde, et répond aux besoins des autres instances (moi-je, corps, sensibilité) en accord avec l'être » (PRH – International, 1998, p. 220-221).

Cette démarche repose sur un principe de bon sens. Il consiste à ordonner les moyens selon la fin poursuivie (et non l'inverse).

Elle est construite par itérations et interactions multiples. En dresser un séquencement est illusoire. Par contre, des points de passage obligés sont à souligner (encart 8.2).

Encart 8.2
Les activités du pilotage de l'existence

- Nommer, prendre conscience de ses désirs.
- Valoriser et évaluer la satisfaction escomptée (intensité, persistance).
- Analyser la situation et la faisabilité de l'action envisagée.
- Comparer et établir les priorités entre les désirs.
- Choisir et décider (au regard de ce qui touche au sens le plus profond pour soi, dans la situation considérée, avec les moyens et la volonté).

---

1. Personnalité et relations humaines, école psychologique internationale qui vise à la croissance d'accompagner à la croissance des personnes.

– Renoncer aux désirs non retenus (les rediriger, les mettre en attente ou les abandonner).
– Agir.
– Évaluer son action avec la raison et les sentiments.
– Intégrer les enseignements de l'évaluation.

Avoir identifié sa vocation facilite ce travail car ainsi sont repérées des familles de situations, d'actions et de désirs qui, *a priori*, présentent la probabilité importante d'un retour positif.

Le renoncement aux désirs non retenus peut s'avérer délicat et parfois entraînera un travail de deuil.

Un tel pilotage nécessite d'exercer sa liberté de choisir l'attitude qui correspond au mieux à ce qui répond à sa vocation, quelles que soient les circonstances. Cette liberté nécessite de la volonté (Fenouillet, 2009), pour découvrir ce qui fait sens pour soi, puis à le mettre en œuvre (Pattakos, 2006, p. 9).

L'évaluation de l'action conclut une séquence. Les conclusions tirées enrichissent la connaissance de soi et de l'environnement. Elles les actualisent.

2.8   En synthèse

Nous venons de poser des repères pour définir une représentation de la conduite de l'existence. Grâce à ce modèle, il sera possible de cerner comment accompagner une personne en formation.

Au cœur de ces repères se trouve l'écoute des mouvements intérieurs, la construction d'un sens à l'existence et la cohérence que la personne veut ou non placer dans ses actes. Ainsi, poursuivant sa quête dans les actes posés au regard du sens qu'elle leur attribue, elle éprouve des sentiments. Ces derniers lui fournissent des informations sur ce qui fait sens et qui contribue à son unité intérieure, voire à son bonheur.

L'éveil à cette rétroaction ouvre la voie à une conduite de l'existence. La cohérence entre les actes et l'élan vital est source d'une satisfaction profonde et durable. L'énergie et l'efficacité qui en découlent sont accrues.

Maintenant, il importe de préciser que le modèle n'est qu'un pâle reflet de la complexité qui habite l'être humain. Il est réducteur. Malgré ses limites, il présente cependant l'avantage d'aider à penser la réalité. Tel est donc notre propos. Ce modèle permet de pointer certains aspects saillants ou sous-jacents. Il montre des liens dominants auxquels l'accompagnant doit être alerté. Ces liens peuvent constituer un matériau pour aider la personne à se questionner et à situer ce qu'elle vit dans son projet. La simplification du modèle porte notamment sur la mise en évidence d'un processus quasi linéaire et doté d'une boucle de régulation unique. En fait, ces boucles sont multiples. Les interactions s'effectuent entre plusieurs étapes quasi simultanément. Elles peuvent opérer des retours en arrière, des itérations, des sauts d'étapes. Le processus est dynamique et incessant. Le sujet est en quête de réalisation de soi et d'équilibre, au sein d'une instabilité permanente :

> « Car l'individu n'est nullement une entité, encore moins une entité stable, il est un processus, et la vie est un mouvement permanent. C'est au cœur de ce mouvement, inscrit dans le présent et tourné vers l'avenir, que JE est un autre. Le passé, aussi lourd et collant à la peau soit-il n'est qu'une ressource »
> (Kaufmann, 2009, p. 225).

Dans cet esprit, je propose la figure 8.1 pour résumer tout le propos de cette partie.

Figure 8.4 – Processus « *piloter et orienter sa vie* »

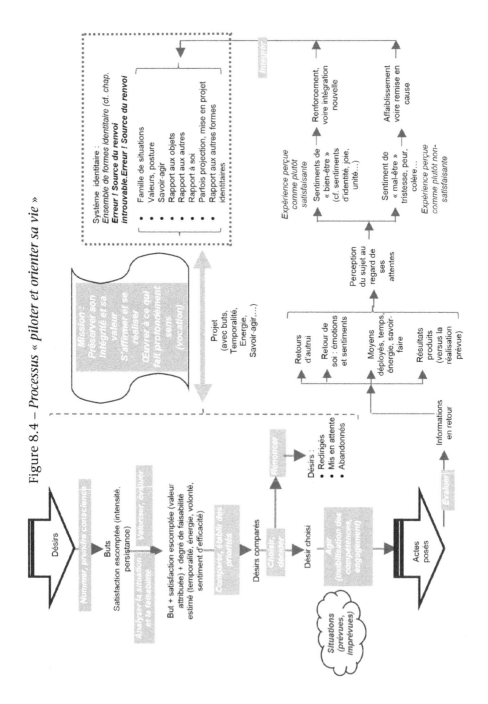

3. L'accompagnement de la personne dans son projet de formation

3.1 La compétence « piloter et orienter sa vie » : un apprentissage à développer ?

Le savoir « Piloter et orienter sa vie » peut être considéré comme une compétence. Elle s'applique sur des familles de situation correspondant aux décisions qui engagent l'existence pour des durées significatives ou avec des impacts importants (prise de risque relative à l'intégrité physique et psychique).

Les processus que nous avons évoqués en forment les savoir-agir.

L'approche compétence conduit à dresser les caractéristiques détaillées dans le tableau 8.1.

Compte tenu des enjeux, il me semble que l'apprentissage de cette compétence mériterait d'être systématisé.

Cependant, tout individu n'est pas obligatoirement à l'aise avec la dimension introspective associée à l'écoute de ses mouvements intérieurs et aux conclusions à en tirer. Le recul sur l'existence peut encore manquer de profondeur chez les jeunes adultes qui fréquentent nos établissements. Mais devant les crises existentielles dont témoignent les comportements de certains élèves, n'y a-t-il pas là un enjeu et une réflexion pour apporter une contribution au développement d'identités professionnelles et sociales matures ?

Comme tout savoir-faire, les explications suffisent rarement à la maîtrise de cette compétence, d'autant plus que le traitement opératoire est essentiellement interne à la personne et par rapport à des références qui lui sont propres. Le guide d'un aîné dans le domaine s'avère donc particulièrement utile.

Si les dispositifs de formation prévoient rarement cet apprentissage poussé à ce niveau de finalité (pourquoi ne le feraient-ils pas ?), l'apprentissage de la compétence « piloter et orienter sa vie » vaut toutefois d'être pris en compte. Il s'intègre naturellement dans l'accompagnement de la personne au cours de son projet de formation.

Il peut alors y avoir deux visées, indépendantes l'une de l'autre. La première est essentielle de mon point de vue : il s'agit de penser la personne, son projet de formation et l'accompagnement dans le cadre de la vaste dynamique du projet de vie (sans nécessaire intrusion dans ce dernier mais en invitant l'accompagné à le questionner).

Tableau 8.1 – *Les savoir-agir du pilotage de sa vie*

Savoir-agir	But	Étapes	Ressources principales internes	Ressources externes	Indicateurs	Difficultés notables	Remèdes
Élucider ses désirs.	Identifier et clarifier les désirs.	– Prise de conscience. – Nommer le but. – Évaluer l'intensité et la persistance de la satisfaction correspondante.	– Écoute de soi. – Connaissance de soi. – Expériences passées et sentiments s'y rattachant.	Partage d'expérience.	But identifié (nommé), satisfaction escomptée examinée sous l'angle concourant de l'intensité et de la persistance.	Prendre conscience de ses désirs.	– Relire son expérience. – Être à l'écoute de ses sentiments et émotions. – Dans les situations de sentiments de mal-être examiner quel pourrait être l'écart existant entre la situation vécue et les attentes.
Évaluer la faisabilité	Évaluer la faisabilité, l'engagement nécessaire.	– Identifier le but visé dans le traitement de la situation envisagée. – S'informer sur les paramètres des situations à traiter, les processus, les objectifs, les relations à autrui, les critères d'évaluation, les indicateurs de réussite (aspect techniques, humains, économiques, organisationnels, historiques, etc.). – Évaluer ses ressources (compétences, énergie, temps, autres...).	– Expériences passées. – Compétences acquises. – Capacités : • à s'ouvrir à l'inconnu, la curiosité intellectuelle • à adopter de nouveaux points de vue et des points de vue variés • à sélectionner et synthétiser l'information • à se projeter dans la situation évaluée (pour évaluer la capacité à faire et à s'y épanouir)	– Informations sur la situation. – Retours d'information sur le regard d'autrui quant à son adéquation avec la situation (capacité à la traiter). – Conseils.	– Informations concrètes, variées, suffisantes. – Sources crédibles. – Expériences transposables. – Paramètres des situations identifiés. – Valeur ajoutée visée et ses indicateurs de réussite explicités.	– Surestimer ou sous-estimer la situation et ses capacités. – Manquer d'informations ou avoir des informations erronées. – Ne pas prendre la mesure de la situation à traiter.	– Multiplier et recouper les sources. – Se mettre en situation (test). – Établir des analogies avec des situations vécues. – S'imaginer vivant la situation. – Rencontrer des acteurs auxquels il est possible de s'identifier pour une part.

Savoir-agir	But	Étapes	Ressources principales internes	Ressources externes	Indicateurs	Difficultés notables	Remèdes
Discerner	Choisir le ou les désirs à réaliser.	– Sélectionner, trier, combiner pour établir un projet/désir satisfaisant en terme de risque et de satisfaction. – Sélectionner le désir offrant le plus de satisfaction.	– Créativité. – Connaissance de son élan vital, de son effort central, de ses valeurs. – Rigueur dans l'affirmation de soi, la préservation de soi, la réalisation de soi. – Sentiment d'efficacité.	– Retours d'autrui. ·Démarches symboliques.	– Confiance, paix, sérénité à l'égard du choix posé. – Confirmation par des retours d'autrui. ·Degré d'apports pour autrui et pour soi du projet retenu.	– S'éloigner de l'effort central, de ses valeurs. – Surestime ou sous-estime de soi.	– Écouter ses sentiments profonds et durables. – Être attentif à la cohérence, l'unité intérieure, la sérénité. – Tirer les leçons des expériences passées. – Dépasser la vanité pour aller vers l'humilité (Diel, 1991).
Renoncer	Traiter les désirs qui ne sont pas retenus dans le choix.	– Adjoindre. – Rediriger. – Abandonner. – Mettre en attente, différer.	– Créativité. – Lucidité. – Patience. – Confiance en soi. – Maturité. – Esprit de décision.	Retour d'autrui.	– Sentiment d'unité, paix, cohérence. – Ou au contraire tiraillement, écartèlement…	Ne pas renoncer.	– Tirer les leçons des expériences passées. – Écouter ses sentiments d'identité. – Mesurer l'efficacité, l'engagement. – Planifier des actions pour le futur – Mettre en œuvre un processus de deuil.

Savoir-agir	But	Étapes	Ressources principales internes	Ressources externes	Indicateurs	Difficultés notables	Remèdes
Agir	Poser des actes cohérents avec son identité profonde.	– Analyser la situation. – Poser les problèmes. – Mettre en œuvre des plans d'actions. – Évaluer les résultats intermédiaires. – Corriger ce qui le nécessite.	– Confiance en soi, volonté, sentiment d'efficacité. – Compétences.	Toutes ressources mobilisées par les compétences considérées.	– Résultats concrets obtenus par rapport aux objectifs visés. – Économie de l'action (degré d'engagement, énergie et temps consommés…). – État intérieur lors de l'action.	Aléas et autres écarts entre le prévu et la réalité rencontrée.	– Capacité d'adaptation et d'apprentissage. – Remise en cause. – Capitalisation de l'expérience. – Réévaluation de la situation, des objectifs.
Évaluer	Analyser l'expérience vécue.	– Être à l'écoute de ses émotions et sentiments pendant l'action. – Relire avec un peu de recul l'action passée et être à l'écoute de ses sentiments.	– Écoute de soi. – Bienveillance et exigence à son égard. – Faire mémoire.	Retours d'autrui.	– Résultats concrets obtenus par rapport aux objectifs visés. – État intérieur en vivant l'action et en en évaluant les résultats.	– Ne pas prendre le temps, reconnaître ses réussites et ses difficultés. ·Appréhender la démarche.	Organisation pratique à se définir (moments fixés dans l'agenda, journal de vie, etc.).
Intégrer	Capitaliser l'expérience.	– Savourer les bons résultats. – Tirer des enseignements.	– Savoir tirer du positif. – Conforter ses points forts. – Déterminer les remises en cause à bon escient.		Cohérence pour soi de sa trajectoire de vie et adaptation à l'environnement.	Ne pas prendre le temps.	*Idem*

La deuxième visée peut être de saisir l'opportunité de la conduite du projet de formation par l'élève pour prendre comme objectif pédagogique de le sensibiliser, voire de le former explicitement à la compétence « piloter et orienter sa vie ».

Le processus formalisé précédemment va maintenant servir à éclairer l'accompagnement d'étapes telles que celles traversées par Sébastien et Agnès. À cette fin, je vous propose d'examiner successivement :
– un préalable ;
– les situations de décision dans le parcours de formation ;
– des questionnements, méthodes et outils ;
– des biais possibles lors de la prise de décision ;
– l'accompagnement face à des biais possibles.

3.2 Préalable

Marck Savickas cite quatre composantes à l'orientation (Guichard, 2010, p. 2) : se sentir concerné, choisir de conduire son projet, explorer, et augmenter la confiance en soi. Chacune de ces composantes est de la liberté et de la responsabilité de l'accompagné. L'accompagnateur, averti des enjeux et dans le cadre du contrat qui a été passé avec lui, peut mettre en œuvre des dispositions pédagogiques pour favoriser le développement de ces quatre composantes (tableau 8.2).

Tableau 8.2 – *Composantes fondamentales de l'orientation et leur accompagnement*

Les 4 composantes de l'orientation (d'après Mark Savickas)	Exemples de dispositions pédagogiques pour les favoriser et les accompagner
Se sentir concerné par son avenir.	Témoignages de professionnels, de personnes dont l'accompagné peut se sentir proche ; questionnement ; informations ; donner du sens.
Choisir de conduire son projet.	Montrer en quoi c'est possible ; apporter des outils ; organiser une plage d'autonomie et soutenir par de la reconnaissance, de l'empathie ; mettre en relation avec des personnes qui ont tiré profit d'une telle démarche.
Explorer.	Suggérer ; ouvrir des horizons ; mettre en relation ; susciter des rencontres, des visites, des mises en situation.
Augmenter la confiance en soi.	Établir un plan d'action ; montrer les progrès et favoriser des retours et les communiquer de façon positive.

L'accompagnement de ces quatre aspects s'appuie sur les composantes déjà évoquées de l'accompagnement.

Proposer des témoignages et des rencontres joue sur deux paramètres clés : aider à la confrontation avec la réalité et favoriser l'identification.

Je crois également très important que l'accompagné ait un regard positif sur son existence, ou du moins qu'il la considère avec une grande bienveillance. Si ce n'est pas le cas, l'accompagnement devra veiller à limiter le questionnement.

Dans le travail d'accompagnement, l'accompagné est évalué sur deux niveaux parallèles. Le premier s'applique à l'acquisition d'une compétence. Celle-ci se manifeste à la fois par l'atteinte d'un objectif de transformation de son environnement et par la façon de le faire. La deuxième facette est la façon dont est vécue cette étape : quels enseignements sont ainsi fournis à l'accompagné sur son adéquation avec ce qu'il est en train de vivre et avec le projet dans lequel il s'inscrit. Ce double niveau d'observation s'effectue selon les indicateurs identifiés dans le processus « piloter et orienter sa vie » et précisés dans le tableau 8.3.

Tableau 8.3 – *Indicateurs de satisfaction à partir de l'AMS*

Indicateurs	Sous l'angle de la réalisation de l'acte	Sous l'angle de la contribution à l'accomplissement de sa « vocation »
Activité	Quantité produite ; satisfaction résultant de la performance réalisée.	Satisfaction obtenue du fait de la réalisation de cette activité et en la généralisant de la réalisation de ce type d'activité.
Coût	Temps consommé ; l'engagement (en terme d'énergie) ; satisfaction obtenue résultant de l'engagement fourni pour réaliser l'activité.	Satisfaction obtenue du fait de l'engagement dans cette activité et en le généralisant de l'engagement dans ce type d'activité.
Efficacité	Qualité du résultat de l'acte proprement dit par rapport à son « cahier des charges » ; satisfaction résultant du degré d'atteinte de ses objectifs et de ceux donnés par le cahier des charges (interne ou externe à la personne), ainsi dans une certaine mesure de la puissance fournie dans la réalisation de l'activité (énergie/temps).	Satisfaction obtenue du fait de l'efficacité pour obtenir les résultats dans cette activité et en le généralisant de l'efficacité montrée dans ce type d'activité.

3.3 Situations de décision dans le parcours de formation

Les paragraphes qui précèdent ont mis en exergue ce que gagne la construction de l'identité professionnelle à passer par la construction d'un projet qui découle de façon cohérente d'un projet de vie identifié. Cette cohérence alimente positivement le sentiment d'identité.

Cette cohérence est mise en jeu de façon plus forte dans des situations particulières de la vie professionnelle ou du parcours de formation. Au sein du parcours de formation, ces étapes méritent plus particulièrement d'être accompagnées et interrogées lors des entretiens.

Ces étapes s'articulent autour de décisions importantes. L'encart 8.3 dresse une liste des thématiques concernées.

Encart 8.3
Famille de situations et thèmes concernés par l'orientation dans sa vie professionnelle

S'orienter dans la vie professionnelle, c'est rechercher, choisir, accepter ou refuser :
– un type d'activité et de responsabilité ;
– une durée de travail (temps partiel ?) ;
– un cadre de travail : salarié ? libéral ? fonctionnaire ? autres ?
– un lieu ;
– un domaine d'activité ;
– un métier ;
– une fonction ;
– une entreprise ;
– une rémunération ;
– une promotion ;
– une mutation ;
– un déménagement ;
– une formation ;
– une collaboration ;
– un contrat ;
– un mode de fonctionnement ;
– de contribuer à un produit, à une prestation ;
– des comportements ;
– des valeurs ;
– un projet d'évolution ;
– etc.

Outre leurs conséquences sur la vie professionnelle, ces décisions ont souvent une interaction sur d'autres aspects de la vie.

Et quand elles ne concernent que la vie professionnelle, un manque de cohérence profond avec l'identité de la personne conduirait probablement à un malaise aux effets négatifs tant dans la vie professionnelle que personnelle. Une illustration est celle d'un travail antagoniste avec les valeurs de la personne : un militant pacifiste chez un fabricant d'armement, un militant écologiste chez un fabricant de pesticides de masse, etc.

À la fin de la formation l'élève sera confronté au choix de son emploi et aura à se positionner par rapport à la plupart des thèmes de la liste. Les choix en cours de formation ont aussi leur enjeu et nous les envisageons comme une préparation aux enjeux futurs : le choix d'un binôme, d'un sujet de projet, d'un stage avec tous les aspects qui en relèvent sont autant d'occasion de choisir, ou non, de se consacrer à son projet essentiel, ou de céder à la dispersion ou à la facilité.

3.4 Accompagner la mise en œuvre du processus « piloter et orienter sa vie » et les prises de décisions

Les décisions à prendre par Sébastien et Agnès peuvent se construire par la mise en œuvre de façon plus ou moins poussée du processus « piloter et orienter sa vie ».

Dans le tableau (tableau 8.4), chaque savoir-agir de la compétence « Piloter et orienter sa vie » est repris et des questions types pour l'accompagnement sont proposées.

À aucun moment il ne s'agit de répondre à la place de la personne, mais bien de la guider dans une large prise en compte de la situation qu'elle vit, là où elle en est de son projet et de son histoire.

Tableau 8.4 – *Questions et conseils d'accompagnement en formation*

Savoir-agir	Compo-santes	Des questions types	Propositions d'objectifs, exercices, conseils
Élucider ses désirs	Nommer ses désirs	– Qu'est-ce qui vous motive dans cette possibilité ? – Pouvez-vous préciser le but que vous poursuivez ? – Qu'est-ce que vous apporterait la poursuite de ce but (plan compétences, reconnaissance, sentiments) ? – Dans la durée, quels bénéfices psychologiques en tireriez-vous ?	– Écrire le but à atteindre (en le décrivant de façon concrète et les bénéfices attendus) essentiellement sur le plan des sentiments d'identité, de bien-être et de mal-être. – Quand un sentiment de mal-être est éprouvé, se poser la question s'il y a un écart entre les attentes et la réalité ? Quel enseignement concret en tirer ?
Évaluer la faisabilité	Analyse de la réalité	– De quelle manière avez-vous confronté votre projet à la réalité ? – Qui avez-vous rencontré ? – Quelles informations clés en retenez-vous ? – Quelles contraintes et limites avez-vous identifiées ? – Que pensez-vous de la diversité de vos sources d'information ? De leur fiabilité ? – Quelles sont parmi vos expériences, celles transposables ou qui peuvent vous servir de repère ?	– Entrer en contact avec les informations et les acteurs des situations concernées. – Travailler les informations. – Se projeter dans la situation envisagée : et si vous étiez…, à quelles activités consacreriez-vous votre temps ? quelles sont celles qui vous intéresseraient le plus ?
	Évaluation de ses compétences	– Sur quelles compétences pouvez-vous compter ? – Quels seraient vos points de fragilité dans la réalisation de ce désir ? – Comment pensez-vous pallier aux compétences ou savoir-agir qui pourraient vous manquer ?	– Bâtir un tableau listant ses compétences. – Obtenir des retours d'autrui significatif.
	Évaluation des autres ressources (temps, énergie, etc.)	– Quel temps et énergie pensez-vous consacrer à ce projet ? – Quelle place trouverait-il dans votre emploi du temps ? Avec quelle priorité ? Quelles autres ressources devriez-vous engager ? – Quel degré d'engagement êtes-vous prêt à consacrer à cette réalisation ?	Construire le planning type d'une journée, d'une semaine, d'un mois.
	Sentiment d'efficacité et d'identité	– De quoi vous sentez-vous capable pour mener à bien la réalisation de ce désir ? – Comment vous sentez-vous à la perspective de réaliser ce désir ?	Prendre le temps de s'imaginer en situation et de se voir agir.

Savoir-agir	Compo-santes	Des questions types	Propositions d'objectifs, exercices, conseils
Discerner	Ordonner	Qu'est-ce qui est le plus important pour vous ? en quoi ?	– Lister ses désirs. – Distinguer finalité et moyens. – Nommer sa « vocation », son « agir essentiel ».
	Connaître son identité et son élan central, ses valeurs	– Avez-vous identifié vos valeurs, un projet de vie, un axe qui fait particulièrement sens pour vous ? – Avez-vous repéré ce qui vous donne de l'allant ? Les situations dans lesquelles vos sentiments d'identité se développent positivement ?	– À partir des décisions prises dans le passé, remonter aux motivations et valeurs sous-jacentes. – Synthétiser les motivations en une motivation centrale. – Repérer les paramètres des situations dans lesquelles sont éprouvés des sentiments du bien-être, du mal-être, les sentiments d'identité.
	Cohérence du désir retenu avec l'identité, l'élan central, les valeurs	– En quoi pensez-vous utiliser (ou non) vos valeurs, votre projet de vie, ce qui fait sens pour vous, dans le choix que vous avez à opérer ? – Quels sont les enjeux d'une cohérence en la matière ?	– Écrire l'impact visé du désir choisi en termes de sentiments d'identité, de bien-être ou de mal-être. – Écrire en quoi il s'inscrit et contribue à son projet de vie, ses valeurs, ce qui fait sens.
Renoncer	Adjoindre, rediriger, abandonner	– Comment vous sentez-vous face aux renoncements ou reports que vous effectuez ? – Qu'allez-vous faire de toutes les idées que vous avez étudiées ? – Avez-vous pensé à associer plusieurs désirs dans une même réalisation ? – Et si vous choisissiez de le planifier, quelles en seraient les échéances ?	– Se fixer des échéances pour les désirs reportés. – Examiner comment réincorporer certains désirs dans le nouveau projet. – Si l'abandon d'un désir est difficile, se donner un peu de temps et engager un processus de deuil.
Agir	Mise en œuvre de ses compétences	– Quels sont les objectifs concrets que vous poursuivez ? – Quelles actions avez-vous planifiées ? réalisées ? – À quelle étape de réalisation en êtes-vous ? – Quelles sont les difficultés à affronter ? celles passées ? celles à venir ? Quelles solutions voyez-vous ? – De quoi vous sentez-vous capable pour la suite ?	– Se fixer des objectifs, les planifier et évaluer leur avancement. – Établir à période régulière un bilan personnel de son action.

Savoir-agir	Compo-santes	Des questions types	Propositions d'objectifs, exercices, conseils
Évaluer	Sa perception des retours	– Comment considérez-vous les résultats auxquels vous parvenez ? – Quels pourraient être les points de vue d'autres acteurs ? – Et si vous envisagiez les choses d'une autre façon ?	– Obtenir un retour de chaque catégorie d'acteurs selon les plans technique, organisation, humain, économique. – Rédiger un journal de bord de ses réussites et des sentiments éprouvés. – Demander à quelqu'un de confiance des retours. – Évaluer de façon factuelle les résultats. – Dresser la liste des écarts attentes/résultats (faits et sentiments).
	Les résultats atteints Les moyens déployés	– Quels sont les résultats concrets auxquels vous arrivez ? – Quel regard portez-vous sur ces résultats ?	
	Les sentiments éprouvés	Comment avez-vous vécu ces situations ?	
Intégrer		– Quels enseignements en tirez-vous pour l'avenir ? – En quoi vous sentez-vous conforté ? Remis en cause ?	– Savourer ses réussites. – Définir un plan d'action sur des points d'évolution.

Ces questions souhaitent respecter l'autonomie de la personne et sa liberté. Elles visent à lui fournir un questionnement pour qu'elle puisse par elle-même vérifier la cohérence de sa démarche. Elle en tirera ainsi avec lucidité les leçons qu'elle jugera utile.

Le questionnement est rarement suffisant, du moins dans le laps de temps d'une formation. Des exercices ou des méthodes sont utiles pour conforter la démarche. Ils la guident et donnent confiance à la personne pour s'engager véritablement dans la construction de son identité.

Parmi ces exercices, ceux destinés à cerner sa « mission » sont sans doute plus délicats à mettre en œuvre. Plusieurs approches existent en la matière :

– une approche consiste à établir trois listes : ce que nous aimons faire (le plaisir quotidien), ce qui nous pousserait à continuer à le faire (le sens) et enfin nos atouts (nos compétences, nos talents). À l'intersection des trois (Ben-Shahar, 2007, p. 170) se trouve probablement notre « vocation ». Cette démarche est complémentaire avec celle de prêter attention à ce qui motive. « L'indice le plus révélateur de la vocation d'une personne est sa passion » (Monbourquette, 2001, p. 127) ;

– une autre démarche liée à la motivation, consiste à examiner les décisions importantes que la personne a prises et à se demander pourquoi (au sens de la motivation, ce qui l'a poussée à prendre cette décision) (Serreau, 2002, p. 41-42). En examinant un nombre suffisamment important de décisions, elle remonte à ses motivations centrales. En les synthétisant en une phrase, elle peut formuler une sorte de méta-compétence qui pourra être prise pour « finalité » (Bougon et Falque, 2004) ;

– autre démarche, l'identification à des personnes, à des œuvres littéraires, cinématographiques. En quoi sont-elles importantes pour elle ? Que révèlent-elles de son aspiration profonde. Dans le même ordre d'idée, la réflexion peut porter sur le choix d'archétypes (Monbourquette, 2001, p. 118-121) qui révèlent des désirs profonds ;

– une approche consiste à relire les moments forts de son existence et à prêter attention à ce qui a été source de bonheur (Serreau, 2002, p. 41).

Les exercices sont multiples et se complètent. La personne peut ainsi choisir ceux avec lesquels elle est le plus à l'aise. Mais la démarche est rarement familière ni aisée.

Les méthodes et exercices présentent aussi l'intérêt de faciliter le renouvellement dans le temps de la démarche et contribuent à conforter l'accompagné dans la durée.

Nous venons d'aborder le suivi que l'accompagnant peut réaliser lors de la mise en œuvre par l'accompagné du processus « piloter et orienter sa vie » (décliné dans le cadre du projet professionnel et de formation). Après avoir examiné ce déroulement sous l'angle du fonctionnement idéal, je vous propose de le reprendre maintenant sous l'angle de difficultés le concernant. L'accompagnant au sein de formations y est régulièrement confronté.

3.5　La prise de décision et ses dérives, ses biais

Étape capitale où se révèle l'activation du processus « piloter et orienter sa vie », la prise de décision mérite toute l'attention de l'accompagnant. Elle est une étape de synthèse où se manifestent une façon d'appréhender la réalité par l'accompagné et une manière de s'y inscrire. Les prises de décision de l'accompagné sont autant de faits concrets sur lesquels l'accompagnant base sa réflexion. Principalement, l'accompagnant évalue la cohérence dont use la personne dans la mise en œuvre de son projet. Il le fait au regard du projet de formation et de ce que la personne dit d'elle-même. Lors de l'accompagnement de ces étapes de choix, d'autres indices mettent en lumière des points de vigilance pour l'accompagnant (et pour l'accompagné). Il s'agit de l'absence de réponse aux questions posées ci-avant (tableau 8.4), ou de réponses que l'accompagnant jugera insatisfaisante sur la base de son expérience, ou encore d'une faiblesse du niveau d'engagement de l'accompagné et de sa progression ou de la façon dont il parle et exprime son vécu (expression verbale et non verbale).

Dans l'accompagnement de la décision, l'accompagnant s'efforce de vérifier la cohérence de la démarche de l'accompagné, cohérence interne (par rapport aux objectifs annoncés par la personne) et cohérence externe (ajustement à l'environnement).

Une difficulté majeure peut apparaître. Il s'agit de l'ambivalence de l'accompagné : venant en formation, il affiche une demande pour obtenir un emploi dans une nouvelle qualification, mais il n'est pas toujours prêt aux remises en cause que cela nécessite. Cette ambivalence se manifeste dans la discordance entre les décisions effectives prises en formation et l'objectif poursuivi en s'inscrivant dans le dispositif. L'accompagnant est régulièrement confronté à cette difficulté.

J'emploie ici le terme de « biais » au sens où sous d'apparentes bonnes raisons, l'accompagné prend un chemin qui de toute évidence pour l'environnement n'est pas cohérent avec les objectifs de la formation ou la construction d'une identité professionnelle forte et épanouie[1] (dit d'une autre façon, l'utilisation par l'étudiant du processus « piloter et orienter sa vie » montre des insuffisances). Sous ce regard, la décision prise peut être qualifiée de décision absurde : « processus par lequel un individu ou un groupe agit de façon persistante et radicale contre le but qu'il cherche à atteindre » (Morel, 2002, p. 259). En formation, le but à atteindre est formé par les objectifs de la formation dans laquelle la personne s'est engagée.

Les principales décisions que peut prendre un élève dans le courant de sa formation correspondent à des thèmes voisins de celles de la vie professionnelle.

Dans le tableau ci-après (tableau 8.5) figure une liste de ces décisions, avec des exemples de critères régulièrement privilégiés au détriment des priorités du projet de la personne :

---

1. Encore une fois, soulignons que l'accompagnant n'a pas à poser un jugement de valeur sur la personne au travers de la décision prise. Son rôle est d'attirer l'attention sur les incohérences qui tôt ou tard fragiliseront l'accompagné, au regard du but professionnel annoncé par la formation. Il est évident que l'accompagné intègre d'autres pans de sa vie que l'accompagnant n'a pas à connaître ; le point perçu comme une incohérence peut ainsi être un moyen pour l'accompagné, à cette étape précise, de mettre en cohérence des engagements plus fondamentaux de sa personne qui échappent à l'accompagnant (par exemple, un moindre engagement dans la formation peut résoudre une contrainte familiale forte).

Tableau 8.5 – *Décisions en formation*

Décisions relatives aux choix de :	Priorités parfois privilégiées au détriment de la cohérence interne de la personne vis-à-vis de son « projet »
Coéquipiers.	Les amis.
Entreprise.	– Connue (jobs d'été). – Une relation peut l'introduire sans avoir besoin d'effectuer une recherche par ailleurs. – Peu importe sa culture, ses valeurs.
Lieu de stage.	Proximité du domicile.
Secteur d'activité.	Critère sans intérêt ou mineur.
Une mission (objectifs à atteindre, acceptation des moyens).	– Se limiter à ce que l'on sait faire. – Ne pas oser négocier des objectifs et des moyens pour que le stage contribue de manière effective au projet personnel.
Une option.	– La moins contraignante en durée. – La plus compatible avec son emploi du temps.
Temps consacré à une activité donnée (exemple : rencontrer des professionnels).	– Minimiser l'engagement. – Peur d'affronter la réalité. – Suffisance.
Prendre rendez-vous avec un responsable pour alerter d'une difficulté, avoir un avis.	– Négligence. – Ne pas attirer l'attention sur soi. – Suffisance. – Peur de conséquences (souvent imaginaires).
Prendre des responsabilités dans la vie associative de la promotion.	– Avoir du pouvoir sur les autres. – Se valoriser. – Avoir de bonnes raisons d'absences.

On constatera que si ces décisions portent sur des choix à faire pendant la formation, les critères du choix intègrent inévitablement des considérations externes aux seuls objectifs professionnels. C'est à ce niveau qu'entrent en tension les différents projets de la personne et qu'il est opportun d'avoir une démarche d'arbitrage et de cohérence.

Les arguments apportés ne sont pas des mauvaises raisons en soi. Ils le deviennent parfois, au regard de la démarche engagée, s'ils empêchent des objectifs plus fondamentaux de la personne de se déployer.

Le premier rôle de l'accompagnant est d'abord d'alerter sur les enjeux, les risques...

Il arrive que l'accompagné n'en tienne pas compte. C'est ce qui nous conduit à passer en revue quelques grandes causes.

3.5.1 La perte de sens et les décisions absurdes

L'effort de mise en œuvre du processus « piloter et orienter sa vie » porte pour l'accompagné sur l'élaboration et le développement de cohérence autour du sens. Christian Morel a repéré quatre processus à l'origine de la perte de cette notion et impliqués dans les décisions absurdes (Morel, 2002, p. 259-273). Ils se retrouvent chez les accompagnés.

↘ *Dysfonctionnement de la définition de l'objectif*

Le dysfonctionnement[1] de la définition de l'objectif laisse l'accompagné face à un flou tel qu'il lui offre la possibilité d'une décision absurde. Ce cas de figure attire l'attention sur la première responsabilité qui incombe à l'accompagnant et au dispositif de formation. Elle est de définir le cadre et les objectifs nécessaires au bon déroulement du parcours.

Ceci ne dédouane pas l'accompagné de la propre construction de ses objectifs. Il reste le premier concerné et responsable de son action !

La définition de l'objectif est ici, en tout premier lieu, celle du projet : projet professionnel et articulation avec le projet de vie, la vocation.

Les accompagnés type chez lesquels cette sorte de dysfonctionnement peut s'opérer auront tendance à répondre aux remarques de l'accompagnant par des phrases du genre « On verra bien… », « Moi, je préfère saisir les opportunités que de m'enfermer dans un objectif… », « Je profite de l'instant présent, pour le reste… » (ce type de propos est à situer dans le contexte de décision absurde ; les mots par eux-mêmes ne suffisent pas pour que la décision soit qualifiée d'absurde).

↘ *Autolégitimation de la solution*

L'autolégitimation revient à fonctionner en vase clos et à se couper de la réalité, en imaginant détenir seul la vérité. « Je m'en suis toujours sorti comme cela… », « Vous ne pouvez pas me comprendre… », « Je vous prouverai que j'ai raison… », « Pensez ce que vous voulez, je m'en moque… ».

L'arrogance ou le silence sont des outils complémentaires de l'autolégitimation.

---

1. Les termes dysfonctionnements, biais, écarts sont pris par opposition au fonctionnement défini dans le processus « piloter et orienter sa vie ». Il n'y a pas de jugement de valeur à associer à ces termes.

↘ *Défaillance du contrôle de conformité à l'objectif*

Le sous-objectif, le moyen pressenti, permet-il d'atteindre l'objectif visé ? Des erreurs de représentation sont des causes fréquentes de défaillance : « Je ne savais pas… », « Je n'imaginais même *pas*… ». Le processus de contrôle passe par l'attention prêtée aux sentiments éprouvés. Il peut y avoir mauvaise interprétation du sentiment ou des circonstances qui le produisent. Le prévenir passe par l'entraînement et la vigilance à prêter à ces aspects dans sa vie.

Parfois, la personne ne veut pas entendre les alarmes que lui adressent ses sentiments de mal-être. « Ce n'est pas important… », « Ça me suffit… », « Ne vous en faites pas pour moi… », etc.

Dans le cas où elle ignore ces alarmes, elle court le risque de l'instauration d'un mal-être profond. Sa conséquence est la perte de la capacité à exploiter pleinement son potentiel.

↘ *Choix d'un objectif quelconque*

Profitant d'au moins l'une des trois défaillances précédentes, le choix d'un objectif quelconque, sans lien avec le sens établi et donc probablement « insensé », s'opère sur la base de raisonnements rudimentaires. Les exemples rejoignent ceux donnés dans le paragraphe sur l'autolégitimation. « Ça me fait plaisir… », « C'est plus facile… », « C'est le désir de ma famille… », « L'entreprise est proche de mon domicile… ». Certains de ces arguments peuvent être des raisons très valables. Mais l'accompagné ne gagne pas à les utiliser comme fuite ou protection face aux questions posées par la professionnalisation. L'enjeu fondamental n'est plus perçu ni mis en action.

↘ *Les peurs*

La peur peut freiner la personne dans la réalisation du sens qu'elle a identifié. Les peurs ne font pas obligatoirement tourner le dos à l'essentiel, mais peuvent en réduire l'ambition et la mise en œuvre. Issues de notre histoire, ces sentiments limitent parfois au-delà du raisonnable notre capacité de réalisation (Vanier, 2007, p. 110-125). Peur de ne pas être capable, de décevoir, de blesser, d'être différent, de ne pas être reconnu…

Identifier ses peurs, en tirer les enseignements puis réévaluer la situation ouvrent la voie à un engagement plus serein et plus entier. La consigne serait alors de ne pas se laisser conduire par ses peurs.

À cette fin l'accompagnant peut inviter l'accompagné à considérer ses peurs ou ses simples appréhensions. La peur ressentie est alors à regarder comme un voyant qui se met à clignoter pour signaler que la personne perçoit un danger. L'invitation est faite de prendre acte de cette peur et d'en identifier la cause. Quel traitement opérer sur celle-ci ? Si nécessaire, on peut suggérer de mettre en place un plan d'action pour juguler cette cause. Ensuite, « remercier » cette peur et la laisser s'estomper, tout ce qui était humainement possible de faire a été mis en œuvre. Il est enfin temps de réévaluer la situation et de voir dans quelle mesure s'y engager.

La peur conduit parfois la personne à se réfugier dans des excès : perfectionnisme, fuite en avant dans le travail, arrogance, etc. L'accompagnant tente de repérer ces excès pour faire travailler l'accompagné à leur sujet.

L'histoire de Denis fournit une illustration de l'inhibition que peut produire la peur.

EXEMPLE

Denis et l'effet limitant de la peur

Denis termine une formation continue d'ingénieurs. Par le biais des annonces du réseau des diplômés de son école, il a obtenu un rendez-vous avec le directeur d'une usine de l'automobile. À la fin de l'entretien qui jusque-là se passe normalement, le directeur demande à Denis ses prétentions salariales. Denis, hésitant quant aux compétences qu'il avait acquises, a peur d'annoncer un salaire d'ingénieur et mentionne un montant correspondant à la rémunération d'un technicien supérieur. Deux heures plus tard, le responsable de formation reçoit un appel téléphonique de l'ingénieur, ancien de l'école, par lequel le rendez-vous avait été possible : « Qui est cette personne que vous m'avez envoyée ? Je ne sais pas si je vous ferai suivre de nouvelles annonces. En tout cas, sachez que nous recherchons des personnes qui ont de l'ambition et qui savent se faire reconnaître ! ».

3.5.2 La tentation des désirs incompatibles avec la vocation

L'un des risques dans la prise de décision, au regard des hypothèses posées jusqu'ici, serait de choisir des désirs éparpillés, sans harmonie avec le désir essentiel et qui ne contribuent donc pas à la vocation. Ce type de choix peut générer des sentiments de mal-être et nuire au sentiment d'identité (Diel, 1991, p. 80-84).

Cela est d'autant plus crucial pour des individus qui vivent dans une société dans laquelle les identités sont en crise (Dubar, 2010). Les modèles identitaires sont controversés. La société de consommation assaille les individus et suscite chez eux une multitude de désirs. Il en résulte que le travail d'unification de la personne autour de sa vocation est rendu plus ardu. Les sources de dispersion sont diverses et les repères fragiles.

L'énergie pour les traiter est accrue. L'enjeu d'un travail de construction de soi autour de sa vocation peut être perdu de vue.

Par exemple, les techniques de ventes poussent à l'extrême la sollicitation des individus. Des approches, comme le SONCAS (sécurité, sympathie, orgueil, nouveauté, confort, argent, sympathie) (Pariot, 2009, p. 127) et d'autres, ciblent des aspects de la psychologie humaine par lesquels susciter des désirs. Le risque, toujours au regard de notre perspective, est que l'attention portée à ces points démobilise celle à porter sur des aspects à enjeux plus forts en terme d'épanouissement identitaire.

Rapportés aux situations de formation, les mêmes leviers psychologiques vont s'actionner pour tenter l'accompagné vers un tuteur «sympathique», un stage «confortable», l'orgueil d'avoir été «élu à une fonction dans l'association des étudiants» (sans toujours assumer les responsabilités afférentes), etc. L'accompagné risque de rester «attaché» au quai de ces désirs faciles sans oser larguer les amarres vers le large et l'horizon de sa vocation.

L'objet n'est pas de proscrire les dimensions précédentes mais d'inviter à la lucidité, pour les intégrer dans une saine mesure et pour assumer les choix pris. L'enjeu est la construction d'une identité cohérente, source d'un sentiment d'identité épanoui.

3.5.3 L'incapacité à renoncer

Combien de fois l'accompagnant des projets professionnels, frappé par l'immobilisme d'un accompagné, n'a-t-il pas entendu : « J'hésite entre deux projets. J'attends que ce soit plus mûr pour avancer… » Puisque l'accompagné recule le temps de la décision, une solution consiste, pour néanmoins progresser, à l'inviter à construire les deux projets indépendamment l'un de l'autre.

D'une façon générale, l'incapacité à avancer est souvent liée à une peur de la perte. Il y a un temps pour faire vivre des désirs différents et examiner les possibilités. Après le choix, le temps est aussi au renoncement. Celui-ci nécessite parfois un travail similaire au travail de deuil. L'accompagnant prêtera alors attention au temps nécessaire et au respect de la démarche en cours chez l'accompagné.

3.5.4 Hyper-intentionnalité et hyper-réflexivité

L'hyper-intentionnalité et l'hyper-réflexivité « constituent deux formes de surinvestissement inapproprié d'un "objet" » (Frankl, 2009, p. 172). Dans l'hyper-intentionnalité l'accompagné devient exagérément centré sur le but à atteindre. Il est obnubilé, ne vit que pour cela, ne parle que de cela et peu à peu perd le contact avec la réalité présente. Ce faisant, il perd de sa capacité à agir et hypothèque ses chances de réussites. Un deuxième risque réside dans l'hyper-réflexivité : la personne entre dans une réflexion intense sur ce qu'elle doit faire. Elle analyse, dissèque, remet en cause... Il en découle une confrontation avec un grand nombre de paramètres. La personne n'arrive pas à trancher, et sentant son incapacité à avancer, elle affaiblit son sentiment d'auto-efficacité.

Dans les deux cas, un travail de réajustement est utile pour trouver le juste équilibre entre action et réflexion, relation à l'environnement et relation à soi.

3.5.5 Surestime de soi et sous-estime de soi, l'influence de la vanité

Dans une majorité de cas, l'incohérence s'exprime par des attitudes manifestant, aux yeux de l'environnement, de la surestimation de soi ou de la sous-estime de soi. « Je veux être ingénieur en bureau d'études. Je n'ai pas le sens technique, mais j'apprendrai... Mon grand-père en dirigeait bien un. »

Une des racines de l'incohérence peut être le rejet déjà évoqué des indicateurs de mal-être. Niant ces alertes, la personne fuit le contact avec le réel pour s'installer dans son imaginaire. Son attitude est vaine, au sens étymologique de vanité (vide, vide de sens) (Diel, 1991, p. 80-84). La vanité se traduit en autosuffisance, en rejet des alertes. Elle conduit à des échecs, générateur d'insatisfaction. Ils affaiblissent la capacité de réalisation, le sentiment d'efficacité, l'image de soi. Pour compenser, la personne cherche dans l'imaginaire une solution et se lance dans des désirs insensés, ou se protège et se replie. Des cercles infernaux se mettent en place (Serreau, 2002). La figure 8.5 présente les cercles de la vanité et de l'humilité. L'exemple d'Henri ci-contre illustre ce phénomène.

EXEMPLE

Exemple de cercle de la vanité (figure 8.5, zones grisées)

Henri souhaite démontrer sa performance lors du projet mené en équipe (*cf.* étape 2). Il a les meilleures idées du monde (c'est du moins son avis) et écouter les points de vue de ses collègues d'équipe projet est une perte de temps (étape 3). Grâce à cela, son équipe est en avance sur les autres (pense-t-il). Il est d'ailleurs sincèrement très fier de sa contribution (étape 4). Pourtant, lors de son entretien, l'accompagnant lui a très précisément donné un objectif d'amélioration sur le travail collectif. Mais il n'en voit pas l'intérêt (étape 5). Il persiste. Sans se rendre compte que peu à peu il se trouve isolé et que ses coéquipiers deviennent avares de leurs avis (étape 5). Le jour de l'évaluation du projet, la note n'est pas bonne. Le manque de cohésion de l'équipe est pointé par le jury (étape 6). Henri ne cache pas son insatisfaction (étape 7) mais renvoie sur la partialité du jury et le manque de coopération de ses collègues les causes de l'échec (étape 8). Il hésite encore plus devant tout travail collectif. Il devient encore plus méfiant d'autrui (étape 9). Il ne se sent pas reconnu à sa juste valeur (étape 10) et est prêt à relever un défi un peu fou pour démontrer de quoi il est capable (étape 1). La spirale infernale est amorcée...

Un individu peut parcourir le cercle sans respecter l'ordre des étapes données. Parfois aussi, il peut rester bloqué à une seule.

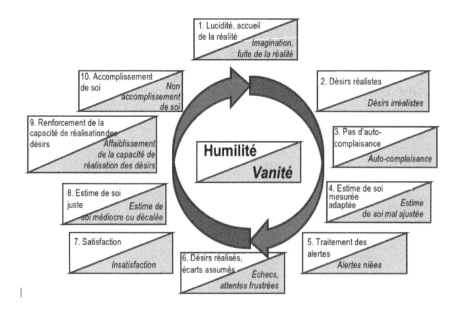

Figure 8.5 – *Humilité* versus *vanité*

3.5.6   Les distorsions cognitives

Une façon complémentaire d'aborder la question du biais des décisions pour notre propos est de considérer les distorsions cognitives. Ces pensées automatiques (Beck, 2011, p. 137-157) se développent à l'appui de croyances erronées, ou de modes de traitements biaisés. Elles s'appuient sur le modèle cognitif selon lequel les émotions et les comportements sont choisis par le sujet en fonction de sa perception des événements.

Douze principales distorsions (Beck, 2011, p. 181-182) à effet négatif figurent dans le tableau 8.6, qui en donne des illustrations pour l'accompagnement en formation.

Tableau 8.6 – *Distorsions cognitives*

Distorsions	Processus en jeu	Exemples en formation
Pensée dichotomique.	Application du principe du tout ou rien.	« Si je n'obtiens pas ce stage chez RTE, jamais je ne pourrai être qualiticien. »
Surgénéralisation, conclusions hâtives.	Généralisation de faits pour en tirer une conclusion négative ; l'ampleur des conclusions va au-delà de ces simples faits.	« À quoi ça me sert de travailler cette matière, je n'ai pas eu à l'utiliser lors de mon stage » « Je n'ai pas été très bien reçu par le patron de cette entreprise. Les patrons ne sont vraiment pas enclins à me recevoir. » « Je ne me suis pas senti à l'aise lors de mon entretien avec mon tuteur. Je ne crois pas que je doive rester dans cette entreprise. »
Abstraction sélective.	Attention prêtée à un détail négatif et non pas à l'ensemble de la situation.	« Il m'a dit lors de notre dernier entretien de travailler davantage les mathématiques. Il doit douter de ma capacité à finir mes études. »
Discréditation ou non prise en compte du positif.	Interprétation faussée des expériences en dévalorisant le positif.	« Mon professeur m'a encouragé. Il le fait pour tout le monde. Moi, je sais que je ne suis pas à la hauteur. »
Exagération ou minimalisation.	Amplifier ou réduire les faits pour son avantage supposé.	« Mon CV est bon et en envoyer deux sera bien suffisant. » « C'est peut-être vrai, je ne laisse pas la parole à mes collègues de promotion, mais je vous le garantis, je n'agis pas ainsi en entreprise. »
Raisonnement émotionnel.	Utilisation de ses sentiments comme de preuves.	« J'ai peur à l'idée de démarrer dans mon poste. Voilà pourquoi je pense ne pas être fait pour ce métier. »
Étiquetage.	Jugements portés sur soi ou autrui.	« Je ne veux pas être ingénieur commercial. Je ne souhaite pas vendre du vent ou des promesses impossibles à réaliser. » « Les ingénieurs de production ne sont jamais capables de comprendre les besoins du client, et sortis de leurs process, ils sont peu ouverts. » « Je suis idiot », « Je suis très intelligent »

Distorsions	Processus en jeu	Exemples en formation
Personnalisation.	Se croire responsable du comportement négatif des autres.	« J'ai donné un mauvais conseil à un camarade. C'est de ma faute s'il n'a pas été embauché à l'issue de son stage. »
Fausses obligations.	Obligations que l'on impose à soi-même ou aux autres ; désignation arbitraire d'objectifs.	« Il faut que je connaisse par cœur ce cours si je veux réussir », « On doit toujours arriver une demi-heure en avance à un rendez-vous. » « Un ingénieur ne doit pas laisser place aux sentiments dans son travail. »
Prédire des catastrophes.	Voir l'avenir en négatif.	« Vous verrez, le système ne pourra jamais marcher ainsi. Et puis, les autres paramètres vont se détériorer, et alors… »
Lire la pensée d'autrui.	Prendre pour vérité ce que l'on interprète de la pensée d'autrui.	« Il croit que je suis dupe et il en déduit qu'il y arrivera avant moi. Je le devine. »
La vision en tunnel.	Ne voir que les aspects négatifs.	« Mes coéquipiers n'ont pas assez d'expérience. Et comme l'entreprise est éloignée, nous n'aurons pas le temps de travailler assez. En plus de cela… »

Les distorsions cognitives font que la personne est éloignée de la réalité. Sa lucidité est prise en défaut. La pertinence de sa décision et l'efficacité de son agir sont mises en cause.

3.6   Accompagnement et décisions biaisées

Comment donc accompagner pour prévenir ces types de risques ou aider l'accompagné à changer sa perception, si besoin ?

Deux grandes familles de défaillances ont été examinées : les pertes de sens et les croyances en des valeurs ou des modes opératoires qui limitent, voire sont erronés.

L'accompagnement travaille les deux dimensions en parallèle.

Pour ce qui concerne la perte de sens, le questionnement peut aider à corriger cet aspect pour la prise de décision (tableau 8.7).

Tableau 8.7 – *Décisions en formation et questions d'accompagnement*

Décisions relatives aux choix de :	Priorités parfois privilégiées au détriment du « projet »	Accompagnement : questions types ?
Coéquipiers.	Les amis ; les forts de la classe.	– Quels sont les avantages et les inconvénients liés à chaque alternative ? – Qu'est-ce qui vous fait penser que c'est une bonne solution pour vous ? Est-ce la meilleure possible ? – En quoi chaque solution contribue-t-elle à avancer dans votre projet professionnel ? de vie ? – Quelles sont vos contraintes ? Comment les solutionner ? Quelles sont celles qui subsistent ? – Quelles opportunités chaque possibilité vous ouvre-t-elle pour la suite ? – Quel bénéfice à ne pas donner la priorité à son projet de vie ? Quelle perte ? – Si vous vous placez dans cinq ans, quel serait le meilleur choix ? Pourquoi ? – Qu'en dit votre raison ? vos sentiments ? – Quel choix suscite le plus d'élan en vous ?
Entreprise.	– Connue (jobs d'été). – Une relation peut l'introduire sans avoir besoin d'effectuer une recherche. – Peu importe sa culture, ses valeurs.	
Lieu de stage.	Proximité du domicile.	
Indemnité de stage.	Le stage le mieux indemnisé, peu importe la mission.	
Secteur d'activité.	Critère sans intérêt ou mineur.	
Mission (objectifs à atteindre, acceptation des moyens).	– Se limiter à ce que l'on sait faire. – Ne pas oser négocier des objectifs et des moyens pour que le stage contribue de manière effective au projet.	
Option de formation.	– La moins contraignante en durée. – La plus ajustée à son emploi du temps.	
Temps consacré à une activité (exemple : visite à des professionnels).	– Minimiser l'engagement. – Peur d'affronter la réalité. – Suffisance.	
Prendre rendez-vous avec un responsable pour alerter d'une difficulté, avoir un avis.	– Négligence. – Ne pas attirer l'attention sur soi. – Suffisance. – Peur de conséquences (souvent imaginaires).	
Prendre des responsabilités dans la vie associative de la promotion.	– Avoir du pouvoir sur les autres. – Se valoriser. – Avoir de bonnes raisons d'absences.	

Mais le sens est intimement lié aux représentations. Un travail sur les croyances et les façons de penser est souvent associé.

En fait trois grands aspects sont concernés par ce qui précède. Le premier aspect est la « réalité » de l'environnement, le deuxième concerne le regard que porte l'intéressé sur cet environnement et le troisième aspect s'applique au traitement qui s'en suit. Dans les trois dimensions, ce qui est en jeu, c'est l'ajustement de la personne et de son contexte. Un ajustement dans lequel l'individu équilibre en permanence attentes et monde extérieur.

Pour fiabiliser cette adéquation, l'accompagnant a un premier axe de travail majeur qui est de susciter la confrontation avec la réalité. L'environnement renvoie des informations qui valident ou invalident les hypothèses prises, consciemment ou non, par l'accompagné. Plus l'accompagné est proche de son contexte, plus il a de chances de recueillir assez tôt les informations pertinentes et convaincantes pour son adaptation. Il va sans dire que le retour est parfois douloureux et que l'accompagnement doit trouver la juste distance avec la personne, subtil dosage d'autonomie suscitée, de soutien, de respect.

La confrontation à la réalité s'opère avec deux orientations privilégiées : varier les situations et les expériences, et valider les options prises. Soit découvrir et/ou vérifier.

Dans la confrontation à la réalité se dévoilent tout autant le contexte de la personne, que la réalité de la personne au sein de ce contexte. L'accompagnant est attentif à cette interaction.

Varier les situations de confontration à la réalité aide à relativiser, à ouvrir des horizons, à diversifier les points de vue. Ce dernier aspect est essentiel : pour aider à faire évoluer sa perception, il est indispensable d'apprendre à se situer, à tester des points de vue différents.

Cette confrontation n'est pas suffisante si ne se développe pas en parallèle une attention introspective. En fonction de chaque personne cette démarche est plus ou moins facile. Elle est sans doute plus difficile quand on a fui depuis longtemps la confrontation avec soi, quand on ne sait plus écouter ses émotions et ses sentiments.

Il faut accepter d'en tirer des conclusions raisonnées pour orienter son projet. Car l'attitude introspective n'est pas non plus suffisante si elle ne s'accompagne pas d'une capacité de remise en cause, de changement de soi, puis de son comportement et de son impact sur l'environnement, le tout orienté par un sens donné et mis en action.

Des méthodes de travail sur soi facilitent l'évolution des représentations. Le travail de l'accompagnant a cette visée, lorsque ces croyances limitent la personne dans son projet. Il ne s'agit pas d'imposer une nouvelle représentation, mais de susciter la prise de conscience et d'inviter au changement, toujours au regard du contrat initial.

Construites à partir des étapes de la méthode ABCDE (Seligman, 2006, p. 210-274) de Martin Seligman, voici une série de questions que l'accompagnant gagne à mettre en œuvre dans le cas d'accompagnés campés sur des positions de toute évidence incohérente du fait de représentations décalées.

I) Evénements contrariants

II) Pourquoi ? Quelles sont les croyances ou pensées en jeu ?

III) Quelles sont les conséquences de ces représentations ? Sur le plan des comportements ? Des émotions ?

IV) Au sujet de ces représentations :

✓ **Sont-elles évidentes ou non ? à quel degré ?**
✓ **Quelles sont les alternatives possibles ? Les autres points de vue qui existent ?**
✓ **Quelles sont les implications qu'elles produisent ?**
✓ **Quelle est leur utilité ?**

V) Quelles représentations plus ajustées prendre ?

VI) Quelle énergie développe ces nouvelles croyances, pensées ? Sur le plan des comportements ? Des émotions ?

Figure 8.6 – *Questions pour changer de représentations*

Sur la base de ces séquences, voici l'exemple de l'accompagnement d'Agnès (encart 8.4).

Il n'est pas question que l'accompagnant face toute la démarche pour l'accompagné, mais l'objectif est de susciter la prise de conscience. Et de l'inviter à poursuivre par lui-même la réflexion puis, le cas échéant, le changement qui s'avérera utile à ses yeux.

Encart 8.4
Accompagnement d'Agnès

I) Agnès reçoit une remarque désobligeante de son tuteur : le travail n'était pas fait comme attendu.

II) Le travail n'a pas été rendu dans les délais.

Agnès a le sentiment de ne jamais arriver à satisfaire son tuteur ; elle est découragée ; elle hésite à se lancer dans de nouvelles tâches

III) Le désintérêt d'Agnès pour les produits de l'entreprise s'accroît ; elle a l'impression d'être « hors-jeu » et s'apprête à abandonner la formation.

IV) L'accompagnant questionne Agnès :

« Qu'est-ce qui vous fait dire que votre tuteur n'est pas satisfait ? En quoi y a-t-il un écart ? » : *Je lui ai rendu mon travail avec un jour de retard, mais sans autre conséquence (j'avais eu une urgence client à traiter).*

« Ce retard est-il si important que cela ? Qu'en disent vos collègues ? » : *Ils me disent que je ne regarde que ce qui ne va pas et que j'aurais dû expliquer à mon tuteur les raisons de mon retard (je n'ai pas osé le faire).*

« À quels comportements cette remarque vous conduit-elle ? » : *À baisser les bras.*

« Est-ce proportionné ? » : *Je ne sais plus.*

« Est-ce utile ? » : *silence.*

V) L'accompagnant questionne Agnès :

« Et si vous regardiez ce que vous avez réussi ? » : *Il est vrai que la demande n'était pas facile à exécuter. Il me manquait des informations. J'ai réussi à les trouver.*

« Pourquoi ne pas aller expliquer à votre tuteur ce qui s'est passé ? » : *silence*

« Et si vous regardiez cette mission comme une opportunité ? Après tout, votre projet est de travailler dans la qualité et votre entreprise a une grande notoriété dans le domaine. Il sera temps à la fin de votre formation de dresser le bilan pour voir si vous y restez ou pas. Qu'en pensez-vous ? » : *Oui... Oui, je vais y réfléchir, mais je crois que vous avez probablement raison.*

VI) L'accompagnant questionne Agnès :

« Comment vous sentez-vous à cette perspective ? » : *Mieux ; cela me redonne du courage ; et ce serait sûrement idiot de tout arrêter pour ce qui peut être qu'une broutille.*

L'ESSENTIEL

Une tension existe dans les attentes de la personne et leur confrontation à l'environnement. La perception qu'elle en a suscité des sentiments qui indiquent comment elle vit la situation. La prise en compte de ces sentiments pour orienter ses décisions vers davantage de cohérence entre un soi profond, ses attentes, ses actes et la réalité de son contexte tend à consolider l'identité.

Dans cette optique, il est possible de décrire un processus pour « piloter et orienter sa vie ». Ce processus tire un bénéfice à intégrer dans sa prise de décisions la boucle de rétroaction des sentiments de bien-être et de mal-être.

En considérant la quête du sens comme axe central du projet humain, il y a un intérêt à identifier un projet de vie, source de motivation et de renforcement de l'identité.

Les prises de décision en formation nécessitent et expriment ce pilotage.

La nature humaine choisit néanmoins aussi bien en faveur qu'en défaveur de son élan fondamental (Damasio, 2010, p. 339). Quelques-uns de ce qui, pour notre propos, ont été nommés « biais », ont été explorés.

Au travers de la mise en évidence de ces processus et de ces biais se dégagent des points sur lesquels l'accompagnement peut spécifiquement porter.

Ces points sont le questionnement du sens, la prise en compte de ses atouts, la confrontation à la réalité, le retour d'expérience articulé autour des résultats, des sentiments et les réajustements des représentations (sur soi et sur son environnement) (figure 8.7).

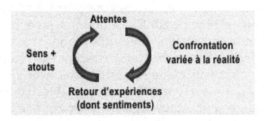

Figure 8.7 - *Points clés d'accompagnement*

La particularité de l'activité d'accompagnement se traduit ici en quelques verbes : encourager à découvrir, à évaluer, à orienter, à évoluer, à agir (figure 8.8). Les points méthodologiques et d'appui à cette démarche sont issus du processus « piloter et orienter sa vie ».

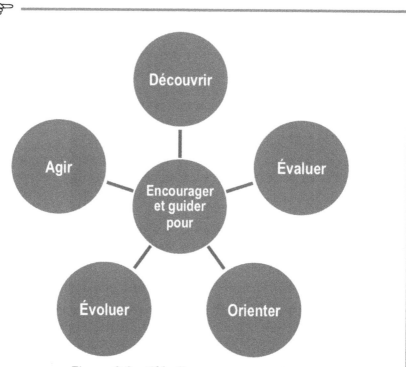

Figure 8.8 - *Clés d'accompagnement*

Dans *La Dynamique de la confiance* (Le Cardinal, Guyonnet et Pouzoullic, 1997, p. 173), les auteurs incitent des personnes en situation de coopération à exprimer leurs peurs, leurs attraits, leurs tentations pour engager une relation fructueuse.

Il me semble que ces trois dimensions ont une portée beaucoup plus large. Elles valent pour la relation de confiance que chacun entretient avec son environnement et avec lui-même. Elles questionnent les dimensions du désir orienté[1] (attraits), des peurs et des attachements (tentations, biais) dans la relation de confiance que l'être construit avec sa vocation. En y ajoutant ses atouts, une personne dispose d'un tableau de bord utile pour préparer son engagement. Atout est à entendre comme capacités à faire ou à apprendre à faire.

---

1. Par « désir orienté » nous entendons les désirs conformes à l'orientation profonde de la personne

Encourager l'accompagné à examiner régulièrement et avec lucidité ces points sous l'angle de la mise en œuvre de son projet de construction identitaire, tant sur le plan professionnel que global, paraît une démarche de grand intérêt, notamment en vue du discernement des actes à poser et de leur évaluation (figure 8.9).

Si l'accompagnant en formation est porteur d'un éclairage sur le sens relatif au métier, il n'est pas porteur du sens à donner au projet de vie. Le projet professionnel s'inscrit comme l'une des déclinaisons de la vocation.

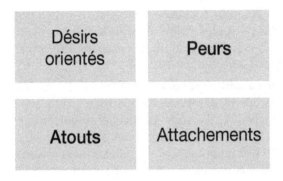

Figure 8.9 - *Points de vigilance pour le discernement*

Il me paraît encore utile de préciser que dans toutes ces situations le rôle de l'accompagnant n'est pas d'obliger à suivre le processus, il est d'alerter sur la cohérence existant ou non entre la poursuite des objectifs de formation, ceux exprimés par l'accompagné, et les actes posés. Il est de proposer les méthodes et le questionnement pour favoriser l'optimisation du parcours de formation par l'individu, en lien avec sa globalité propre. Si l'accompagnant joue ce rôle, il a rempli sa mission. Ensuite, c'est à l'accompagné d'exercer sa responsabilité et sa liberté pour se positionner et agir.

Le propos n'est pas non plus de rejeter toute expression non conformiste de la personne. Il est précisément d'inviter à la lucidité sur soi et sur son environnement pour être capable d'assumer son agir et fortifier son identité.

Ce n'est pas non plus la suppression du désir, de l'ambition. Il s'agit de développer une saine ambition, avec une prise de risque identifiée et assumée.

L'accompagnant doit faire preuve à la fois de patience, de confiance, mais aussi de fermeté. Dans la mesure du possible, il explique le pourquoi de ses demandes. Comme toujours, il s'appuie et veille à sa cohérence avec le contrat passé. Il doit enfin ajuster le questionnement selon la personne et ses besoins. Il ne s'agit pas de la pousser à franchir ce qui serait pour elle un précipice, mais de lui proposer une marche suivante dans l'escalier de son développement.

Nous laisserons Antonio Damasio resituer en quelques mots la démarche que nous avons détaillée : « Lorsque le cerveau humain a commencé à concocter l'esprit conscient, le jeu a radicalement changé. Nous sommes passés d'une régulation focalisée sur la survie de l'organisme à une régulation petit à petit plus délibérée, fondée sur un esprit équipé d'une identité et d'une personnalité, et ne recherchant pas simplement la survie, mais le bien-être » (Damasio, 2010, p. 76-77).

Et pour achever ce périple revenons sur les bénéfices (Mucchielli, 2009, p. 96-97) qui découlent d'une saine construction identitaire (figure 8.10, inspirée de Muchielli). Ils sont particulièrement importants pour la personne, mais également pour son environnement, et constituent des qualités enviées chez un professionnel. Elles sont la raison de l'attention à avoir à l'égard de la construction identitaire en formation.

Figure 8.10 - *Bénéfices d'une saine identité*

ACCOMPAGNER
DANS UNE RELATION

*L'accompagnement se réalise par l'intermédiaire
d'une relation entre deux personnes.
Quelles sont les qualités de cette relation ?
Quelles techniques peuvent contribuer à son efficience ?
Quels biais peuvent intervenir ?*

Sommaire

N°	Titre du chapitre	Fil conducteur

Accompagner au sein d'un dispositif de formation

a particullièrement pour finalité de

vise à

consiste à

1 — Accompagner en formation

Faciliter le développement d'une nouvelle identité professionnelle

Favoriser et garantir le succès de trois projets : étudiant, école, entreprise

Piloter et synchroniser sept activités : reconnaitre la personne, proposer du sens, garantir un chemin, situer la personne, relier la personne à ses motivations, conseiller sur les moyens, ouvrir des horizons

d'où il est possible d'identifer

2 — Guider avec le dispositif pédagogique

Les situations d'accompagnement Le rôle du dispositif pédagogique et ses principales modalités

de là ressortent

Qu'est-ce qu'accompagner dans chacun de ces grands domaines ?

avec la question

Des grands domaines de la transformation de l'accompagné

qui sont

3 — Accompagner par des positionnements

L'évaluation en entrée et en sortie de formatin

4 — Accompagner l'acquisition de connaissances

L'acquisition des connaissances

5 — Accompagner les temps en entreprise

Les temps en entreprise

6 — Accompagner le projet professionnel

Le projet professionnel

7 — Accompagner le changement de posture

Le changement de posture

8 — Piloter et orienter sa vie : quel accompagnement en formation ?

Le projet de vie et sa conduite

9 — Accompagner dans une relation

La relation

de ces grandes activités d'accompagement et de tout ce qui précède se dégagent

10 — Facteurs de réussite d'un accompagnement

Des favteurs de réussite de ces accompagnements

Une synthèse de l'activité "Accompagner le développement de nouvelles identités professionnelles"

11 — Synthèse : la forme identitaire "accompagner en formation"

elle concerne l'accompagnement d'une

elle met en œuvre un

elle s'appuie sur une

Transition identitaire

Processus d'accompagnement

Identité professionnelle d'accompagnement

EXEMPLE

Voici venu le jour de la cérémonie de remise des diplômes. Dans cet établissement, deux cent cinquante-sept personnes, issues de dix-sept dispositifs différents, ont été reçues au cours de l'année. Chacun monte à tour de rôle sur scène pour recevoir le précieux document des mains de son pilote de formation (ils sont treize à officier).

C'est une valse de couleur or, rouge, bleu et noir (à la couleur des toges des acteurs) amplifiée par le jeu des projecteurs qui taillent l'obscurité de la salle pour faire ressortir les récipiendaires. Deux écrans géants projettent les familles dans la scène, là où se capte l'expression des corps et des visages. Pas élancé, mesuré ou nonchalant, regard fier, déterminé, éprouvé, songeur, béat, exubérant ou joyeux, chacun avance vers son accompagnant. Remise du diplôme. Longue poignée de main, accolade, bises, embrassades, main sur l'épaule signent une proximité singulière. À chaque remise, l'instant précis où les deux regards se croisent, presque se contemplent en une fraction de seconde, embrassant dans cette complicité tout le chemin parcouru, aventure humaine unique de deux personnes, accompagnant et accompagné. Surgit alors aux deux esprits, dans cette infime portion de temps, comme une éternité de souvenirs, points saillants du parcours : espérances, incertitudes, doutes, consignes, méandres, tensions, joies, progression, interrogation, objectif, fatigue, encouragements, conflits, conseils, recadrages, évaluation, travail, évolutions, courage, peines, dynamique de vie, résultats, combat sur soi, autonomie, réalisations, épanouissement, sérénité, respect... Qu'il y ait ou non, au final, des affinités entre ces deux êtres, ce moment solennel signe la réussite des deux et un accomplissement mutuel dont l'une des clés de voûte aura été la relation établie entre eux deux pendant ce temps extraordinaire qu'est celui d'une formation, et encore davantage celui d'un accompagnement.

C'est à cette relation que vont être consacrées les pages qui suivent. Elles s'appuient sur des thèmes qui sont particulièrement évoqués quand les accompagnants parlent de leur travail (Serreau, 2010).

1.   Le respect

La relation se construit dans le respect réciproque. Que mettre derrière ce mot ? Le respect, c'est d'abord prendre en compte l'altérité et accueillir chez autrui une façon de penser, d'agir qui peut sembler à l'accompagnant très étrangère, parfois aberrante. Respecter l'accompagné renvoie à la différence de l'autre.

Dans l'accompagnement, le respect se comprend notamment dans le cadre du contrat d'accompagnement (Paul, 2004, p. 308). Il est orienté ici vers le but d'obtenir durablement un emploi tel que ceux préparés selon le dispositif de formation. Mais ce contrat est au service de la réalisation du projet d'une personne. Le contrat d'accompagnement intègre ce contexte. Si la personne, par exemple, a fait fausse route en entrant dans cette formation et qu'elle décide de changer d'orientation, sa décision doit être respectée par l'accompagnant. L'accompagné sait que son objectif d'emploi passe par le diplôme. L'accompagnant sait en plus qu'il passe aussi par le développement d'une nouvelle identité professionnelle.

Respecter l'accompagné, c'est tout d'abord le renvoyer en permanence à son projet et au projet porté par la formation. Pour l'accompagnant, il s'agit de valider pour lui-même que les questions posées, les remarques formulées s'inscrivent bien dans le cadre de cette finalité. Respecter consiste donc à aider l'accompagné à s'interroger et à décider librement de mettre en œuvre des actions pour sa construction, dans le cadre défini par la formation.

Bien entendu, concrètement ce respect se manifeste, au-delà de la courtoisie attendue dans toute relation professionnelle, par une juste mesure dans les interventions, les questionnements.

Cette juste distance respectueuse vaut particulièrement pour des questions plus personnelles. Quelques garde-fous résident dans l'auto-questionnement de l'accompagnant (*cf.* encart 9.1).

Encart 9.1
Questions « garde-fou »

– La question que je m'apprête à poser a-t-elle une utilité sur le plan professionnel pour l'accompagné ?
– Suis-je en capacité d'en établir le lien avec le contrat passé ?
– L'accompagné semble-t-il à l'aise pour y répondre ?

Quelle que soit la situation, l'accompagné est maître de son secret, et ce secret est légitime.

Le respect passe aussi par la capacité de l'accompagnant à peser le degré de confidentialité de l'information. À titre d'exemple, il y a celle qui reste de l'ordre des paroles échangées, celle qui est consignée dans le compte rendu, celle communiquée au tuteur en entreprise, au jury des études, et celle qui est partagée avec des tiers en vue de la progression pédagogique de la personne.

Le respect réside également dans le dosage de la parole et des comportements. Avec quelle vigueur faut-il dire les choses quand une remise en cause est nécessaire chez un apprenant ? Avec quelle compassion faut-il répondre à un problème de santé rencontré par un élève ? Avec quelle présence faut-il aider un stagiaire en difficulté d'apprentissage ? Avec quels mots faire remarquer à un apprenant que sa tenue vestimentaire est en décalage avec la culture des entreprises auxquelles il souhaite se présenter ?

Au-delà, la notion de respect englobe aussi le respect porté à son rôle, à ses valeurs professionnelles et humaines.

C'est souvent dans la mise en œuvre des règlements ou des consignes (particulièrement au sujet des délais et des absences) que l'accompagnant est conduit à se faire respecter.

Respecter l'accompagné comprend une dimension d'exigence, exigence du niveau d'objectifs et de prestation attendus, sur les grandes échéances comme sur les échéances les plus courantes.

Respecter, c'est également prendre en compte la personne dans sa globalité et dans une trajectoire de vie. Elle ne se limite jamais au point de vue de l'accompagnant (qui demeure tout relatif), ni à un fait ou un geste posé à un instant donné. Dans cette perspective, il paraît important d'associer à un retour qui serait négatif des éléments positifs justifiés (par exemple, si des objectifs n'ont pas été pris en compte, savoir aussi reconnaître ce qui a été fait, sans rien retirer de l'exigence à l'égard de ce qui n'a pas été réalisé).

En résumé, respecter autrui, c'est prendre en considération son altérité.

2. L'altérité

Respecter l'altérité, pour l'accompagnant, c'est accepter des valeurs différentes, des modes de fonctionnement cognitifs autres, des cultures diverses. La difficulté réside alors dans l'appréciation de là où la différence commence à être source d'inadaptation à un métier donné ou à un contexte particulier. Là où il y a limites ou écarts avec les attendus connus du monde professionnel, l'accompagnant peut être utile. Dans le respect des spécificités de l'accompagné, il pointe les contraintes et conseille sur leur résolution, dans la mesure où la personne, dans sa liberté, accepte de le faire. Mais il doit aussi respecter les autres contrats qui le lient avec l'intérêt collectif de la promotion, avec les financeurs, les pouvoirs publics certificateurs, etc. (intérêt de la collectivité en général). Pour l'accompagnant le dilemme apparaît lorsque les écarts sont rédhibitoires. Il est alors pris entre le respect de ses engagements à l'égard de tous les partenaires, qui font confiance au diplôme, et le respect de la personne, par exemple, dans une de ses croyances ou de ses limites.

Examinons quelques aspects saillants de l'altérité.

2.1　Les différences culturelles

Qui accompagne a vite constaté combien les individus d'une même culture sont divers. Quand, en plus, à cette diversité s'ajoute celle de la culture elle-même, l'altérité se manifeste encore davantage. Selon les cultures, les positionnements préférentiels sur des composantes de base de la vie professionnelle ne vont pas être les mêmes. Qu'est-ce qui est privilégié dans une culture donnée entre la théorie ou l'empirisme, l'analyse ou l'intuition, le travail mono-tâche ou multitâche, l'orientation vers l'individu ou le groupe, le court terme ou le long terme, la créativité ou la rigueur, l'attention à la fonction ou à la personne, etc. ? De grands volets peuvent être explorés pour relever des différences culturelles (Carté et Fox, 2008) : les relations humaines, les relations hiérarchiques, la communication, la relation au temps, les modes de raisonnements…

Quand un habitant du Tamil Nadu, en Inde, balance sa tête de gauche à droite, c'est probablement parce qu'il est en train de signifier son assentiment, alors qu'un Français comprendra « non ». Dans la culture de cet État indien le merci existe peu. Comment alors se comprendre, et faire ensemble, accompagné et accompagnant, un bout de route ? Mais aussi, comment découvrir les codes culturels du milieu dans lequel on se trouve et se les approprier ?

La solution passe par l'empathie, l'attention à l'autre, l'ouverture d'esprit et la remise en cause de ses propres idées reçues. La diversité culturelle ne fait que souligner le besoin d'une attitude qui devrait être celle de base de tout accompagnement.

2.2　Valeurs « universelles »

Même en se référant à des valeurs supposées universelles, la diversité demeure grande. Dix valeurs communes ont été identifiées dans une étude menée dans soixante-huit pays par S. H. Schwartz (2006/4). L'auteur montre aussi des liens entre ces dix valeurs et des tendances de base de l'être humain. Inspiré de ces travaux, le tableau 9.1 recense ces informations.

Ces valeurs ont trait, entre autres caractéristiques, « à des objectifs désirables qui motivent l'action » (H. Schwarz, 2006/4, p. 931).

Si ces valeurs sont communes à l'humanité, chaque individu les hiérarchise à des degrés divers. C'est l'importance relative de plusieurs valeurs souvent concurrentes qui guide l'action.

Pour l'accompagnant, connaître et accueillir cette diversité, la respecter chez autrui, constitue une base élémentaire du professionnalisme.

Le travail sur ces valeurs présente plusieurs intérêts. Pour l'accompagné, connaître ses valeurs va contribuer à la construction d'une identité professionnelle cohérente. La compatibilité d'un métier avec les valeurs de la personne est un gage de durée et de bien-être au travail.

L'accompagnant va renvoyer l'accompagné à ses valeurs et va l'inviter à établir des liens conscients entre ses actes et ses valeurs. De sa position externe, il lui arrivera de donner un retour sur la cohérence perçue ou non. Il renverra également l'accompagné à ses valeurs comme à ses autres motivations lors de passages délicats où le moral est atteint. Pour cela, l'accompagnant est sans cesse à l'écoute de ce qui a motivé l'acte observé, au propos tenu. Il ne confond pas ce que la personne dit de ses motivations et ses motivations réelles. Il confronte les actes aux paroles. Un exemple type est le cas d'un stagiaire qui se dit motivé par le management et qui fuit toute prise de position en public.

Enfin, après la prise de conscience de valeurs principales par l'accompagné, l'accompagnant œuvrera à l'aider à en mesurer les limites et l'ouvrira à l'accueil de la différence. En effet, la conciliation de ces différences est indispensable à la vie en société en général, et tout particulièrement dans l'activité professionnelle. C'est d'autant plus vrai quand on a l'ambition d'exercer des responsabilités significatives.

2.3   Diversité des fonctionnements cognitifs

Outre les systèmes de croyances, les modalités de fonctionnement cognitif sont une autre source de diversité. Là encore l'accompagnant doit faire preuve d'ouverture d'esprit et d'empathie pour aller à la rencontre d'autres pratiques.

Tableau 9.1 – Valeurs et tendances naturelles
(à partir de H. Schwartz, 2006/4, p. 937, 947-949, 964-965)

Tendances naturelles

		Autonomie (liberté, indépendance, etc.)	Stimulation (vie passionnante, audace, etc.)	Hédonisme (profiter de la vie, se faire plaisir, etc.)	Réussite (reconnaissance sociale, influence, etc.)	Pouvoir (statut social, domination, etc.)	Sécurité (stabilité, harmonie des relations, etc.)	Conformité (respect des attentes et normes sociales, etc.)	Tradition (respect, engagement à l'égard des coutumes, etc.)	Bienveillance (préservation du bien-être des personnes, etc.)	Universalisme (protection du bien-être de tous et de la nature, etc.)
Façon dont on exprime ses intérêts		Centrée sur la personne					Centrée sur le social				
Liaisons avec la gestion de l'anxiété		Non reliées à l'anxiété (recherche des gains)		Reliées à l'anxiété						Non reliées à l'anxiété (recherche des gains)	
Attention prêtée aux pertes et gains		Recherche de gains			Prévention des pertes					Recherche de gains	
Relations à soi et au changement		Ouverture au changement / Affirmation de soi					Continuité		Dépassement de soi		
Relations aux quatre pulsions innées (Lawrence et Nohria)	Apprendre	oui	Oui + acquérir des expériences gratifiantes	(Oui) + acquérir des expériences gratifiantes							
	Relier							Oui	Oui	Oui	oui
	Acquérir				Oui	Oui	Oui	Oui	Oui	Oui	Oui
	Défendre					Oui					

Le propos est toujours de la guider, avec les motivations qui sont les siennes, vers une meilleure adéquation avec son environnement.

2.3.1 Des talents divers

L'intelligence est l'objet de débats intenses (Gobet, 2011, p. 37-39). Est-elle innée ou acquise ? Y a-t-il, comme le proposent certaines théories, des intelligences multiples (Gardner, 1996, p. 30) ?

Sur le plan pratique, un individu, à un certain moment de sa trajectoire de vie, présente souvent des niveaux de performances différents selon les domaines considérés. Sous cet angle, la théorie des intelligences multiples répertorie les grands domaines d'action de l'être humain : mathématiques et scientifiques, représentation spatiale du monde, relation aux autres, relation au corps, usage des mots et du langage, représentation de soi, musique, questionnement du sens.

On peut supposer qu'il y a une conjonction de facteurs qui prédisposent l'individu plutôt vers un type d'activité ou un autre.

Lorsqu'en accompagnement, une personne arrive dépitée parce que son examen de mathématiques est catastrophique, doit-elle se considérer sans intelligence pour autant ? Inapte à toute activité ? L'accompagnant questionne alors : « Et si les maths ne sont pas votre fort, qu'en est-il de la relation aux autres ? L'usage des mots et du langage ?... Qu'est-ce que cela vous indique en termes de perspectives professionnelles ? Quel type de fonction conviendrait le mieux à vos aptitudes ? »

L'important, d'une part, est d'aider à repérer les dispositions de l'accompagné et, d'autre part, de plutôt l'encourager à les développer et à les mettre en action dans un contexte où leur valeur ajoutée est reconnue. Le travail d'accompagnement est une fois encore un rôle de facilitateur, de révélateur, de guide. Dans cette activité, l'accompagnant demeure à l'écoute des différentes facettes de la personne et envisage quel usage elle pourrait en faire, quelles limites cela pose et comment elle pourrait les repousser.

2.3.2 Fonctionnements cognitifs « autres » : dyslexie, haut potentiel...

Une altérité qui n'est pas toujours perceptible ni facile à appréhender pour l'accompagnant est celle des personnes dont le fonctionnement cognitif est différent de celui de la majorité (si tant est qu'existe une majorité). Tel est le cas des personnes dyslexiques ou encore des personnes dites surdouées ou « sur-efficientes » (Petitcollin, 2010). Tous deux font partie d'un groupe qui se dessine peu à peu sous le terme « constellation – DYS » (Habib et Joly-Pottuz, 2008, p. 262).

Si quelqu'un, dont la taille est de deux mètres dix, entre dans le bureau de l'accompagnant, aussitôt ce dernier sait qu'il va être vigilant, au moins dans un premier temps, à l'impact de la hauteur de l'accompagné sur les composantes de son identité professionnelle et sur son projet professionnel (estime de soi, compétences, métiers impossibles…). En revanche, quand une personne dyslexique ou à haut potentiel pénètre dans le bureau, bien souvent l'accompagnant ne le sait pas, et probablement dans une majorité de cas, elle non plus ! Pourtant, près de 7 % de la population de jeunes adultes manifestent des symptômes dyslexiques et près de 2,5 % de la population serait constituée de surdoués (Habib et Joly-Pottuz, 2008, p. 256). Et l'association de ces deux caractéristiques n'est pas rare (Bousquet, 2006).

Les adultes « sur-efficients » ont un test de QI supérieur à 130, mais ce seul test n'est pas suffisant à dresser ce diagnostic. Cette qualité s'accompagne surtout d'un mode de fonctionnement cérébral particulier (Siaud-Facchin, 2008). La pensée est sans cesse active. Elle procède de façon arborescente et par association d'idées. Les connexions des neurones sont très rapides. Le surdoué a besoin d'une vue globale. Il aime les défis. Il a une très grande sensibilité et capte de façon très fine les personnes, les relations. On pourrait parler d'une intelligence du cœur. Le revers de ces qualités peut être la difficulté à rentrer dans un raisonnement séquentiel, la difficulté à démontrer un résultat pourtant produit rapidement, l'ennui lorsqu'il est confronté à un apprentissage classique. Leur cerveau est assailli d'informations. Le fourmillement d'idées est épuisant et source de doutes. Étonnamment, leur facilité d'apprentissage des premières années les fait souvent passer à côté de bases et il est courant qu'ils aient été en échec scolaire (Giordan et Binda, 2006). L'adulte sur-efficient est écartelé entre des capacités réelles et la difficulté de les faire valoir dans des cadres classiques. Il est hypersensible. Il a très souvent une estime de soi faible. Il se reconnaît peu comme surdoué. Son fonctionnement différent n'est pas compris et il souffre d'être autre. Il en découle une faible confiance en lui. Une façon d'illustrer ce propos est d'imaginer la difficulté de communication et de compréhension qui pourrait s'instaurer entre une personne ayant une vue de 12/10e et une autre ayant une vue de 3/10e. L'une perçoit une multitude de détails qui s'imposent à elle et qu'elle doit intégrer pour agir. L'autre est confrontée plutôt à des esquisses et doit agir avec. Confronter le traitement du détail avec celui de l'approximation peut conduire à de profondes incompréhensions sur les représentations et les comportements qui en découlent. Surtout si de prime abord chacun part du postulat que l'autre voit comme lui et raisonne à l'identique. La difficulté est souvent accrue pour celui qui se trouve en minorité.

La dyslexie, elle, est un trouble de l'apprentissage du langage dont une définition moderne serait : « Un trouble d'apprentissage caractérisé par un défaut d'efficacité et/ou de fluidité des mécanismes de reconnaissance des mots écrits et/ou de l'orthographe, survenant sans lésion cérébrale ou pathologie psychiatrique, et de façon inattendue eu égard à l'intelligence et aux opportunités socio-éducatives. Ce trouble est probablement d'origine génétique... » (Habib et Joly-Pottuz, 2008, p. 254). En conséquence, la personne dyslexique s'épuise dans la lecture. Elle peine à établir des liens lors d'un traitement séquentiel de l'information. Elle a, elle aussi, un fonctionnement par association d'idées. Certaines personnes présentent un déficit sur le plan de la mémoire de travail verbal. Tous ces éléments conduisent à des difficultés de concentration, à des erreurs de compréhension (Bousquet, 2006, p. 168-170). Par ailleurs, il semblerait (il y a peu d'études sur le sujet) que les dyslexiques aient plutôt de meilleures dispositions que la moyenne en termes de perception spatiale et captent mieux les stimuli visuels latéraux (d'où la présence à haut niveau de dyslexiques dans des métiers comme ingénieur, architecte ou dans des sports comme l'escrime et le tennis) (Habib, 2009). Nous retiendrons que le dyslexique, indépendamment de facultés intellectuelles communes, peine dans sa rapidité de lecture et dans le maniement des mots. Lui aussi se trouve écartelé entre une compréhension normale du monde et une mise en mots laborieuse. Il peine à se faire reconnaître à sa juste valeur. Ses difficultés et le regard porté sur lui le conduisent à un manque de confiance en lui.

Quand les deux caractéristiques se combinent, dyslexique et surdoué, le tiraillement intérieur entre capacités et reconnaissance par autrui[1] n'en est que plus fort de même que la souffrance.

Dans les deux cas, on trouve une apparence de prime abord trompeuse (pour quelqu'un ayant un mode de fonctionnement correspondant au standard statistique), des capacités sous-jacentes à épanouir et une estime de soi à renforcer. Le défi de l'accompagnant est d'être à l'écoute des

---

1. Il me semble que la question de reconnaissance ne porte pas sur la reconnaissance d'un talent extraordinaire, mais sur l'acceptation, le respect et la prise en compte d'un mode de fonctionnement autre. La simple proposition par l'environnement de situations où ce potentiel puisse s'exprimer serait probablement la meilleure des reconnaissances.

signaux faibles ou forts, parfois contradictoires avec ses modes cognitifs propres et d'en découvrir les richesses ignorées ou cachées.

Pour illustrer l'altérité, nous aurions pu prendre le chemin des personnalités et passer en revue les grilles existantes. C'est une approche complémentaire et utile. Notre propos ici est d'attirer l'attention sur ce rôle de l'accompagnement qui est d'aller à la rencontre d'autrui, de reconnaître ses qualités propres puis de l'aider à révéler son potentiel. La difficulté de l'accompagnant est de dépasser les apparences parfois trompeuses, d'entrer dans des zones de fonctionnement qui ne lui sont pas familières, d'aider à l'accomplissement de la personne en respectant ses chemins spécifiques, tout en restant garant de l'atteinte de l'objectif visé. L'enjeu de l'accompagnement est d'aider chacun à déployer avec justesse et pertinence ses qualités. Quand ces dernières sont cachées à l'individu lui-même, l'accompagnant attentif a un rôle majeur. Charge à lui d'avoir la vigilance et l'ouverture d'esprit pour rejoindre sur son chemin la personne en transition qu'est l'accompagné.

3.   Autonomie

L'expression de l'altérité passe par le développement de la capacité de l'accompagné à agir avec autonomie.

L'autonomie, définie comme « capacité de se conduire soi-même » (Meirieu) ou encore, comme capacité pour une personne « à penser et à agir par elle-même pour répondre à ces besoins » (Larivey, 2004, p. 152), est l'un des buts majeurs poursuivis par l'accompagnant en faveur de l'accompagné. L'autonomie nécessite de reconnaître son expérience intérieure et d'en tenir compte dans ses actes (Larivey, 2004, p. 152).

Pour développer cette autonomie, il importe donc que l'accompagné acquière les savoir-faire de prise de décision pour orienter son action (chapitre 8), et aussi un minimum des compétences utile à sa réalisation.

Dans la théorie de l'auto-détermination (Ryan et Deci, 2000), l'autonomie est l'un des trois besoins fondamentaux nécessaires à la motivation humaine. Les motivations sont présentées dans un continuum de degrés allant des mobiles associés à des récompenses ou des punitions à des mobiles associés à des buts internalisés par la personne. Et la motivation extrême correspond à celle intrinsèque liée à l'agrément ou à l'intérêt, à la satisfaction de pratiquer une action pour elle-même.

Les auteurs soulignent que les activités où existent des motivations extrinsèques sont les plus nombreuses. Au regard de l'accompagnement, la théorie de l'auto-détermination invite à aider l'accompagné à s'approprier au maximum les activités proposées (Ryan, Lynch, Vansteenkiste et Deci, 2011). Plus il sera capable d'identifier les intérêts que représentent ces activités pour lui et plus il sera susceptible de s'y engager dans la durée. Plus ces activités seront congruentes avec lui-même et plus il y trouvera de raison de s'y investir et de bien-être à les mener.

Pour illustrer ces niveaux de motivation extrinsèque appliquée à l'accompagnement en formation, nous pourrions considérer les motivations suivantes allant dans des degrés croissants d'engagement et se référant à la demande institutionnelle de réaliser un projet en entreprise :
– avoir une bonne note ; éviter une punition ;
– partir en congé quand le projet sera achevé ; réaliser l'activité avec un copain ; fierté de dire sa réussite à son entourage ;
– intérêt d'acquérir une compétence ; satisfaction d'être opérationnel face à un nouveau type de situations ;
– mener à bien une étape pour la réalisation de son projet professionnel ; se préparer à l'obtention de l'emploi rêvé.

Fort de ces concepts, concrètement, l'accompagnant veille à ne pas imposer des objectifs, ni à brandir le spectre de la note, voire de la sanction. Il travaille plutôt sur les compétences qui vont être acquises, sur le lien avec l'objectif d'étape lui-même relié au projet professionnel, voire au projet de vie. Il place son propos dans la perspective des attentes du métier et de la demande de l'accompagné, initialement formalisée par le contrat correspondant à l'inscription dans le dispositif de formation.

Mettre en situation d'autonomie, c'est aussi veiller à ce que les objectifs soient négociés et dans la mesure du possible que l'accompagné se les approprie. L'accompagné doit pouvoir décider en connaissance de cause, avoir à sa disposition les moyens nécessaires à sa réflexion et à son action. Il faut que lui soit conférée la responsabilité d'un périmètre donné.

L'autonomie et la performance semblent liées positivement (Ryan et Deci, 2006).

4. Motivation

L'expérience de l'autonomie facilite la motivation en favorisant l'intégration des objectifs et leur internalisation (Ryan et Deci, 2000).

Comme cité plus haut, trois besoins fondamentaux de l'être humain sont associés à la motivation : l'autonomie, la compétence et la relation. La compétence est à entendre ici comme le sentiment que la personne a de pouvoir agir et de pouvoir produire un résultat. La relation est le fait que la personne soit en lien avec d'autres, qu'elle ait de l'importance pour quelqu'un (Ryan, Lynch, Vansteenkiste et Deci, 2011, p. 230). L'accompagnant fort de ces indications veille à montrer à l'accompagné sa capacité à agir. Il conforte cette dernière par des outils ou conseils lorsqu'il la sent trop fragilisée. Il gagne à favoriser le travail sur le sentiment d'auto-efficacité (Bandura, 2007).

Pour ce qui est de l'aspect lié à la « relation », l'accompagnant peut prêter attention à manifester, sans tomber dans l'artifice, combien l'accompagné est quelqu'un qui compte, quelqu'un d'unique (et non un nième étudiant qui passe dans le bureau).

5. Empathie

Pour aider une personne à avancer sur son chemin, il faut être capable de la rejoindre là où elle en est. Il faut tâcher d'abord de percevoir la situation de son point de vue tout en cherchant à ressentir les sentiments qu'elle éprouve. Après il est temps de revenir au point de vue d'accompagnant. C'est ainsi que l'accompagnant fait œuvre d'empathie (Godefroid, 2008, p. 937).

Il est à noter qu'empathie et sympathie sont deux notions indépendantes (Jorland, 2004, p. 20-21). Faire œuvre d'empathie ne signifie pas éprouver de la sympathie, mais se mettre en état de comprendre autrui.

L'empathie peut se caractériser par la capacité à changer de point de vue (Berthoz, 2004, p. 266-275), sans perdre sa posture à soi. Et qui plus est, l'être humain a la capacité de décider du moment de ce mouvement.

Rester dans l'empathie impose à l'accompagnant de garder une juste « distance critique » :

> *« La distance critique, c'est garder une distance acceptable entre soi et l'autre, c'est user d'empathie, c'est-à-dire de comprendre, de ressentir, d'être attentif et ouvert à l'autre, d'éprouver de la compassion et établir une relation de confiance mutuelle sans forcer la sympathie c'est-à-dire, rechercher les affinités, la complémentarité entre soi et l'autre pour établir une relation d'amitié » (Saulnier, 2000, p. 77).*

6. Un regard optimiste : confiance et bienveillance

Le regard de l'accompagnant envisage la personne avec tout son potentiel de développement. L'accompagnant porte inscrit en lui une espérance, qui reste lucide, dans la capacité de l'accompagné à évoluer. Un *a priori* de bienveillance (pas de complaisance) manifeste cette disposition.

La confiance se construit peu à peu dans la découverte mutuelle.

La confiance que l'un peut avoir dans l'autre se fonde sur le respect mutuel. Implication dans la démarche, autonomie, qualité des argumentations, vérité des propos, transparence, respect des engagements, pertinence des informations échangées, prise en compte des rôles respectifs sont des éléments nécessaires à l'un et à l'autre. La légitimité de l'accompagnant se joue en grande partie sur la qualité de sa compréhension de la situation vécue par l'accompagné, par la pertinence des conseils proposés et par le respect de l'accompagné.

La confiance s'établit de façon privilégiée dans une relation de coopération. Une telle relation se caractérise par les étapes suivantes (Le Cardinal, Guyonnet et Pouzoullic, 1997, p. 63-72) :
– mise en présence ;
– définition du projet commun ;
– qualification pour le projet ;
– réalisation du projet ;
– évaluation des résultats ;
– partage des bénéfices et/ou des pertes ;
– mise en absence.

C'est par un mouvement de réciprocité que se construit l'édifice de la relation de confiance. Mais un tel lien n'évince pas la lucidité. La confiance se bâtit et s'apprécie en portant un regard pragmatique sur la relation. Elle prend en compte l'évaluation de la situation avec les bénéfices, craintes ou tentations des acteurs. Elle évalue la confiance accordée par chaque acteur, les risques pris et la représentation que chacun se fait de la confiance accordée par l'autre. À partir de cette analyse se prennent des décisions responsables et se mettent en place des comportements lucides (Le Cardinal, Guyonnet et Pouzoullic, 1997, p. 137).

La confiance, paramètre clé de la relation d'accompagnement, mérite que l'on en prenne soin. Elle s'entretient et se nourrit au travers des interactions des deux acteurs.

7.   La légitimité

La légitimité est le point d'appui de la confiance. Elle provient, au départ, du statut qui place en présence de l'accompagné un accompagnant validé et désigné par l'institution, elle-même reconnue par la société grâce à la certification de ses diplômes.

Cette légitimité demande ensuite à être démontrée aux yeux de l'accompagné. Cette confirmation se construit par la capacité à rejoindre l'interlocuteur dans son contexte et à en comprendre les tenants et aboutissants professionnels et humains. Outre l'écoute, cette disposition se manifeste par des questions appropriées, des conseils pertinents, même si parfois mettant en cause l'accompagné. Le vocabulaire professionnel, la capacité à comprendre, voire à anticiper, les problématiques professionnelles et de formation conforte l'accompagné dans la compétence de son accompagnant.

Tous ces aspects sont vérifiés par la confrontation aux faits. Au final, ce sont les résultats obtenus de proche en proche qui valident le bien-fondé des apports de l'accompagnement. L'évolution des collègues de formation offre un autre point de vérification de ses effets.

8.   L'authenticité

La relation qui s'établit entre accompagnant et accompagné ne saurait porter de fruit sans être authentique. Si les propos ne sont pas exprimés en vérité et en accord avec celui qui s'exprime, comment positionner les besoins et les attentes de chacun des interlocuteurs ? Comment faire converger les chemins ? et pour quel profit ?

Le souci de vérité est capital. Il ne signifie pas qu'il faut tout dire, mais qu'il faut être vrai dans ce qui est dit. Il équilibre la bienveillance. Une bienveillance sans vérité serait fallacieuse.

9.   Être juste

L'un des socles de la légitimité réside dans la justesse des propos et des évaluations. Elle est un gage de qualité de l'accompagnement. Ce savoir-faire s'appuie sur quelques clés. Par exemple, ne pas formuler une affirmation au sujet de la personne sans être capable de la rattacher à un élément factuel, concret. Ou encore, être capable de distinguer explicitement suppositions, interrogations, affirmations que fait l'accompagnant. Il doit de plus savoir les argumenter avec la manière pour qu'elles soient entendues comme telles.

C'est aussi ne pas enfermer la personne dans une étiquette. Il est important qu'accompagnant et accompagné situent les propos dans le contexte de points de vue d'interlocuteurs, à un instant et dans un lieu donnés, pris au sein d'une trajectoire personnelle de l'accompagné dont seule une infime partie est perçue.

10. L'exigence

L'exigence réside, d'une certaine manière, dans la rigueur avec laquelle appliquer les propos, évaluer les objectifs, pointer les incohérences. Mais cela demeure relatif. L'une des propositions faites ici est donc que l'un des soucis majeurs de l'accompagnant est de proposer à l'accompagné de développer au mieux ses potentialités et de faire en sorte qu'il soit fier, au final, de sa progression. Tout l'art réside dans le bon calibrage de cette exigence.

11. Repères techniques

Il me semble incontournable de mentionner rapidement quelques techniques de base de l'entretien d'accompagnement en formation.

11.1 L'écoute active

Tout commence par l'écoute active de l'accompagné. L'écoute concerne sa parole, ses expressions faciales, corporelles. Elle porte à la fois sur le propos mais aussi sur le lien avec les propos passés, avec le projet, avec l'environnement. Elle tente de capter ce qui fait sens, ce qui motive, ce qui freine, etc. Elle n'a pas de préjugé et est ouverte à la surprise, la nouveauté, la spécificité.

Il s'agit d'une activité qui demande toute l'implication de l'accompagnant.

11.2 Les questions

Les questions sont à l'accompagnant ce que le pinceau pourrait être à l'archéologue dans la tentative de dégager, sans lui nuire, un élément original et fragile. À certains moments, l'accompagnant confie le pinceau à l'accompagné pour qu'il poursuive le travail par lui-même.

Deux grandes familles de questions sont utilisées. Les questions fermées, auxquelles la réponse se fait par oui ou par non, ont pour fonction essentielle de valider la position de la personne. Les questions ouvertes, elles, ont une vocation d'exploration. Elles invitent à la réflexion et à argumenter un point de vue, à décrire une démarche, une expérience, à exprimer un ressenti... L'encadré 9.2 en donne quelques exemples.

Encadré 9.2
Quelques formulations utiles en accompagnement

Questions ouvertes
– En quoi est-ce important pour vous ?
– Comment comptez-vous vous y prendre ?
– Comment vous sentez-vous à cette perspective ?
– Comment pourriez-vous préciser ou argumenter votre propos ?
– Si je vous ai bien compris vous dites... alors je pose la question... ?
– Et si c'était... ?
– Et si vous preniez le point de vue de... ?
– Que diriez-vous de... ?

Questions fermées
– Êtes-vous d'accord sur ce point ?
– Acceptez-vous cet objectif ? ce délai ?

11.3 La reformulation

La reformulation sert à valider la compréhension que chacun a du propos de l'autre. Elle doit être synthétique et neutre. Il importe de la faire à chaque étape cruciale de l'entretien, ou lorsqu'une information engage fortement la suite de la formation.

11.4   Les affirmations

Lors notamment des retours, il est important que l'accompagnant adopte une position personnelle, en JE, précisant le point de vue duquel il se place et sur quels faits il appuie son propos : « Vous m'avez dit que vous consacriez une heure par semaine à cette enquête sur votre futur métier. Au regard de ces informations, des enjeux que ce travail a pour votre avenir professionnel et des exigences du diplôme, j'estime que ce n'est pas suffisant. D'ailleurs, le premier compte rendu que vous deviez rédiger n'est pas encore fait. Qu'en pensez-vous ?... »

Un tel retour est celui d'un accompagnant, à un instant donné sur la base d'une série d'informations. Ce n'est pas une vérité absolue, mais le point de vue d'un acteur dans un rôle donné. Comme déjà dit, il faut veiller à ne pas coller une étiquette sur la personne, mais toujours ouvrir un espace à son potentiel de développement et reconnaître sa liberté propre.

11.5   Les formulations positives et les moyens d'action

Le cerveau est un organe orienté vers l'action et la prise de décision (Berthoz, 2003). Les fonctions inhibitrices sont déterminantes dans la sélection de l'information et la prise de décision, mais l'aboutissement est l'action, et il est plus « fluide » de traiter l'information dans le mode positif que par la négation. C'est flagrant dans le cas d'injonctions. Le « ne tombe pas » adressé à l'enfant qui apprend à marcher le place certes devant le risque, mais aussi devant sa peur. Il est important de lui donner un conseil sur la façon d'opérer pour réussir : « Tu peux te tenir à la rampe... »

Quelques années plus tard, en formation, ce type de travers devient : « Ne manquez pas de confiance en vous. » Ce n'est guère aidant. Un peu plus dynamisant, mais tout aussi vague quant à la façon d'agir, une autre formulation serait : « Ayez confiance en vous. » Le conseil : « Préparez davantage votre action et vous gagnerez en confiance dans son déroulement » propose à la fois une ligne d'amélioration et une piste pour investir ce champ encore peu connu. Ainsi, en formation une remarque mérite souvent d'être assujettie à une idée de moyen d'action, et ce d'autant plus quand elle touche un aspect comportemental. La personne qui veut changer de comportement se trouve comme face à une forêt vierge à traverser et pour ce faire le chemin frayé auparavant n'est plus optimal. Comment effectuer la traversée ? Comment ouvrir un nouveau chemin ? avec quelle « machette » ? Avec un outil et une orientation, le chemin est ouvert à force de labeur. Ensuite, plus la personne le fréquente, plus elle le connaît et moins la « végétation » l'entrave.

L'accompagnant gagne donc à éviter l'usage excessif des négations, à développer des formulations positives orientées sur l'action à opérer pour réussir, et dans bien des cas à y associer des pistes d'actions et des idées de moyens.

Sur un autre plan, l'accompagnement gagne également à ce que dans les retours faits à la personne soient passés en revue tout autant les points forts que les points faibles. Une personne se construit avec ses forces. Ne voir que les points d'amélioration réduit l'individu à une portion de ses capacités. La confiance en soi s'en trouve potentiellement atteinte.

11.6 Faits/opinions/sentiments

Les informations communiquées dans l'entretien appartiennent à trois grandes catégories. Les faits sont observables et peuvent se décrire. Les opinions renvoient à des avis, des valeurs, des points de vue, des croyances. Les sentiments concernent ce qui est éprouvé (*cf.* encadré 9.3).

Encadré 9.3
Faits, opinions, sentiments

Faits

– Votre tuteur a mentionné…

– Vous venez de dire : «… »

– Les résultats atteints montrent une croissance de 10 % en un an.

Opinions

– Je pense que votre tuteur a raison.

– Je trouve ce propos déplacé.

– Une croissance de 10 % est un résultat médiocre.

Sentiments

– Je suis navré de vous le dire.

– J'éprouve de la colère.

– Je suis déçu, alors que j'ai eu un grand plaisir à mener cette action.

11.7 Je/tu

Dans le prolongement de la distinction des faits, opinions et senti-ments, l'accompagnement tire profit à expliciter dans quelle catégorie se place un message émis vers l'accompagné. Trop souvent dans le champ de la communication, le « tu » prononcé sans préalable enferme l'in-terlocuteur, faisant glisser inconsciemment l'opinion en fait. C'est la différence entre « Tu as tort » et « Je trouve que tu as tort », « Tu as été maladroit » et « De mon point de vue, tu as été maladroit. » Et pour couper court à toute généralisation abusive, il est préférable de préciser la situation à laquelle se rapporte cette opinion. La communication s'établit sur des bases claires lorsque l'usage du « Je » est privilégié (Boisvert et Beaudry, 1979, p. 152).

11.8 Définir un objectif

La définition des objectifs tient une place importante dans l'entretien. Les caractéristiques d'un objectif sont définies de façon classique selon des critères tels que le « SMART » (« Formuler des objectifs SMART ») :

– Spécifique : adapté à la personne et précis ;
– Mesurable : la formulation doit permettre une évaluation sans ambiguïté ;
– Acceptable : l'accompagné est en mesure d'y adhérer ;
– Réaliste : il reste à la portée de l'accompagné ;
– Temps : il est associé à une échéance.

La PNL propose une formulation selon les critères : « formulé positi-vement, vérifiable et observable, spécifique et contextualisé, du ressort du sujet, écologique, réaliste et réalisable, motivant » (Turner et Hévin, 2000, p. 201).

La théorie des situations optimales (ou théorie du *flow*) apporte un éclairage complémentaire. Les situations optimales présentent huit carac-téristiques (Csikszentmihalyi, 2004, p. 79-80). La tâche y est un défi réaliste, dont l'objectif est clairement identifié. Le sujet a une possibilité de contrôle sur l'action, et il a un retour rapide de son action. Il s'engage fortement dans cette activité et y place toute sa concentration. Du coup, il met de côté tout ce qui pourrait le détourner, il en vient à s'oublier tout en accroissant sa conscience de soi. Il perd la notion du temps. Ce type d'expérience semble améliorer la qualité de vie et la performance de l'individu (Csikszentmihalyi, 2004, p. 105).

Que toute expérience doive être « optimale » est sûrement sujet à débat. Mais il est plus efficace de définir avec l'accompagné des objectifs perçus comme des défis réalistes, précis, sur lesquels l'accompagné a une capacité d'action associée à une rétroaction rapide.

11.9 Le temps de latence du changement

J'appelle temps de latence du changement, le temps qu'il faut à l'entourage pour se rendre compte des changements opérés par quelqu'un et que la relation s'établisse dans un nouveau rapport. L'exemple de Gilbert est significatif.

EXEMPLE

Temps de latence du changement

Gilbert est identifié au sein de la promotion comme quelqu'un qui capte la parole et la monopolise en cherchant à imposer son point de vue à tout le monde. Après quelques mois de formation, il est catalogué et rejeté par la majorité. Lors de l'entretien de suivi ce sujet est abordé par l'accompagnant. Gilbert se décide à changer de comportement. Cela tombe bien, une réunion avec la promotion a lieu deux jours après. Il va pouvoir mettre en œuvre sa remise en cause. Le jour donné, à la pause, Gilbert frappe à la porte de son accompagnant. « Ce sont tous des imbéciles ! Ils ne m'écoutent pas, alors que j'ai fait attention à ce que vous m'aviez dit. Je les ai écoutés. J'ai pris sur moi pour ne pas intervenir tout de suite. À un moment, ils n'ont pas vu un aspect du problème qui était l'objet du débat. Alors, j'ai voulu leur dire. Ils m'ont coupé la parole et plusieurs m'ont dit de me taire... » L'accompagnant a alors pris le temps de reprendre avec Gilbert le fil des événements depuis l'entrée en formation. Il l'a invité à adopter la place de ses camarades de promotion. Et ils sont convenus que si Gilbert sait, lui, qu'il est en train de changer, les autres sont encore dans la représentation de l'ancien Gilbert. Il faut à Gilbert de la persévérance, et parfois des explications, pour rendre manifeste à ses collègues les évolutions opérées. De là peuvent être induits chez eux les changements correspondants.

12. Des biais dans la relation

La relation d'accompagnement n'est pas exempte de biais possibles.

Ces difficultés peuvent aussi bien toucher l'accompagnant que l'accompagné. S'ils proviennent de l'accompagné, l'accompagnant doit apprendre à les gérer. S'ils sont le fait de l'accompagnant, ce dernier doit trouver des solutions pour y remédier, par exemple confier l'accompagnement à un autre accompagnant. Son professionnalisme exigerait de remédier au plus vite à ces travers quand ils sont nocifs à l'accompagné. Leur répétition poserait la question de l'adéquation de l'accompagnant à ce type de métier. La supervision de l'accompagnant lui apporte une aide.

12.1 La projection

La projection est un « mécanisme psychologique par lequel un sujet attribue à autrui, ou au monde extérieur, des états affectifs qui lui sont propres » (Godefroid, 2008, p. 969). Le biais s'instaure du fait que cette projection est souvent inconsciente et porte à attribuer à autrui des caractéristiques qu'il n'a pas. Ainsi l'accompagnant, dans sa quête de situer l'accompagné, devra éviter de plaquer sur lui ses propres sentiments ou réactions. Pour se protéger de cette dérive, l'accompagnant veille à ce que ses points de vue soient des hypothèses qu'il étaye par des observations, des vérifications et des validations de l'accompagné lui-même.

12.2 La manipulation

La manipulation est un comportement relationnel. Il consiste à chercher à obtenir quelque chose de quelqu'un en jouant sur la culpabilité qu'il pourrait éprouver s'il ne donnait pas satisfaction à la demande.

La manipulation est un comportement répandu, mais plus rarement certaines personnes en font un usage intensif à un point tel qu'il devient un élément caractéristique de leur personnalité. Ce type de personnalité se retrouve sous le nom de manipulateurs (Nazare-Aga, 2004, p. 37-60) auquel sont associées les personnalités narcissiques (Lelord et André, 2000, p. 129-151).

La manipulation s'exerce parfois de façon discrète. Un étudiant qui obtient de l'accompagnant un premier oui sur une question banale a de plus grandes chances d'obtenir à la suite un oui sur une question importante. Cette technique est bien connue des vendeurs de porte-à-porte ou de prospection téléphonique (Beauvois et Joule, 1999).

Lorsqu'elle a pour origine un manipulateur, elle est plus piquante. Le sentiment de culpabilité est exacerbé. Les leviers du manipulateur se trouvent beaucoup parmi les valeurs communément admises : justice, esprit d'équipe, relations cordiales, qualité du travail, etc. Les personnes à tendance scrupuleuses ou perfectionnistes sont des proies aisées.

L'accompagné manipulateur reprochera à l'accompagnant, par exemple, son manque d'intégrité, le manque de transparence, ou le non-respect de telle ou telle caractéristique annoncée du dispositif de formation. Il lui fera sentir qu'il le trouve partial, favorisant tel ou tel collègue, ou encore qu'il ne le prépare pas assez bien à une échéance ou au métier visé. Le manipulateur agira souvent sous couvert de représenter le groupe (ce qui demande toujours à être établi), de parler au nom de son tuteur, de son entreprise. Ou encore, il généralisera de façon excessive ou infondée. Pour protéger la pratique précédente, il fuira toute confrontation aux faits ou aux interlocuteurs qu'il implique. Cela ne veut pas dire que toute critique soit le fait d'un manipulateur et que le système de formation n'ait pas de dysfonctionnement. Dans les mains d'un manipulateur, ces critiques, fondées ou infondées, sont récupérées à des fins personnelles. La répétition des situations, la perversité des situations engendrées, et/ou le bénéfice particulier tiré par un individu peuvent faire suspecter l'apparition d'un système manipulatoire. Et tant pis pour l'accompagnant s'il se laisse culpabiliser !

Isabelle Nazare-Aga (Nazare-Aga, 2004, p. 185-254) développe toute une série de conseils utiles pour se protéger contre un manipulateur. Ils s'appuient sur quelques règles simples d'affirmation de soi (autant leur énonciation est facile, autant les situations évoquées sont souvent complexes) pour montrer une sobre indifférence :
- manifester, tant sur le plan verbal que non verbal, que l'on ne culpabilise pas ; s'affirmer, développer la confiance en soi forment la colonne vertébrale d'une moindre dépendance au manipulateur ;
- quelques formulations simples et courtes du type : « C'est votre avis », « Je l'admets et c'est ainsi » donnent un appui efficace ;
- d'autres précautions consistent à partager largement l'information pour éviter au manipulateur de travestir les propos de l'accompagnant. Car le manipulateur excelle dans la transformation du message et dans le discours spécifique à chaque interlocuteur quitte à se contredire globalement ;
- laisser les attaques glisser comme l'eau sur les plumes d'un canard est l'image classique utilisée pour contrecarrer la manipulation.

La manipulation peut être le fait de l'accompagnant, la posture offrant un lieu privilégié pour approcher la vulnérabilité des personnes et l'utiliser comme levier. Il va sans dire que ce comportement n'est pas professionnel et que les institutions se doivent de veiller à éviter ce type de profil pour de telles fonctions. Sans être une personnalité manipulatrice, l'accompagnant peut avoir des comportements manipulatoires. Ils sont en règle générale préjudiciables à l'autonomie et donc à la motivation de la personne.

12.3 Le transfert

Lorsque nous sommes en relation avec des personnes particulièrement importantes pour nous (êtres aimés, responsable hiérarchique, etc.) le transfert (Larivey, 2004) décrit une réaction émotionnelle et comportementale d'une amplitude sans commune mesure avec ce qui serait raisonnable. À la source du transfert se trouve la peur de perdre la relation, de ne pas être aimé, d'être rejeté. Cette peur conduit à sacrifier de l'expression et de la cohérence avec soi-même pour espérer sauvegarder la relation. Le calcul est mauvais, car il limite l'expression de son être et ne permet pas de développer ses qualités propres. Il réduit donc l'accès à davantage de satisfaction.

Le transfert dans l'accompagnement touche indépendamment les deux acteurs et se résume dans la dépendance que l'on accepte de l'autre sur soi. Il s'opère de façon normale, chaque acteur demeurant dans son rôle.

Pour ce qui concerne l'accompagné, le transfert limite l'autonomie. Le travail de l'accompagnant visera à ne pas laisser se complaire dans cette dépendance mais à guider dans l'expression des besoins et la prise d'autonomie.

L'accompagnant peut être sujet à un contre-transfert. Il peut être surprotecteur, dépenser du temps sans compter, ou tomber dans divers types d'excès à l'égard de l'accompagné (Villeneuve et Loiselle, 2010, p. 146), référence à des situations non résolues (quant à l'expression de soi) de sa relation parentale. La répétition de ces situations conduira l'accompagnant à repérer ce contre-transfert.

L'écoute de ses émotions, l'acceptation et l'expression vraie de ses besoins et la prise en charge personnelle de la réalisation de ses besoins sont les clés de la résolution du transfert. L'identification de ses peurs est l'une des façons d'entrer dans ce type de démarche pour remonter ensuite à ses besoins.

La résolution du transfert ne fait pas l'économie d'un travail sur soi pour affronter ses peurs et se mettre à l'épreuve de sa vulnérabilité (Larivey, 2004).

L'ESSENTIEL

Ce chapitre impose le constat, s'il en était besoin, que la relation d'accompagnement est une relation humaine, avec ses enrichissements et ses fragilités. Facteur clé de sa qualité, une saine affirmation de soi se fonde sur une communication vraie de chacun des acteurs, dans le cadre des rôles sociaux de leurs situations réciproques. Elle offre les fondations à un travail efficace et profond pour ajuster ses identités respectives et favoriser la croissance de l'accompagné pour la satisfaction probable de chacun des acteurs.

Elle s'appuie sur des qualités (fig. 9.1) et des outils de communication.

C'est au prix de cette qualité relationnelle que le travail identitaire trouve le chemin le plus efficient.

Figure 9.1 - *Mots pour la relation d'accompagnement*

FACTEURS DE RÉUSSITE D'UN ACCOMPAGNEMENT

*La réussite de l'accompagnement de la personne en formation
dépend aussi du contexte dans lequel il s'opère.
Quels sont des grands facteurs qui influent sur cette réussite ?
Quelle est leur contribution ?*

Sommaire

Accompagner au sein d'un dispositif de formation

a particullièrement pour finalité de

vise à

consiste à

1 — Accompagner en formation

Faciliter le développement d'une nouvelle identité professionnelle

Favoriser et garantir le succés de trois projets : étudiant, école, entreprise

Piloter et synchroniser sept activités : reconnaître la personne, proposer du sens, garantir un chemin, situer la personne, relier la personne à ses motivations, conseiller sur les moyens, ouvrir des horizons

d'où il est possible d'identifer

Les situations d'accompagnement
Le rôle du dispositif pédagogique et ses principales modalités

2 — Guider avec le dispositif pédagogique

de là ressortent

Qu'est-ce qu'accompagner dans chacun de ces grands domaines ?

avec la question

Des grands domaines de la transformation de l'accompagné

qui sont

3 — Accompagner par des positionnements

L'évaluation en entrée et en sortie de formatin

4 — Accompagner l'acquisition de connaissances

L'acquisition des connaissances

5 — Accompagner les temps en entreprise

Les temps en entreprise

6 — Accompagner le projet professionnel

Le projet professionnel

7 — Accompagner le changement de posture

Le changement de posture

8 — Piloter et orienter sa vie : quel accompagnement en formation ?

Le projet de vie et sa conduite

9 — Accompagner dans une relation

La relation

de ces grandes activités d'accompagement et de tout ce qui précède se dégagent

10 — Facteurs de réussite d'un accompagnement

Des favteurs de réussite de ces accompagnements

11 — Synthèse : la forme identitaire "accompagner en formation"

Une synthèse de l'activité "Accompagner le développement de nouvelles identités professionnelles"

elle concerne l'accompagnement d'une

elle met en œuvre un

elle s'appuie sur une

Transition identitaire

Processus d'accompagnement

Identité professionnelle d'accompagnement

Dans un parcours de formation, l'école coproduit le résultat final. Si des démarches qualités s'appliquent à mettre sous contrôle tout ce à qui contribue à ce que s'opère la transformation visée par le parcours (Blandin et Serreau, 2008), le résultat appartient, au bout du compte, à l'apprenant.

Outre son engagement, sa réussite se construit également grâce sa bonne information et orientation, à la sécurisation de ses problématiques financières et matérielles, à la qualité de l'accompagnement dont il peut bénéficier en ces matières. Pour que toutes ces ressources soient mises en action, l'engagement de la direction est capital. Les valeurs de travail sont enfin un élément déterminant et la qualité de la prestation d'accompagnement ne saurait s'opérer sans une éthique en adéquation avec la proximité et la confiance générées.

1. L'accompagnement institutionnel complémentaire à la formation

1.1 Processus commerciaux

EXEMPLE

Gérard est en formation d'ingénieur depuis plus de quatre mois. Il profite d'une pause pour venir saluer Michèle B. qui est en charge de la promotion commerciale des dispositifs de formation.

– Bonjour Mme B. je vous dérange ?

– Non, pas du tout, asseyez-vous. Que me vaut votre visite ?

– Je venais vous dire combien je vous remercie pour le temps que vous m'avez consacré avant mon inscription. Il est vrai que je me posai beaucoup de questions à la fois sur l'opportunité de m'engager dans une formation, sur ma capacité à suivre et sur les modalités pratiques à mettre en place. Vous avez eu la disponibilité pour comprendre mon besoin, me renseigner, voire me rassurer, et vos conseils ont été précieux dans toute cette phase de mise en route, y compris sur le plan administratif.

– J'en suis ravie. Comment se passe ce début de formation ?

> – Très bien. Je voulais vous le dire aussi. Cela se passe comme vous me l'aviez dit. J'ai bien encore quelques difficultés dans l'une ou l'autre matière, mais je travaille et je commence à en voir les fruits. Je suis très satisfait d'avoir fait le pas. Et comme tous les problèmes sont réglés, grâce aussi au professionnalisme d'Hélène, l'assistante qui suit nos dossiers sur le plan administratif, je peux m'engager à fond dans ma formation.

Cet exemple souligne la dimension d'orientation et de sécurisation nécessaire en amont d'un dispositif. Cette activité est assurée dans bien des cas par une fonction de type commercial ou d'orientation. Elle repose sur un accompagnement du choix et de la décision de s'engager dans une formation donnée. Cette activité s'appuie avant toute chose sur l'écoute. Une écoute active à la quête du besoin du candidat. La plupart du temps ce besoin est enfoui sous des interrogations, des visions parcellaires et des connaissances insuffisantes de ses possibilités. Accompagner le prospect consiste à l'aider à mettre en mot son désir et à formuler un projet réaliste et pertinent. Guider vers une concrétisation satisfaisante, tel est l'engagement de l'acteur commercial. Pour cela, il est nécessaire, en parallèle de l'écoute du besoin, de faire expliciter l'expérience, les ressources. On procède ainsi, de façon informelle, à une évaluation du niveau de compétences de la personne, de sa motivation et des capacités dont elle dispose pour réussir dans un projet encore vague. Par ailleurs, l'acteur commercial se réfère à sa connaissance des dispositifs (ceux qu'il propose et d'autres encore), à ses informations sur le marché du travail et à l'appréciation qu'il fait de l'adéquation potentielle de la personne avec des métiers envisageables.

Sécuriser la démarche consiste d'abord à s'assurer que les deux interlocuteurs se comprennent bien et que les deux projets représentés, celui de la personne et celui de l'école, coïncident. Ensuite la sécurisation passe par l'information précise sur le dispositif, le conseil notamment quant aux processus d'inscription, de sélection et au financement. Dans les formations par alternance, la recherche d'une entreprise est un autre espace où une aide est appréciée.

Bien entendu, chacun a sa particularité, son inquiétude ou sa contrainte. Les entendre et les intégrer dans la réponse signent la compréhension mutuelle et la vérification de la faisabilité.

Simplifier au sens de rendre simple et accessible, encourager, jalonner le parcours, donner les prochains objectifs atteignables sont autant de propos tenus par les acteurs commerciaux quand ils parlent de leur travail.

1.2 Les fonctions administratives et logistiques

Les fonctions administratives et logistiques contribuent elles aussi à la réussite de la mutation identitaire. Cette dernière plaçant la personne dans une certaine insécurité transitoire, il importe que le reste des facteurs de l'environnement soient, eux, sécurisés. Alors, le sujet a la liberté d'esprit pour évoluer.

Que disent des assistantes administratives de dispositifs de formation ? Elles sont en contact avec des enseignants, des vacataires, des parents, des étudiants, des apprentis, des stagiaires de la formation continue, des tuteurs, des financeurs, des responsables formation. Elle note que les relations ne sont pas les mêmes selon les dispositifs. La durée de présence en centre est un facteur qui agit directement sur les interactions et leur personnalisation.

Leur rôle se décline selon plusieurs dimensions.

1.2.1 Réaliser les missions assignées

Ces missions ont trait à l'organisation matérielle de la formation, la communication des informations pédagogiques, le recueil et la transmission des éléments nécessaires aux financements, etc. La circulation de l'information et la mise à disposition des moyens à la date et à l'heure prévue pour de multiples interlocuteurs (apprenants, maîtres d'apprentissage, enseignants, vacataires, financeurs...) sont au cœur de l'activité de ces fonctions.

1.2.2 Renseigner

Mais au-delà de fournir ou réceptionner un formulaire, de communiquer un planning, de réclamer un état de présence ou un paiement, ces assistantes administratives considèrent qu'elles consacrent une partie de leur activité à renseigner les personnes, à leur apporter un complément d'informations : le pourquoi de tel formulaire administratif, ce qui est compris ou non dans un relevé de notes, quel va être le déroulement de tel examen, le nombre d'exemplaires nécessaires d'un document à remettre à des étudiants, dans quelle salle placer un groupe, etc.

1.2.3 Conseiller

Le stade suivant est le conseil donné à l'apprenant quant à la meilleure façon de faire pour lui dans une situation donnée. Quelle démarche mener pour demander un financement ? Dans quel délai ? Que mettre dans une convention de stage ? Quelle entreprise contacter ou qui dans l'entreprise ?

1.2.4 Rassurer et prévenir

Lorsqu'un dysfonctionnement administratif ou logistique survient, aller voir les personnes impactées les rassure. Prévenir les dysfonctionnements et, en tout état de cause, être « réactif » sont des attitudes prises en exemple. Parfois, l'apprenant vient tester et vérifier si le discours de l'assistante est le même que celui de l'enseignant. Pour un autre en difficulté de paiement, il pourra s'agir de trouver un échelonnement, dans le cadre acceptable défini par l'institution.

1.2.5 Réconforter

Face aux difficultés du parcours, recevoir une écoute attentive évite à l'apprenant de perdre complètement pied. Un apprenant qui est à la peine avec son niveau d'anglais, vient confier sa difficulté à une assistante, un autre s'enquiert des membres de son jury : sont-ils « bien » ?, un autre aimerait changer de jury, de salle…

1.2.6 Dynamiser, motiver, redonner du sens

Le réconfort peut venir de la redynamisation. C'est le cas lorsqu'un apprenant ayant obtenu quelques mauvaises notes remet en cause son engagement en formation et s'en ouvre à l'assistante. Son discours tient alors régulièrement de l'encouragement : « Il arrive souvent qu'à ce stade de la formation il y ait un coup de fatigue, mais après cela va mieux », «Il y a des prédécesseurs qui sont passés par de telles difficultés et qui s'en sont bien sortis… », « Après tout le parcours déjà fait, il ne faut pas se laisser aller à un découragement, alors que le terme du projet n'est plus très loin… »

Cela passe par « être agréable », « aller dire bonjour aux stagiaires et élèves ». Et quelquefois une ultime confidence reçue par l'assistante en fin de formation vient donner sens à toute l'attention portée : « Quelqu'un m'a dit : "Grâce à vous et à l'enseignant, j'ai repris confiance en moi." »

1.2.7   Se rendre disponible

Tout cela n'est possible qu'avec la capacité à se rendre disponible. Il faut que l'assistante en ait la volonté, mais il faut aussi que l'organisation le lui permette. L'écoute peut alors exister, de façon mesurée.

Quelques fois même, « nous nous rendons aux manifestations que les étudiants organisent. Ils aiment bien quand l'équipe enseignante est là ».

1.2.8   Savoir dire non

La mesure dans l'écoute et la relation impose la capacité à savoir-dire non, à demander de revenir ultérieurement, à cadrer et limiter la demande. Généralement les apprenants le comprennent bien et sont respectueux de ces limites exprimées. Ils le comprennent d'autant mieux quand ils mesurent par ailleurs l'engagement professionnel de leurs interlocutrices.

1.2.9   Assurer un lien avec l'enseignant

L'assistante assure un rôle charnière entre l'enseignant responsable du dispositif, les enseignants en général et les apprenants. Tout n'est pas bon à dire, parfois à l'un parfois aux autres. Cette position particulière leur vaut des confidences ou des paroles spécifiques sur la vie au sein du dispositif de formation. Elle leur vaut aussi parfois d'être sondées ou utilisées comme relais vers l'enseignant, et réciproquement. Elles sont aussi le lien qui tient quand la relation entre un apprenant et l'enseignant, voire entre la promotion et l'enseignant, n'est pas bonne.

1.2.10   S'intéresser aux gens

S'intéresser aux apprenants, c'est observer leur évolution grâce aux contacts noués avec eux, mais aussi au travers des informations relatives à leur parcours de formation, comme un compte rendu du tuteur, une appréciation sur un relevé de notes, etc.

C'est aussi avoir envie de leur « préparer une belle fête lors de la remise de diplômes ».

Le retour obtenu est « une discussion riche et constructive », mais aussi parfois « un merci », « une boîte de chocolat »… la simple satisfaction d'avoir apporté une contribution à la progression de l'apprenant, souvent sans pouvoir en mesurer l'impact.

1.2.11 Une référence identitaire

Rares sont les assistantes qui mesurent que leur prestation profession-nelle joue aussi un rôle pédagogique. Pourtant, elles apportent une réfé-rence identitaire professionnelle certaine, notamment auprès des publics jeunes ayant peu côtoyé le monde du travail. Leur rigueur, leur façon de communiquer, de gérer le temps, les cadres relationnels instaurés sont autant de références qui contribuent à la construction identitaire des apprenants.

Ainsi, si certaines résument leur métier à « faire en sorte que tout se passe bien ! », elles se rendent aisément compte que leur prestation effective est plus large et englobe un réel souci de la croissance humaine. Il s'agit de tout un état d'esprit décliné dans la prestation. Le travail de l'assistante et du support logistique sont des maillons importants.

1.3 L'accompagnement aval

L'accompagnement effectué en aval se situe dans le champ des interac-tions entre diplômés, associations de diplômés et l'institution. Les figures identitaires des diplômés offrent des références auxquelles peuvent se conformer les élèves. Elles ont l'avantage d'une certaine accessibilité. Il est possible d'entrer en relation avec elles. Leur histoire présente des points communs.

La coopération entre l'institution et les diplômés valorise les uns et les autres au bénéfice des deux parties.

2. Clés stratégiques pour un accompagnement du développement de l'identité professionnelle

2.1 L'engagement de la direction

L'engagement de la direction est l'un des facteurs clés identifiés pour la réussite d'un processus (Comité européen de normalisation, 2000). L'accompagnement n'échappe pas à cette règle. Son déploiement dans une institution nécessite d'être porté par la stratégie de l'entreprise ainsi que par l'engagement de tous les acteurs, à commencer par celui de son directeur général.

Dans le cas du groupe Cesi, cet aspect ne saurait être abordé sans faire une référence à Jacques Bahry dont la « longévité exceptionnelle » (Uhalde, 2010, p. 421) (de 1982 à 2010) à la tête de l'institution a fortement marqué l'organisme. Les qualités managériales qui lui sont prêtées, à savoir la proximité, l'écoute, le goût de la relation, la délégation et l'incitation à l'initiative (Uhalde, 2010, p. 426), montrent des similitudes et sans doute une certaine familiarité avec la posture d'accompagnant. Sa vision stratégique place clairement l'accompagnement au cœur de la pratique de formation. Il aime à le formuler au travers de la métaphore du potier et du jardinier[1]. Le potier façonne le pot et lui confère la forme que lui, potier, désire. Le jardinier prend soin de la plante pour qu'elle croisse conformément à sa nature propre. C'est bien entendu au jardinier que se rapporte la posture d'accompagnement.

Cette vision puise aux origines du Cesi dont le fondateur qualifie ainsi la pédagogie originale qui y est mise en œuvre : « Fondée sur des données de fait, fonction de la réalité du travail et des acquis des gens en formation, cette action [de formation] n'a cure de l'existence de « méthodes ». La réalité de l'intervention est nécessairement une réalisation composite tenant compte des besoins des acteurs en présence et des contraintes des circonstances qu'ils rencontrent » (Vatier, 2008, p. 101-102). Comment orchestrer une telle conception de la formation sans avoir des enseignants qui empruntent à l'accompagnement une partie de leur activité ?

Et de fait, à l'occasion des cinquante ans du Cesi, une étude sociologique faite au sein de l'organisme mentionne que « la finalité d'accompagnement des stagiaires occupe une place centrale » (Uhalde, 2010, p. 323).

2.2 Visée de professionnalisation

Comment alors décliner une telle orientation ?

Cela va de soi et encore mieux en le disant : accompagner la professionnalisation est d'autant plus facile si la visée du dispositif est cette professionnalisation. Autrement dit, d'être directement utile sur un plan professionnel. Le principe d'utilité est d'ailleurs l'une des valeurs que se reconnaît le groupe Cesi.

---

1. Métaphore attribuée à Aristote ?

2.3 Des enseignants connaissant les réalités professionnelles

La visée précédente est portée, de la direction générale jusqu'à l'apprenant, par un corps enseignant au fait des situations rencontrées sur le terrain professionnel. C'était le cas à l'origine de l'école : « Diversifiés leurs enseignants et formateurs connaissent leur réalité de travail » (Vatier, 2008, p. 98). Et c'est toujours le cas cinquante ans après puisque les enseignants entrent au Cesi en milieu de carrière ou après une brève première expérience professionnelle et que leurs parcours tiennent d'une « mosaïque bigarrée » (Uhalde, 2010, p. 324). Là se trouve une seconde clé. Elle ouvre à la compréhension des situations et des points de vue, au dialogue et aux réseaux.

La professionnalisation oblige à la proximité avec le terrain et à un effort d'ajustement des connaissances à une réalité donnée. Appuyée sur l'expérience professionnelle des enseignants, elle induit la notion de compagnonnage et d'accompagnement.

2.4 Un pilotage de dispositif à partir de la « vision métier »

Une troisième clé se dessine au travers de l'organisation du Cesi. Le pouvoir de décision sur le terrain est confié aux pilotes du dispositif de formation. Ils portent le projet de professionnalisation. Ils le font d'autant plus facilement qu'ils ont l'expérience des métiers auxquels ils préparent. Ce choix organisationnel pourrait résumer l'originalité du Cesi. L'arbitrage final est confié à la « vision métier » et non pas à la « vision connaissance ou domaine ». L'approche est d'emblée transversale et le pilotage cohérent avec cette nécessité issue de la professionnalisation.

La culture de formes pédagogiques variées et souvent inductives facilite la mise en place de la posture d'accompagnement.

2.5 Évaluation de l'accompagnement

Tout processus clé nécessite, du point de vue d'un système qualité, un pilotage. Ce dernier s'appuie sur un système de mesure.

L'évaluation de l'accompagnement fournit les indications sur l'efficacité de cette activité et sensibilise les acteurs à son importance. Elle peut être intégrée dans les rubriques des évaluations des dispositifs. Elle gagne à être explicitée et suivie en tant que telle.

Figure 10.1 – *Clés stratégiques*

2.6 Considérations humanistes

Une autre clé repose à mon sens sur l'engagement et le regroupement des acteurs autour de considérations de développement des personnes. Cet engagement a été rendu possible grâce à une alchimie complexe. Le Cesi la suscite de son côté en favorisant des espaces d'autonomie nécessaires aux acteurs (Uhalde, 2010, p. 321-373). Il offre une possibilité d'implication forte dans les processus décisionnels.

2.6.1 La reconnaissance externe de l'accompagnement

Une dernière clé évoquée ici repose sur la reconnaissance externe notamment par le financement.

Le seul engagement des acteurs ne suffit pas à la mise en place de l'accompagnement au sein de dispositifs. Encore faut-il que cette modalité soit reconnue comme importante et financée en tant que telle. Tout au long des pages de cet ouvrage ont été mises en évidence de multiples facettes de l'activité d'accompagnement. De façon très schématique, le tableau 10.1 en reprend quelques grands points.

Pour que l'accompagnement puisse avoir lieu, les temps dédiés à cette activité doivent trouver un financement. Il est parfois difficile d'en faire reconnaître la légitimité. Pourtant, il paraît essentiel au développement de l'identité professionnelle, dans un temps réduit et avec un confort psychologique offrant de l'efficacité à la démarche de formation engagée.

Et outre les périodes d'entretien et les séquences d'accompagnement, il paraît indispensable de prévoir des séquences de travail réflexif en autonomie sur le projet. Sinon, l'accompagnement devient un cours individuel à l'efficacité limitée.

Tableau 10.1 – *Structure type d'un dispositif d'accompagnement en formation*

Étapes	Modalité	Planification
– Présentation de la démarche du projet personnel. – Sens et utilité. – Objectifs globaux. – Modalités pratiques. – Modalités d'évaluation. – Objectifs premiers.	Collective	Au lancement de la démarche.
– Entretien de suivi 1. – Validation de la compréhension de la démarche. – Spécificités individuelles. – Ressenti. – Positionnement actuel et objectifs individuels.	Individuelle	2 à 4 mois après le lancement (cas de formations longues).
– Séances de travail individuel en autonomie. – Réflexion, travail et approfondissements sur les thématiques du projet.	Individuelle	Occurrence régulière (fréquence liée au projet pédagogique et à la période dans la formation).
– Entretiens de suivi. – Itérations de l'entretien de suivi 1 avec le positionnement par rapport aux objectifs précédents et la mise en place de nouveaux objectifs.	Individuelle	Au moins tous les 4 à 6 mois (parfois possibilité d'un entretien intermédiaire à la demande si besoin).
– Séances réflexives en groupes. – Mêmes points que dans les entretiens individuels et/ou focus porté sur un aspect à des fins réflexives ou méthodologiques.	Collective	– Quand la dynamique collective apporte un complément et une ouverture aux problématiques individuelles. – Quand des informations ou des ressources communes sont à transmettre ou à partager.
– Entretien final. – Positionnement par rapport aux derniers objectifs et aux objectifs globaux. – Sentiments au regard du parcours effectué Perspectives.	Individuelle	En fin de démarche.

2.6.2 L'éthique

L'accompagnement n'échappe pas à la réflexion éthique. On pourrait penser que la relation d'accompagnement, relation tournée vers autrui, est, de ce fait, d'office éthique. Ce n'est pas si simple. Et parce qu'elle met en présence deux personnes « d'inégales puissances » (Paul, 2004, p. 308), elle offre un espace au détournement d'intention. Jusqu'à quel point faut-il tenter d'obtenir une réponse d'un accompagné, même lorsqu'un enjeu fort est perçu pour sa progression ? À partir de quand l'accompagnant s'immisce-t-il dans la vie privée de l'accompagné ? Comment susciter une remise en cause dans le respect de l'individu ? Un accompagnement aux apparences très sympathiques est parfois trompeur. Par exemple, si l'accompagnant escompte profiter de sa situation pour obtenir des faveurs de l'accompagné et bénéficier d'avantages personnels, le biais s'installe. À partir de quel moment un service échangé sort-il d'un cadre éthique ? Les faveurs obtenues sont, par exemple, d'ordre matériel et financier (« Vous travaillez dans une entreprise du bâtiment, vous ne pourriez pas faire des travaux chez moi… »), mais pourquoi pas sexuel ou affectif… Il peut arriver qu'un accompagnant soit en quête d'une reconnaissance excessive. Il valorise sa puissance, sa performance et maintient une cour d'accompagnés dépendants, souvent par l'intermédiaire de manipulations. L'accompagnant se fait alors gourou. Il est possible d'objecter qu'il s'agit là du problème des accompagnés. Sauf que le contrat initial n'est pas respecté : l'autonomie n'est pas donnée à l'accompagné. Et trop vite, l'obtention de privilèges personnels peut tendre à primer à la fois sur les intérêts de l'accompagné et sur ceux de l'institution.

Ce qui n'exclut pas que l'accompagnant puisse escompter une certaine reconnaissance professionnelle. Il y a derrière cela toute la complexité du don et du contre-don (Alter, 2009).

Il devient dès lors nécessaire de se doter de critères pour caractériser un comportement éthique. Une façon de le faire est de vérifier si le comportement répond à la conjonction de quatre qualités clé : altruisme, loyauté, universalité, gratuité (Benoit, 2005, p. 41).

Le respect du principe d'autonomie de l'accompagné est un point clé, tout comme trois autres principes jugés universels : la bienveillance, la justice et l'absence de malveillance (Beauchamp et Childress, 1994).

Pour une autre approche voisine, un discernement éthique devrait prendre en compte, avec le respect de l'altérité, trois aspects essentiels : la liberté, la conscience et la vérité. C'est dans la quête d'une solution où s'interrogent et se concilient, sans domination de l'une par les autres, ces dimensions que se trouve la voie d'une décision éthique. Les auteurs de cette approche (Dherse et Minguet, 1998, p. 100-109) la nomment « moralité de la gratuité préférée » car pour eux l'idée de gratuité est la seule à ouvrir au décentrement de soi et à l'accueil de l'autre. La « délibération éthique » autour de ces éléments peut s'établir en quatre phases : prise de conscience d'un dilemme éthique, clarification des valeurs concernées, prise de décision, dialogue avec les personnes impliquées par la décision (Legault, 1999, p. 271).

Les moyens dont une institution peut se doter pour favoriser une pratique éthique figurent dans l'encart 10.1 :

Encart 10.1
Moyens pour favoriser l'éthique

- Expliciter le contrat d'accompagnement.
- Définir et communiquer sur les objectifs visés.
- Encourager la transparence.
- Recourir à un discernement collectif pour traiter les cas posant un dilemme de conscience.
- Écrire et diffuser une charte éthique fournissant aux acteurs des repères.
- Sensibiliser ses salariés.

Quant à l'accompagnant, il doit toujours veiller à rester dans le cadre professionnel. Quelques questions l'aideront à cela (encart 10.2) :

Encart 10.2
Questions de vigilance éthique

La question posée par l'accompagnant rentre-t-elle dans le cadre du contrat posé et vise-t-elle à aider la personne à :

– gagner en autonomie ?

– progresser dans la construction de son identité professionnelle ?

– développer son potentiel ?

L'accompagné a-t-il la liberté de sa réponse et de son comportement ?

La situation traversée peut-elle être présentée ouvertement à des collègues ? *(En gardant la confidentialité sur l'accompagné et au sens de tester s'il n'y a rien à cacher dans la démarche de l'accompagnant).*

L'accompagné est-il respecté en tant que personne ? La confidentialité est-elle effective ? *(Ces points ne sont pas toujours si simples à traiter lorsque l'accompagnement est le fait d'une équipe collective, ou lorsque l'entreprise s'enquiert de la façon dont se passe la formation en école…)*

La démarche proposée à l'accompagné se fait-elle en transparence ? Et si pour une raison pédagogique elle n'est pas totalement dévoilée, l'accompagnant est-il en mesure de le faire à tout moment pour en montrer le but ?

L'accompagnant renvoie-t-il l'accompagné à des ordres, des règles sans explication, ou l'accompagné est-il plutôt envoyé vers sa conscience ? ses valeurs ? ses motivations ?

Le comportement de l'accompagnant est-il altruiste ? loyal ? universel ? désintéressé ?

Sur quelles valeurs de l'accompagnant s'appuie la décision qu'il prend ? Ces valeurs sont-elles fondées ? partagées ? partageables ? cohérentes avec le contexte de l'accompagnement et de l'accompagné ?

L'éthique, au sens où elle est une démarche, n'apporte pas une réponse définitive, mais elle est plutôt un état d'esprit passant au crible les interactions pour y faire prendre en compte un intérêt plus universel que celui de l'accompagnant.

Au-delà de ces considérations, je souhaite aborder un deuxième volet de cette question éthique. Je crois que la responsabilité sociale (au sens de responsabilité sociale des entreprises) de l'enseignement supérieur, en tant que mandaté par la collectivité pour former ses membres à y exercer des responsabilités, réside pour une part essentielle dans l'intégration, dans ses dispositifs, d'objectifs visant à assurer la vie de la collectivité. Dans ce cadre, il me paraît particulièrement primordial d'enseigner la prise de décision sur des bases éthiques. Cette question est parfois esquivée au prétexte de ne pas inférer sur les valeurs des élèves. La seule valeur qui est imposée ici est celle de la nécessité de l'altruisme (Kourilsky, 2009), indispensable, à ce stade, à la vie en collectivité. Leur défaut mène à des conséquences désastreuses comme le soulignent de récents scandales (Frachon, 2011) et peut être considéré comme le point faible de la plupart des théories économiques (Kourilsky, 2009, p. 145). La façon de construire cet altruisme renvoie à d'autres valeurs qui, tant qu'elles sont compatibles avec l'éthique, regardent l'individu.

À ce niveau, je crois que l'accompagnement peut apporter une contribution. Parce qu'il est proche de la prise de décision, l'accompagnement peut être le lieu d'un questionnement éthique et de l'apport de repères pour traiter de ces problématiques. Le rôle de l'accompagnant n'est évidemment pas de définir « le bien ou le mal », mais de saisir les opportunités pour inviter à la réflexion sur la place faite à autrui dans une décision. Inviter par exemple l'accompagné à se demander s'il a évalué les conséquences de sa décision sur autrui ? Dans quelle mesure il apprécierait que quelqu'un le mette dans la situation dans laquelle il s'apprête à en mettre d'autres ? Il va de soi que cette démarche est à placer dans le contexte des enjeux professionnels, sociétaux et donc de formation.

Déjà des instances invitent les écoles à se préoccuper des questions éthiques. Par exemple, la Commission des titres d'ingénieurs mentionne dans ses documents une charte éthique de l'ingénieur (Commission des titres d'ingénieurs, 2010, p. 10) et évoque la place de l'éthique au sein des formations d'ingénieur (CTI, 2012, p. 33 et 35).

Les outils développés précédemment pour orienter sa vie (*cf.* chapitre 8) sont appropriés à la démarche de discernement éthique pour peu qu'autrui y ait une place. Car la question éthique est voisine de la question du bonheur (Droit, 2009, p. 63) et renvoie fondamentalement à nos choix d'orientation (Dherse et Minguet, 1998, p. 43).

3. Continuer à se poser des questions et à n'avoir jamais rien d'acquis

L'aspect éthique d'une question n'est jamais tranché définitivement. L'accompagnant doit toujours demeurer dans le questionnement, la remise en cause possible. Cette attitude vaut à bien d'autres égards. Dans une période où l'identité professionnelle est sujette à d'incessants réajustements, la modalité de l'accompagnement et le cadre dans lequel il est proposé doivent aussi être constamment réajustés. Tout comme l'accompagné évolue dans un contexte mouvant, il importe encore que l'accompagnant comprenne et même ait l'expérience de cette constante adaptation nécessaire.

Déjà, au démarrage du Cesi, l'enseignant était invité, pour adapter son activité, à procéder à des audits de situation (Vatier, 2008, p. 102) au départ d'une action de formation.

L'ESSENTIEL

L'environnement dans lequel s'exerce l'accompagnement contribue grandement au succès de l'évolution identitaire.

L'action commerciale écoute le besoin, montre la possibilité de le réaliser et guide pour rendre effective sa concrétisation.

Les personnels des services administratifs et logistiques agissent pour un environnement professionnel sécurisant et bienveillant. Grâce à lui, l'apprenant se consacre pleinement à son travail identitaire.

Des clés stratégiques s'articulent autour de la place et des moyens faits à l'accompagnement. Elles intègrent la responsabilité de l'accompagnant.

L'éthique, en tant que prise en compte d'autrui dans ses décisions, est une dimension essentielle du professionnalisme de l'accompagnant et des enjeux de formation.

SYNTHÈSE :
LA FORME IDENTITAIRE
« ACCOMPAGNER
EN FORMATION »

*Après avoir parcouru de nombreux aspects
de l'accompagnement en formation, le moment est venu de
tenter une synthèse avec une visée de généralisation.
Comment se caractérise l'accompagnement de la construction
d'une identité professionnelle en formation ?
Comment décrire l'identité professionnelle de l'accompagnant ?
Quels sont les étapes et les processus essentiels ?
Comment s'analyse le « système accompagnement » ?
Par quelles étapes se développe la compétence
de l'accompagnant ?*

Sommaire

Accompagner la personne en formation

N°	Titre du chapitre	Fil conducteur

Accompagner au sein d'un dispositif de formation

a particulièrement pour finalité de — *vise à* — *consiste à*

1 — Accompagner en formation

Faciliter le développement d'une nouvelle identité professionnelle

Favoriser et garantir le succés de trois projets : étudiant, école, entreprise

Piloter et synchroniser sept activités : reconnaître la personne, proposer du sens, garantir un chemin, situer la personne, relier la personne à ses motivations, conseiller sur les moyens, ouvrir des horizons

d'où il est possible d'identifer

Les situations d'accompagnement
Le rôle du dispositif pédagogique et ses principales modalités

2 — Guider avec le dispositif pédagogique

de là ressortent

avec la question

Des grands domaines de la transformation de l'accompagné

Qu'est-ce qu'accompagner dans chacun de ces grands domaines ?

qui sont

3 — Accompagner par des positionnements

L'évaluation en entrée et en sortie de formatin

4 — Accompagner l'acquisition de connaissances

L'acquisition des connaissances

5 — Accompagner les temps en entreprise

Les temps en entreprise

6 — Accompagner le projet professionnel

Le projet professionnel

7 — Accompagner le changement de posture

Le changement de posture

8 — Piloter et orienter sa vie : quel accompagnement en formation ?

Le projet de vie et sa conduite

9 — Accompagner dans une relation

La relation

de ces grandes activités d'accompagnement et de tout ce qui précède se dégagent

10 — Facteurs de réussite d'un accompagnement

Des favteurs de réussite de ces accompagnements

Une synthèse de l'activité "Accompagner le développement de nouvelles identités professionnelles"

11 — Synthèse : la forme identitaire "accompagner en formation"

elle concerne l'accompagnement d'une — *elle met en œuvre un* — *elle s'appuie sur une*

Transition identitaire

Processus d'accompagnement

Identité professionnelle d'accompagnement

Les chapitres de ce livre ont posé la notion d'identité professionnelle en mettant en exergue le déplacement identitaire produit pendant une formation professionnalisante. Nous allons revenir sur cet aspect un peu plus loin. Nous avons également prêté attention à la tension dynamique qui se crée dans la conjonction des trois projets à l'origine d'un parcours de formation : projet de l'entreprise, projet de la personne, projet de l'école.

L'accompagnement en formation s'opère autour d'une progression pédagogique. Elle est un guide commun aux participants et puise sa forme dans l'expérience de parcours antérieurs. L'accompagnement, lui, vient en assistance à l'individu là où ce dispositif général n'apporte pas de réponse.

Pour ce faire, de multiples formes de l'accompagnement se mettent en place. Elles s'organisent autour des différentes facettes que sollicite l'évolution d'une forme identitaire professionnelle. Nous avons examiné l'accompagnement de l'acquisition de connaissances, puis l'accompagnement du temps en entreprise. Il met en évidence l'articulation des deux accompagnements qui opèrent sur l'accompagné, celui de l'entreprise et celui de l'école.

La construction d'un projet professionnel est une étape clé pour donner du sens, de l'autonomie et favoriser l'insertion professionnelle.

L'évolution de l'accompagné nécessite également l'intégration d'un changement de posture. Susciter la prise de conscience de la nouvelle posture à acquérir, proposer les leviers de ce mouvement et favoriser les mises en situation nécessaires à sa mise en œuvre constituent un axe majeur de l'accompagnement en formation.

L'évaluation, au cœur du travail de l'accompagnant, se met en place dès l'entrée en formation et s'achève avec la soutenance finale.

L'accompagnement ne saurait être à l'écoute de la personne sans la percevoir dans une perspective dynamique plus vaste : celle du processus d'orientation et de construction du projet de vie avec ses différentes déclinaisons dont celle du projet professionnel.

Enfin, l'accompagnement s'opère dans une relation. Sa visée primordiale est de fournir de façon individualisée à l'accompagné l'aide à l'acquisition de son autonomie dans le cadre du métier préparé. Cette relation professionnelle exigeante nécessite des repères et des outils.

Des facteurs sont indispensables à la réussite de l'action pédagogique. Ils se résument dans l'engagement professionnel et éthique de tous les acteurs pour le succès de la transformation identitaire. Cette transition identitaire mérite d'être davantage conceptualisée.

1.   La construction identitaire de l'accompagné

Des situations d'évaluation comme le jury intermédiaire (chapitre 7) ou l'évaluation initiale (chapitre 3) ou finale (Introduction) mettent en jeu différents acteurs. Les facettes de la construction identitaire s'y révèlent.

La personne est inscrite dans son histoire. Elle y puise des expériences, des valeurs, une vision du monde. Elle s'est construite un certain regard sur elle-même : une identité pour soi. Cette identité est confrontée à celle perçue par des personnes de son environnement et principalement par des personnes significatives au regard d'une situation donnée (« autrui significatif »). Ainsi, lors d'un entretien de sélection pour une formation, la perception qu'un candidat a de lui-même est confrontée à la perception des membres du jury. Ces derniers dressent un inventaire identitaire des caractéristiques de la personne.

Le processus de délibération conduit à assigner une identité sociale attribuée à la personne (ou « identité pour autrui ») : celle de candidat admis dans une formation préparant aux fonctions des ressources humaines dans le cas de l'exemple mentionné (*cf.* p. 136). Cette attribution est effectuée par un autrui significatif, puisque mandaté par une institution elle-même habilitée à délivrer un diplôme, et en présence d'un représentant de la profession.

Fort donc de son histoire et de l'identité héritée de celle-ci, le candidat vient se présenter devant le jury en quête de la reconnaissance de son projet. Il vise à faire admettre sa capacité potentielle à obtenir le diplôme, équivalent d'un « certificat de conformité » à l'identité professionnelle visée, cible de son projet. Dans le cas de l'exemple cité le retour est favorable. Mais il comporte une alerte demandant un ajustement. Il concerne l'acquisition de nouvelles connaissances mais surtout l'adaptation du comportement à un nouveau rôle à jouer, à une nouvelle posture. Le candidat se trouve donc devant une délibération interne. Elle le pousse soit à abandonner son identité visée et à demeurer sur l'identité héritée de son histoire, soit à trouver les compromis internes pour évoluer dans la direction demandée. Cette dernière le contraint à satisfaire aux exigences d'autrui pour l'identité visée, à commencer par celles imposées par l'organisme de formation. Elle peut aussi le conduire à tenter une nouvelle transaction avec autrui, en cherchant par exemple à se faire embaucher directement dans la fonction ressources humaines, sans faire de formation.

Dans le processus de formation, c'est une transformation de la personne qui va s'opérer, une évolution de son identité, qui doit aboutir à une nouvelle identité. Cette identité intégrée, devient dès lors héritée ! Au cœur de ce processus se trouvent les transactions identitaires (Dubar, 2010), c'est-à-dire ces négociations que l'individu mène soit avec lui-même soit avec son entourage pour équilibrer reconnaissance sociale et visées personnelles (figure 11.1).

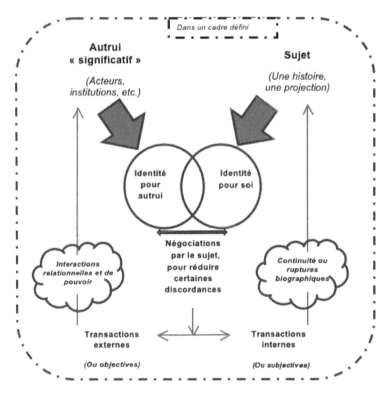

Figure 11.1 – *Construction dynamique de l'identité*
(inspirée de C. Dubar, 2010, p. 103-119)

En fait, dans le cas qui nous concerne en formation, la tension identitaire s'exerce entre quatre grands pôles identitaires et un acteur dans sa relation à « autrui ».

En effet, il est souvent souligné l'existence des trois polarités identitaires « classiques » : celles de l'acteur (visée et héritée) et celle d'« autrui significatif » (attribuée). En formation, il apparaît une quatrième identité majeure, esquissée par autrui. Nous la nommerons l'identité du projet de formation ou encore identité proposée. Cette quatrième polarité devient la référence à partager. L'apprenant doit se positionner entre son identité héritée, celle visée, celle attribuée et celle proposée. De même, l'autrui significatif qu'est l'école, et plus encore le formateur, doit statuer et agir en fonction de l'identité attribuée et celle proposée du projet de formation.

Ces quatre polarités interfèrent (figure 11.2).

Tout le processus engagé en formation vise, dans le respect du sujet et du contrat de formation passé, à faire glisser les identités perçues, héritées, visées vers l'identité proposée par le dispositif. Cette dernière elle-même sera sujette à des ajustements, dans une certaine mesure. Par exemple, une prise en compte de difficultés de l'acteur ou de la découverte de potentialités insoupçonnées chez lui, peut, tout en restant dans le cadre de l'identité prescrite par le diplôme, donner lieu à des modulations sur l'ambition du projet et son ciblage. Ainsi, Xavier R. devra vraisemblablement intégrer une dimension « manager de ressources » au détriment de la vision « aide sociale » s'il veut persévérer dans l'orientation prise ; à terme selon son évolution et ses potentialités, il pourrait être conduit à s'orienter vers un poste de directeur ou de responsable ou de cadre ressources humaines (figure 11.3).

Ce déplacement identitaire s'opère sous l'influence des connaissances et expériences nouvelles, sous l'effet de la confrontation de son identité héritée avec les modèles identitaires proposés, et de leurs normes et valeurs associées.

Toutes ces expériences et confrontations, suscitent des émotions et des évaluations à partir desquelles émerge une nouvelle vision du monde et de soi. Dans ce processus, l'objectif de formation dépasse celui de la simple acquisition de savoir-agir et intègre des éléments tels que le système de valeurs, la posture, l'identité (Perrenoud, 2001, p. 17). Il en résulte pour la personne un nouveau rapport à soi et au monde.

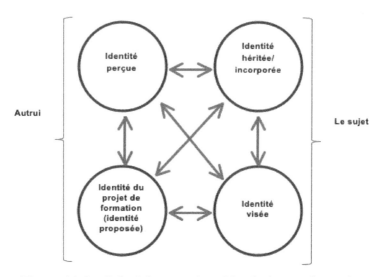

Figure 11.2 – *Polarités et tensions identitaires en formation*

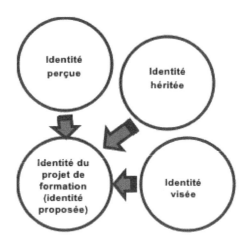

Figure 11.3 – *Déplacement identitaire opéré en formation*

L'identité peut être décrite comme un ensemble de formes identitaires subjectives (Guichard, 2010) (FIS). L'appellation « forme » souligne l'idée selon laquelle l'identité n'est pas figée ou définitivement acquise, mais est en perpétuelle construction. Une forme identitaire subjective est celle perçue par un sujet. Elle s'applique à un contexte donné. Elle contient (Guichard, 2010) des schémas d'action, des modalités de rapport aux « objets » concernés par le contexte, aux personnes, à soi. Dans ces schémas d'action, figurent également, de mon point de vue, la façon d'appréhender les situations participant à la définition du champ d'application de la FIS. Elle intègre également les relations qu'elle entretient avec les autres formes identitaires subjectives. Parfois elle s'exprime sous la forme d'un projet.

Concrètement, quatre grandes formes identitaires subjectives ont été prises en considération. Elles concernent : la vie d'apprenant, la vie professionnelle, les activités extraprofessionnelles, le projet de vie. Ces quatre grandes formes n'excluent pas une multitude d'autres, mais elles regroupent des champs utiles à la réflexion de la personne en formation.

1.1 Synthèse : forme identitaire professionnelle

Les différents aspects examinés au fil des pages précédentes me conduisent à retenir le modèle de forme identitaire illustré par la figure 11.4.

La compétence telle qu'elle a été définie en début d'ouvrage s'y trouve décrite au moyen du champ applicatif, du savoir-agir et des ressources.

Il existe des redondances entre les rapports aux objets, aux autres, à soi et avec les valeurs et postures. Si ces appellations aboutissent parfois à des réalités semblables, parfois elles sont complémentaires. Dans une optique opérationnelle il me paraît judicieux de les conserver ainsi.

Il en est de même avec le sentiment d'identité et le rapport à soi. Enfin, il me paraît pertinent d'adjoindre le sentiment d'efficacité (Nagels, 2010) à la forme identitaire.

Une forme identitaire particulière me paraît être celle qui embrasse d'un regard l'ensemble des situations de notre existence et les relie. Elle est développée en annexes (annexe 2).

1.2 Accompagner en formation

Accompagner en formation l'acquisition d'une nouvelle identité professionnelle consiste donc à aider une personne à passer d'une forme identitaire initiale à celle nécessitée par le métier ciblé. La finalité du dispositif de formation est de favoriser cette évolution pour répondre à la demande même du candidat. Cette progression doit être suffisamment consistante pour qu'un emploi soit possible à la sortie du dispositif. Tout n'est pas joué pendant le temps des études, et il est essentiel que soient fournis les ingrédients nécessaires à la poursuite de la construction identitaire après la formation. À cette fin, le cœur du dispositif de formation va conduire l'apprenant à agir en situation. Pour en rendre capable l'apprenant, il faut qu'il puisse acquérir un minimum de ressources utiles aux situations à traverser (savoirs, savoir-faire, savoir-être…).

Figure 11.4 – *Paramètres d'une forme identitaire*

Il doit se mettre en capacité d'agir, notamment par l'obtention d'un champ d'action (stage, contrat d'apprentissage, etc.). Il lui faut ensuite oser agir. Et mettre à profit le retour d'expérience pour évaluer sa pratique et l'améliorer. Et poursuivre son développement en s'exposant à des situations diversifiées.

Ces actions vont fournir des informations précieuses sur l'adéquation avec la prestation à réaliser à un instant donné. Il y a une part des informations qui relèvent de la perception propre et une autre qui provient d'autrui. Certaines particulièrement importantes proviennent « d'autrui significatif ». Il s'agit communément des enseignants, tuteurs en entreprise, professionnels, membres de jury, de l'école, de l'entreprise…

Ces informations aident à évaluer le positionnement et génèrent des réaménagements de la conduite ou de l'identité en jouant sur des réajustements tels que :
– les sentiments identitaires ;
– les valeurs ;
– le projet visé ;
– la posture et la conception de son rôle ;
– les sources de motivation ;
– la faculté à orchestrer les différentes compétences et à percevoir la situation pour combiner ces compétences.

L'ensemble forme un système complexe d'interactions dynamiques dont je propose la représentation de liaisons significatives (figure 11.5).

Cette construction engage la personne et nécessite bien souvent des tierces personnes. L›accompagnement institutionnalise ce rôle. Il est source de gain de temps et d'efficacité, soutien à l'effort dans la durée. En effet, pour accomplir cette évolution, l'apprenant a besoin d'un autrui significatif pour obtenir des retours compétents et ayant valeur à ses yeux. Grâce à eux, il sait où il en est, et aussi vers quoi il doit aller et comment il peut y parvenir.

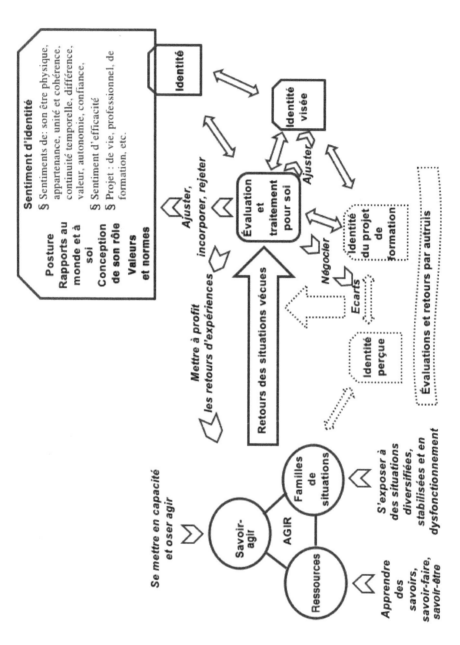

Figure 11.5 – *Processus de construction identitaire en formation*

Les remises en cause en jeu ne peuvent pas toutes être traitées dans le cadre de dispositions collectives.

Si les principes généraux restent les mêmes, chaque histoire personnelle est spécifique et conduit à des questions à la marge du système collectif. Il faut traiter ces questions pour favoriser l'évolution entreprise.

L'accompagnement répond en fait à quatre questions fondamentales de l'apprenant relatives à sa situation par rapport à son projet en termes de développement mais aussi en termes de progression temporelle, de moyens et de valorisation de la reconnaissance (tableau 11.1).

Tableau 11.1 – *Actions et questions sur un parcours professionnalisant*

Actions pour développer sa nouvelle identité professionnelle	Questions pour l'accompagnement
– Acquérir un minimum de ressources (savoirs, savoir-faire, savoir-être). – Se mettre en capacité d'agir (obtenir des champs d'action). – Oser agir. – Mettre à profit le retour d'expérience pour évaluer sa pratique et l'améliorer. – S'exposer à des situations diversifiées (stabilisées mais aussi en dysfonctionnement).	– Où en suis-je par rapport à mon projet ? – À ce moment, vers où dois-je (puis-je) aller pour progresser dans mon projet ? que puis-je mettre en œuvre ? – Comment y aller ? par quel moyen le faire ? – Suis-je reconnu et valorisé dans ma progression ? (et/ou pourrai-je à terme obtenir de la reconnaissance et de la valorisation ?)

Le dispositif de formation répond en partie aux quatre questions précédentes. Et puis à la marge des dispositifs se trouvent les cas individuels avec leurs problématiques d'appropriation de la démarche identitaire, et le traitement des situations traversées tant sur le plan matériel qu'émotionnel.

À partir de ces éléments et notamment au regard des principales activités de l'apprenant dans sa construction identitaire en formation (figure 11.5), je propose le cahier des charges fonctionnelles de l'accompagnement de l'évolution d'une identité professionnelle par la formation (tableau 11.2). Il regroupe les processus clés à accompagner.

Ainsi, vue du côté de l'apprenant, la construction identitaire nécessite qu'il réalise différentes fonctions (au sens de l'analyse fonctionnelle). Elles sont regroupées en cinq grandes familles organisées autour d'une finalité que nous définirons, lors d'une formation, comme étant « faire évoluer son identité professionnelle » :

– acquérir des savoir-agir ;

– situer son positionnement et corriger ;

– faire reconnaître sa compétence ;

– remanier son identité ;

– conduire cette étape de sa vie dans cette interaction permanente.

Pour faciliter ce travail, il en découle des fonctions à assurer pour l'accompagnement. Le tableau 11.2 recense ces activités d'accompagnement.

Tableau 11.2 – *Fonctions d'accompagnement du développement identitaire en formation*

Fonctions principales à assurer par l'apprenant		Fonctions principales à assurer par l'accompagnant
Situer son positionnement et corriger	– S'être mis en situation. – Obtenir des retours. – Être à l'écoute des remarques. – Faire confiance. – Se remettre en cause. – Expérimenter de nouvelles techniques, méthodes, comportements, etc. – Se donner des objectifs.	– Donner accès à des retours d'autrui significatifs en cours de parcours. – Susciter la démarche réflexive. – Donner le droit à l'erreur. – Créer et favoriser les situations de retours. – Être ferme sur le cap et les objectifs finaux et avoir une certaine souplesse quant aux modalités intermédiaires. – Communiquer sur les forces et les faiblesses. – Suggérer et valider des objectifs. – Aider à la mise en projet et demander des plans d'action.
Prendre des objectifs qui font sens	– Avoir compris ce qui était attendu de lui. – Avoir estimé des bénéfices. – Avoir relié les attentes de l'environnement à ses motivations. – Avoir évalué sa capacité à réaliser la transition. – Se fixer des objectifs cohérents.	– Mettre en perspective. – Indiquer un chemin. – Aider à la définition d'objectifs et à la mise en œuvre de moyens. – Montrer les liens entre les attentes du dispositif et les motivations de l'apprenant.
Acquérir de nouvelles compétences	Apprendre des savoirs, savoir-faire, savoir-être.	– Expliciter les ressources, les savoir-agir à acquérir, les familles de situations et les niveaux de performance visés. – Communiquer les modalités d'évaluation. – Donner du sens en montrant les liens avec l'identité ciblée par le projet de formation. – Proposer dans les modalités d'acquisition des ressources et savoir-agir. – Guider dans l'usage de ces modalités. – Valider les acquis pour passer à une étape suivante. – Sécuriser par des conseils et par des limites. – Susciter les transferts vers les mises en situation.
	– Se mettre en capacité d'agir. – Oser agir. – S'exposer à des situations diversifiées (stabilisées et/ou en dysfonctionnement).	– Proposer des actions et des situations en fonction de la progression. – Aider à valider que les prérequis suffisants sont acquis. – Encourager ou alerter. – Conseiller sur les méthodes et moyens pour trouver un champ d'action adapté. – Écouter et éventuellement conseiller sur les difficultés rencontrées (situations en entreprise par exemple, etc.). – Favoriser et encourager la diversité d'expériences.

Fonctions principales à assurer par l'apprenant		Fonctions principales à assurer par l'accompagnant
Faire reconnaître sa compétence	– Pouvoir faire évaluer sa compétence. – Obtenir des retours officiels, compétents, « significatifs » sur son niveau de compétence. – Obtenir un emploi correspondant aux aspirations réalistes.	– Donner accès à des évaluations d'autruis significatifs. – Créer des situations de confrontation avec les attendus professionnels. – Sensibiliser aux attentes en termes de valeurs, normes, culture de l'environnement professionnel. – Guider en proposant une démarche de projet professionnel et les outils y afférents. – Susciter l'affirmation de soi et la communication.
Remanier son identité	– Évaluer sur le plan de sa personne les retours et écouter ses sentiments. – Accepter de modifier son rapport au monde. – Opérer les transactions identitaires internes (valeurs, rapport au monde…) et externes. – Ajuster son ambition et ses désirs. – Savoir tirer des éléments de satisfaction de ses actions et de sa progression. – Cerner ses motivations profondes. – Appréhender avec réalisme son environnement.	– Expliciter l'identité du projet de formation (compétences, rôles et postures, valeurs, etc.). – Être conscient et pour une part disponible et à l'écoute des débats internes, des négociations externes. – Proposer des modèles identitaires (diplômés, personnes ayant suivi la même voie, le même projet, professionnels du métier), et en favoriser la rencontre. – Mettre en valeur les progrès. – Encourager à écouter ses satisfactions. – Favoriser par une démarche de projet professionnel. – Aider, dans la mesure du possible, la personne à garder le lien avec ses motivations profondes (qui peuvent ne pas être celles de façade ou énoncées), son projet de vie.
Progresser dans une interaction permanente des paramètres précédents	– Prendre du recul dans sa démarche et se situer dans son projet. – Accepter les moments d'inconfort personnel propres à certaines étapes de transition dans la vie d'une personne.	– Sécuriser l'environnement (conseil initial sur la formation, clarification des modalités financières, rigueur du suivi et des informations administratives, transparence du système d'évaluation, communication des plannings). – Favoriser le développement du sentiment d'auto-efficacité. – Donner du sens en se référant aux situations professionnelles et aux référentiels de compétences métier et de formation. – Proposer des objectifs et les mettre en relation avec l'identité professionnelle de formation et avec le projet professionnel de la personne. – Mettre en confiance (respect, vérité, confiance, professionnalisme, référence au métier visé par la formation). – Alerter, sanctionner le cas échéant. – Incarner pour une part l'identité visée par la formation. – Susciter l'autonomie. – Ecouter et capter toute information relative à la dynamique identitaire de l'apprenant. – Aider à prendre du recul, à garder une vue globale sur le projet de formation et le projet professionnel. – Adapter objectifs et retours aux ambitions et potentialités de la personne. – Révéler des possibles, ouvrir des horizons. – Faire respecter les règles. – Etre garant de la qualité du diplôme et de l'acquisition de l'identité professionnelle correspondante. – Mettre en œuvre les moyens utiles à l'obtention du diplôme. – Rendre possible en suscitant la mise en projet et la construction de plans d'action.

Ces fonctions peuvent être classées en huit grandes familles (figure 11.7) organisées autour d'une finalité de croissance de la personne :
- reconnaître la personne ;
- proposer du sens ;
- garantir un chemin ;
- situer la personne ;
- relier la personne à ses motivations et entretenir cette motivation ;
- conseiller sur les moyens ;
- ouvrir des horizons ;
- piloter et synchroniser les sept processus précédents.

Le détail des regroupements effectués figure dans le tableau 11.3 et explicite les activités associées à ces huit principaux processus.

Tableau 11.3 – *Huit processus piliers de l'accompagnement*

Processus clés	Ce qu'ils recouvrent
Reconnaître la personne	– S'intéresser à la personne. – Saisir les informations liées à sa dynamique identitaire. – Respecter, écouter et accueillir des débats internes et des transactions externes. – Traiter de façon adaptée des spécificités. – Langage de vérité. – Rendre autonome. – Aider à relier aux motivations profondes.
Proposer du sens	– Expliciter les objectifs de la formation. – Relier les situations et étapes aux objectifs (formation, personne). – S'appuyer sur les attentes et les situations professionnelles. – Être ferme sur le cap. – Proposer voire incarner des modèles identitaires. – Aider à prendre du recul.
Garantir un chemin	– Expliciter un contrat, donner un cadre : moyens, progression pédagogique, etc. – Proposer et valider des objectifs. – Mettre en œuvre les moyens utiles à l'obtention du diplôme. – Susciter des retours d'autrui significatif. – Sécuriser l'environnement (aspects administratifs, logistiques, etc.). – Être exigeant et s'engager pour garantir la qualité du diplôme. – Alerter, sanctionner, arbitrer. – Exiger des objectifs et des plans d'action.
Situer la personne	– Créer et favoriser les situations de retour d'expérience. – Confronter à la réalité. – Communiquer les forces et les faiblesses. – Positionner en termes de niveau mais aussi dans le temps. – Donner accès à des retours d'autrui significatif. – Faire des points intermédiaires. – Aider à prendre du recul sur sa situation et entraîner aux démarches réflexives. – Aider à relire le chemin parcouru.

Processus clés	Ce qu'ils recouvrent
Relier aux motivations	– Encourager, alerter, susciter. – Mettre en valeur les progrès. – Aider à garder le lien avec les motivations profondes. – Relier au sens. – Rendre autonome. – Prendre appui sur les dynamiques collectives.
Conseiller sur les moyens	– Proposer des méthodes, des idées. – Guider si utile au démarrage. – Conseiller face aux difficultés rencontrées dans la progression. – Favoriser une démarche de projet professionnel.
Ouvrir des horizons	– Ouvrir des perspectives. – Donner le droit à l'erreur. – Aider à sortir des schémas préétablis par l'apprenant. – Suggérer des alternatives. – Encourager à se confronter à des situations nouvelles. – Susciter les transferts d'expérience, les analogies. – Contribuer à la mise au jour des potentialités de la personne.
Piloter et synchroniser les sept processus précédents	– Construire avec la personne, pour elle ! – Respecter les engagements de la formation (y compris à l'égard de l'environnement socioprofessionnel). – Prendre en compte le temps. – Arbitrer, réguler, ajuster dans les situations spécifiques et les conflits d'intérêt. – Coordonner la mise en œuvre des différents processus et combiner leurs interactions.

Le pilotage et la synchronisation de ces processus comprennent une activité importante qui est la régulation des conflits d'intérêt entre les acteurs.

En effet, les huit processus soulignés ici sont mis en œuvre pour réussir l'articulation et l'aboutissement de trois projets concomitants, à savoir ceux de l'apprenant, de l'école et de l'entreprise (particulièrement dans le cadre de l'alternance ou de la formation continue).

Le but majeur de l'entreprise est de préparer la disposition des ressources humaines utiles à son fonctionnement. Celui de l'élève est d'acquérir les compétences certifiées en vue de l'obtention d'un emploi. Enfin celui de l'école est, ici, de qualifier des personnes en assurant le meilleur compromis possible entre qualité et coût, gage de sa pérennité. Favoriser l'atteinte de ces trois buts, coordonner les interactions de ces trois systèmes et en réguler les conflits d'intérêt constituent la toile de fond de l'activité d'accompagnement (figure 11.6).

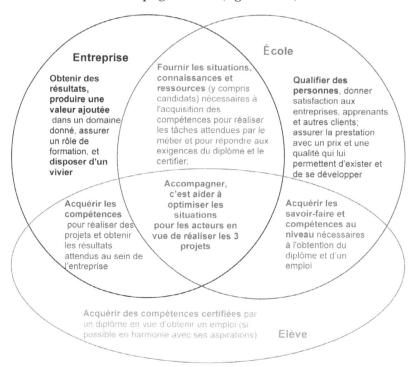

Figure 11.6 – *Trois projets articulés par l'accompagnement*

Tout l'accompagnement en formation que nous venons de décrire se déroule dans un temps séquencé d'étapes que rappelle la figure 11.7.

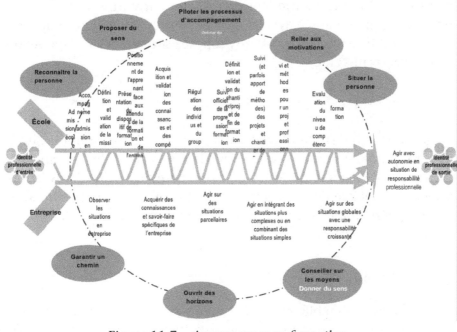

Figure 11.7 – *Accompagner en formation*

2. Forme identitaire de l'accompagnant

Pour boucler notre voyage, le moment est venu de nous tourner vers la forme identitaire de celui qui accompagne le développement de nouvelles identités professionnelles. Comment la décrire ? Pour répondre à cette question nous examinerons les différentes facettes de cette forme identitaire. Nous approfondirons particulièrement le processus synthétique de l'accompagnement. Puis, nous poserons un référentiel de compétences de l'accompagnant et tenterons d'identifier quelques jalons caractérisant l'expertise de ce dernier.

2.1 La relation au monde et à l'existence

Des accompagnants côtoyés ressort une caractéristique : la croyance partagée que l'individu est capable de s'adapter au monde, d'y agir et d'y évoluer. De ce fait, ces accompagnants sont plutôt ouverts au monde. Surtout, ils captent dans leurs univers professionnels les signaux qui leur seront utiles pour guider les accompagnés. Leurs relations avec les environnements d'insertion des accompagnés sont multiples, notamment par le biais des entretiens de suivi en entreprise. Grâce à sa relation passée et actualisée avec le monde professionnel, l'accompagnant se construit une figure identitaire proposée sur laquelle il s'appuie pour guider l'accompagné.

2.2 La relation à soi

Elle dépend bien entendu des accompagnants, mais il semble que l'un de leurs points communs réside dans la satisfaction de contribuer à la croissance d'une autre personne et, à plus grande échelle d'œuvrer à une dimension sociale de la société. La position de conseiller offre aussi à l'accompagnant à la fois un statut social et une reconnaissance, sources de valorisation interne.

2.3 La relation à l'accompagné

Cette relation s'établit autour de l'*a priori* positif et la conviction tenace, qu'en dépit parfois de signaux contradictoires, la personne est capable d'évoluer. Le respect et le souci de l'autonomie de l'accompagné sont les axes structurant de cette relation, dans le cadre du contrat lié à l'inscription au dispositif de formation. Confiance, bienveillance, empathie, respect sont des attitudes de base. Elles s'associent au professionnalisme et à d'autres comme la lucidité, la rigueur, l'authenticité. La relation à l'accompagné exige souplesse et fermeté, dans un regard optimiste sur la personne.

2.4 Valeurs

Les valeurs se dégagent des attitudes évoquées précédemment. L'altruisme est probablement celle centrale. L'accompagnement ne saurait être professionnel sans des valeurs d'éthique et de respect de la personne. La dérive serait de considérer l'accompagné comme un objet utilisé à des fins personnelles de l'accompagnant. Une valeur d'équité, notamment de contribution à de la promotion sociale, est parfois présente.

2.5 Posture

La posture de l'accompagnant est celle d'un acteur professionnel conscient du rôle qu'il a à jouer dans un laps de temps relativement bref. Sa raison d'être est de faciliter l'acquisition par l'accompagné d'une nouvelle identité professionnelle. Il mesure la limite de son rôle : l'accompagnant n'est pas l'acteur de la transformation de l'accompagné mais le témoin. Mais il mesure aussi l'influence potentielle qu'il peut avoir et la relativise de façon à ce que l'accompagné puisse prendre son envol avec autonomie. Par ailleurs l'accompagnant est garant du projet de l'école. Il est le référent pendant un parcours faisant l'objet d'un contrat. Il a ainsi le devoir d'alerter l'accompagné sur des risques potentiels (mauvaises notes, comportement inapproprié, etc.). Il l'invite à s'appuyer sur ses propres valeurs et motivations ainsi qu'au contrat initial. La particularité de cette posture d'accompagnement est qu'elle opère sur une durée définie connue dès le départ et qu'elle procède des différents outils de l'accompagnement en concédant une place non négligeable au conseil notamment par l'apport de méthodologies et d'outils, par l'aide à la définition d'objectifs.

En guise d'illustration, le tableau 11.4 fournit un exemple de forme identitaire d'accompagnant.

2.6   Processus mis en œuvre par l'accompagnant

Dès le début de cet ouvrage, huit activités clés ont été proposées (rappelées avec la figure 11.7). Elles s'intègrent dans un processus global de l'accompagnement (figure 11.8) défini à partir d'une approche systémique similaire à celle déjà utilisée (chap. 8, p. 119-132). La définition du processus d'accompagnement répond aux questions qui suivent.

2.6.1   Quelles sont les données d'entrée dont dispose l'accompagnant pour réaliser son activité ?

Les principales informations que traite l'accompagnant sont émises par l'accompagné ou sont relatives à l'accompagné et rapportées par des tiers (une information provenant du tuteur en entreprise par exemple). Il y a des données directement observables et d'autres transmises. Il y a des paroles, des gestes, des mimiques. S'expriment, consciemment ou inconsciemment, verbalement ou non, des émotions et des sentiments. C'est avec ce flux d'informations portant sur des faits, des opinions, des émotions et sentiments que travaille l'accompagnant.

2.6.2   À partir de quoi organiser ces informations pour réaliser l'accompagnement ?

Le premier facteur organisateur est la mission confiée : toute la démarche d'accompagnement décrite ici s'inscrit dans le cadre d'une aide au développement d'une nouvelle identité professionnelle par le biais d'un parcours de formation diplômant ; autrement dit l'acquisition de cette nouvelle identité doit être certifiée à l'issue du parcours défini.

Tableau 11.4 – *Exemple de forme identitaire d'accompagnant*

FIS vie professionnelle d'un accompagnant	Valeurs	Conception de son rôle
Rapport aux objets (méthodes, grilles administratives, etc.)	Les méthodes ne sont que des moyens, il faut trouver celui qui aide l'accompagné.	– Fournit des outils et explique le pourquoi du questionnement. – Importance de remplir les documents pour avoir un suivi dans les règles.
Rapport aux autres (accompagnés, collègues)	– Aider à se développer. – Croyance dans la capacité à changer. – Guider mais ne pas imposer des solutions à l'autre.	– La porte est toujours ouverte, mais il faut prendre rendez-vous. – L'accompagné peut solliciter l'avis d'autres accompagnants.
Rapport à soi	– Conviction de n'être qu'un élément dans l'ensemble. – Fierté des retours positifs des accompagnés. – Sentiment de construction de soi dans l'aide à la construction d'autrui.	– Permet d'être en cohérence avec ses valeurs altruistes. – Entretient une reconnaissance sociale dans cette pratique.
Rapport au système de FIS	Sens trouvé dans la contribution à la société en aidant des personnes à accéder à une meilleure position dans leur vie et en leur fournissant les outils pour poursuivre leur développement.	Activité importante, apprécie de la partager avec des activités commerciales et de management de dispositifs de formation.

Le deuxième facteur est de garder à l'esprit quels sont les clients de ce processus, à savoir l'accompagné, mais aussi les entreprises ; et plus largement le marché du travail et les pouvoirs publics qui octroient le droit de délivrer le diplôme considéré ainsi que les financements pour la formation.

Enfin le traitement s'opère à partir des ressources dont dispose l'accompagnant. Elles sont de différents types. Le cahier des charges pédagogique comprenant la posture visée, la progression attendue, le suivi à opérer fournit un premier ensemble de balises. L'accompagnant traduit ces données par sa représentation propre, notamment concernant la posture visée, et plus globalement l'identité professionnelle proposée par le dispositif. De façon simplifiée, il tente de positionner l'accompagné par rapport à cette représentation, aux informations de la progression et au moment de l'entretien. Pour ce faire, il s'est également construit une représentation de l'accompagné (identité attribuée), de son potentiel, de sa motivation et de sa ou ses trajectoires possibles en formation et après. S'appuyant enfin sur ses valeurs, ses expériences d'accompagnement, il opère un positionnement de la personne, évalue les écarts par rapport à la fois aux attendus de la formation et à ceux perçus chez la personne. Il produit des paroles et des actes. Il vise à susciter chez l'accompagné l'intégration de nouvelles informations, une évolution de son point de vue et la mise en œuvre de comportements et d'actions réajustés dans l'optique de l'acquisition finale. En toile de fond, toute cette dynamique est imprégnée de la plus ou moins grande affinité, consciente ou inconsciente, éprouvée dans le cadre de la relation.

Pour effectuer ce travail, l'accompagnant s'appuie également sur des outils méthodologiques (conduite d'entretien, conduite de projet professionnel, etc.) et sur une information actualisée sur l'environnement professionnel correspondant.

2.6.3 Quels sont les éléments produits par l'accompagnant ?

En considérant d'une façon très pragmatique la situation d'accompagnement, la production de l'accompagnant réside pour une part essentielle en des mots et des silences. Les deux manifestent une attention aiguë à l'égard de l'accompagné. Les deux agissent sur l'accompagné. Concrètement, la production de l'accompagnant est faite d'une écoute, de questionnements, de positionnements, d'objectifs, d'encouragements, de conseils, d'ouverture à des possibles. L'accompagnant transmet des informations de cadre, des méthodes et outils.

2.6.4 Avec quels indicateurs l'accompagnant peut-il alors conduire son action ?

La conduite de l'accompagné et la part de réappropriation qu'il opère dans ce que lui transmet l'accompagnant fournissent la base des indicateurs qui, en retour guident l'agir de l'accompagnant. Les principales informations auxquelles ce dernier va prêter attention sont l'engagement de l'accompagné, sa progression, son vécu, sa réussite au diplôme, l'obtention d'un emploi et la satisfaction qu'il en retire, l'autonomie prise associée à ses résultats, à la cohérence et à la sérénité identitaires.

L'engagement s'évalue en termes de temps, d'intensité, de moyens choisis et donc de coût pris au sens large. Cet engagement va se manifester par la prise en compte ou non des conseils, et bien entendu par la réalisation des travaux proposés. Il se manifeste aussi par l'ouverture à l'accompagnant des difficultés rencontrées, voire par l'affirmation de points de vue différents.

La progression est mise en évidence au travers des jalons que proposent le suivi (entretiens en cours de formation, points avec le tuteur en entreprise) et les évaluations intermédiaires. Elle s'évalue tout autant par ce que dit l'accompagné de sa progression que par ce qu'en disent les autres acteurs (autrui significatif).

2.6.5 Quels sont les moyens utilisés par l'accompagnant ?

L'accompagnant utilise comme moyen premier la relation. Savoir gérer sa relation et savoir recueillir l'information relative à l'accompagné sont indispensables. L'accompagnant s'appuie aussi sur des ressources comme son expérience des transitions identitaires : les siennes et celles accompagnées. Sa connaissance du métier préparé, de l'identité proposée et du référentiel de formation est une autre ressource nécessaire.

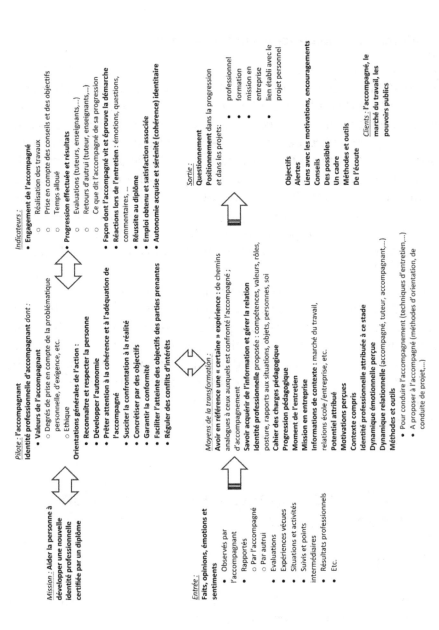

Figure 11.8 – *Processus Accompagnement*

2.6.6 Comment conjuguer les différents aspects ?

La conjugaison de tous ces aspects est le savoir-faire de l'accompagnant. Il s'agit de ce que nous appelons ici la fonction de pilotage. Il consiste en l'art d'établir la confiance, de convaincre de sa légitimité et de sa pertinence pour que l'accompagné fournisse les informations utiles à l'accompagnant et, qu'en retour, celui-ci puisse apporter un regard constructif à l'accompagné. L'art tient dans la capacité à s'approcher d'une bonne compréhension de l'autre, puis à lui communiquer des éléments perçus comme importants pour l'aider à franchir l'étape dans laquelle il s'est engagé. Et enfin, il y a l'art de faire en sorte que le message soit entendu par l'accompagné. À ce stade se produit aussi une interaction subjective de deux personnes, chacune dans une étape de leur vie professionnelle.

Le pilotage s'appuie sur les valeurs et savoir-faire liés au pilote ou, autrement dit, aux composantes de sa forme identitaire subjective d'accompagnant. Il est orienté par des principes directeurs dont nous retenons les éléments déjà évoqués tels que le respect et la considération de la personne, l'attention à son développement et à son autonomie, la prise en compte de sa cohérence, la concrétisation par des objectifs, l'invitation à se confronter à la réalité, etc.

Enfin, la fonction de pilotage contribue à l'articulation des trois projets et œuvre à leur succès respectif.

3. Profil de l'accompagnant et acquisition de son expertise

3.1 Profil de l'accompagnant

La question du profil de l'accompagnant au sein des dispositifs de formation donne lieu à des pratiques diverses.

Reprenant les aspects que nous avons passés en revue, que retenir au regard de ce profil ?

L'un des premiers points qui vient à l'esprit est l'intérêt pour autrui et pour son devenir. Le deuxième est le sens pédagogique. Le troisième est de disposer d'une maturité humaine suffisante pour comprendre ce qui est en jeu au cours des transitions qu'opère la personne, et de les accompagner avec « humanité ». il s'agit de les accompagner non pas d'un point de vue théorique ou d'une règle à satisfaire, mais avec l'humilité d'une personne qui sait combien un parcours de vie peut être tortueux, fait de bonheurs et de fragilités, d'espoirs et de labeurs, de volonté affichée et d'actes différents… L'accompagnant sait que néanmoins des transformations inattendues s'opèrent, et que c'est souvent après coup que se révèle la logique interne de décisions au départ surprenantes pour lui. Idéalement, si l'accompagnant a vécu une transition professionnelle, elle lui fournit une expérience du passage à guider. Le passage d'un métier en entreprise au métier d'accompagnant est une de ces expériences possibles.

Le quatrième point réside dans la maîtrise des ressources élémentaires pour cet accompagnement :
– la conduite d'entretien avec tout ce qu'elle comprend d'écoute, de questions et de reformulation ;
– l'appropriation de la forme identitaire proposée par la formation ;
– la progression pédagogique ;
– des notions de base de psychologie.

Le cinquième point est l'aisance de l'accompagnant avec la culture des entreprises et si possible avec celle des secteurs d'activités et des fonctions auxquelles sont préparés les étudiants. Nul ne saurait couvrir l'ensemble des cas possibles. Il est indéniable que formuler une problématique auprès d'un tuteur avec le vocabulaire du métier et la prise en compte des difficultés classiques dans ce type d'activité assoit la légitimité et favorise l'efficacité mutuelle dans la relation. Ainsi, avoir exercé le métier concerné est un indéniable atout de légitimité et de compréhension des situations.

Un point de vigilance réside dans la capacité de l'accompagnant à ne pas « faire à la place », ou à ne pas imposer son point de vue, mais plutôt à inviter au questionnement, à la confrontation à la réalité…

Que l'accompagnant ait une origine professionnelle de psychologue ou professionnel du métier, il va devoir intégrer en partie les deux composantes.

3.2   Acquisition de la compétence d'accompagnant

L'acquisition de la compétence peut se faire, à titre d'exemple, selon un parcours qui, ce ne sera pas une surprise, associe notions théoriques, mises en situation et accompagnement.

Des étapes types de ce parcours consistent par exemple à ce que le nouvel accompagnant assiste à des entretiens d'accompagnement menés par un accompagnant plus expérimenté. L'étape suivante s'établit par une inversion des rôles, suivie d'une analyse de pratique entre accompagnant novice et expérimenté.

En parallèle, l'accompagnant doit intégrer la progression pédagogique, et les outils de la situation d'entretien. L'expérience produit une part de l'expertise. Au départ, il semble important d'accompagner sur un cycle complet de façon à prendre la mesure de l'évolution au fil du temps et des enjeux des différentes étapes. Ensuite, la variété des personnes, le traitement de situations limites et aussi la variété des dispositifs accompagnés, fournissent une base d'expérience qui servira de support au renforcement de la compétence. L'accompagnant expérimenté acquiert au fil du temps une plus grande capacité à traiter de façon efficiente des situations rares, ou à enjeu fort, ou à risque élevé, ou combinant ces caractéristiques.

L'expert est aussi celui qui, ayant acquis tout le capital que nous venons d'évoquer, sait néanmoins considérer chaque nouvel accompagnement comme une situation nouvelle et se laisser transformer, voire remettre en cause, par cette nouveauté.

Un inventaire de caractéristiques du développement de la compétence d'accompagnant est dressé dans le tableau 11.5.

Tableau 11.5 – *Développement des compétences d'accompagnant*

	Niveau débutant	Niveau mise en œuvre	Niveau maîtrise	Niveau expertise
Compétence : Accompagner le développement de nouvelles identités professionnelles	1) 1re mise en œuvre, découverte d'un cycle avec quelques personnes.	2) 2e mise en œuvre, corrections et ajustements ; attention aux dysfonctionnements et à leur traitement systématique.	3) Maîtrise avec un appui méthodologique ; pratique de situations différentes et de la mise en œuvre de solutions différentes.	4) Intégration ; appui méthodologique diversifié ; prise en compte d'une intuition validée par une méthodologie garante de conformité et de performance ; pratique de situations variées et de la mise en œuvre de solutions diversifiées.
Apprentissages critiques	– Outils de la relation d'accompagnement – Connaissance du dispositif, des objectifs, de l'identité professionnelle visée, des évolutions enregistrées, des « leviers » pédagogiques utilisés, de la façon dont les personnes vivent leur évolution, des identités professionnelles acquises en fin de parcours.	Mise en œuvre du dispositif en rentrant dans le détail des exigences prévues à la conception du dispositif.	Connaît parfaitement le dispositif et acquiert différentes situations de références et solutions de traitements, tant en ce qui concerne le parcours souhaitable que dans le traitement des imprévus.	Acquérir une large diversité de situations de références, de solutions de traitements, souvent au travers de dispositifs variés.
Réorganisations cognitives	– Posture à développer (modèle des collègues ; régulation par les relations avec accompagnés et retours de l'environnement : tuteur, hiérarchiques, collègues). – Le cahier des charges est suivi à la lettre sans toujours mesurer la portée des exigences et leur raison d'être. – Se positionner en miroir, ne pas faire à la place de l'accompagné.	– Confrontation directe aux dysfonctionnements, aux imprévus et aléas ; mise en œuvre de solutions préventives et curatives. – Prise de conscience de la variété des profils et des différences d'identifié de sortie. – Le cahier des charges est suivi scrupuleusement.	– Admettre la différence comme nécessité pour faire face à toutes les situations ; le cahier des charges est un guide. – Nécessité de s'adapter aux différents types de personnalité.	Admettre la « diversité des différences » comme une donnée de base et en faire un objet de découvertes sans cesse renouvelées ; composer avec la diversité, les événements… ; le cahier des charges et notamment les grilles d'entretien sont des moyens d'ultimes contrôles ou d'aide-mémoire et surtout de communication.

Degré d'autonomie	Souvent position d'observateur, ou en action sous tutorat proche.	– Est autonome, mais s'appuie sur un référent pour obtenir des conseils. – Suit à la lettre le cahier des charges.	– Autonome au sein d'un dispositif ou pour un public donné. – Comprend et s'est approprié les concepts sous-jacents au cahier des charges et aux étapes de la transition à accompagner.	– Référent. – Adapte sa pratique à des publics et des dispositifs variés Identifie les éléments clés de façon quasi intuitive.
Difficultés	Situer le niveau d'exigence à avoir et l'impact de son action ou d'une disposition à un instant _t_ sur l'objectif final ; cerner l'identité professionnelle visée.	Trouver les solutions aux difficultés rencontrées ; identifier ou s'approprier les points clés du parcours proposé et la façon de les conduire.	– Diversifier l'expérience. – Ne pas tomber dans des automatismes dépourvus d'humanité. – Confrontation à des cas limites et de la prise de risque à y associer.	– S'ouvrir à l'imprévu, à l'inconnu, considérer chaque cas comme une nouvelle aventure à vivre. – Ne pas tomber ni dans une routine dépourvue d'humanité ni dans des jugements hâtifs. – Ne pas plaquer des solutions toutes faites inadaptées à cette personne-là !
Situations d'apprentissage	Suivre un accompagnant puis accompagné en double avec un accompagnant.	Accompagner de façon autonome un public et un dispositif Multiplier les accompagnements.	Diversification des publics, des dispositifs.	Variétés des accompagnements Accompagnements de situations extrêmes.
Situations et moyens d'évaluation	Accompagnement en présence d'un accompagnant ayant la maîtrise ou l'expertise et/ou simulations.	Accompagnement en présence d'un accompagnant ayant la maîtrise ou l'expertise et/ou simulations.	– Accompagnement en présence d'un accompagnant ayant l'expertise et/ou simulations. – Évaluation des accompagnés.	– Retours des pairs (internes ou externes) et des accompagnés. – Traitement de situations rares, à impacts forts, à risques élevés.

Indicateurs d'acquisition et critères de jugement et d'interprétation	Être capable de nommer les objectifs et la progression et d'en expliquer la pertinence au regard des projets des acteurs concernés et de leurs caractéristiques ; décrire l'identité professionnelle visée et les écarts par rapport au profil d'entrée dans le dispositif.	– Être capable de nommer les points clés, avec leurs enjeux, les façons de les conduire et d'en indiquer un traitement possible ; repère des profils types d'accompagnés. – Le vocabulaire pour décrire les évolutions, les comportements, les compétences et les problématiques professionnelles est peu fourni et manque d'alternatives ; de même pour les questionnements lors des entretiens.	– Aisance et fluidité dans la capacité à exprimer les enjeux et le déroulement du dispositif pédagogique ; maîtrise des transitions ; conseil efficace des stagiaires. – Maîtrise du temps d'accompagnement ; est reconnu par ses pairs et ses accompagnés comme ayant une bonne maîtrise. – Vocabulaire étoffé.	– Capacité à conseiller des personnes posant des problématiques difficiles ; maîtrise du temps d'accompagnement ; détecte au-delà des mots, des problématiques cachées des accompagnés ; dégage l'essentiel ; large vocabulaire ; s'est forgé des tournures de phrase ; anticipe les risques et certaines difficultés de l'accompagné. – Gère « harmonieusement » et dispose de panoplies de solutions pour négocier les conflits d'intérêt entre les 3 projets entreprise/école/élève. – Acceptation de la diversité des chemins que peuvent prendre des accompagnés.
Trajectoires de développement (+ progressions typiques)	Expérimenter le suivi d'un cycle complet.	Expérimenter les différences (entre individus, entre groupes) dans le déroulement du parcours.	– Expérimenter différents dispositifs, ou publics. – Faire évoluer les dispositifs. – Démarrer de nouveaux dispositifs.	– Expérimenter différents dispositifs, ou publics. – Faire évoluer les dispositifs. – Concevoir des dispositifs et les lancer. – Supervision et formation des accompagnants.

Les degrés d'acquisition de compétence y sont définis en quatre niveaux :

– débutant : niveau de l'accompagnant qui découvre l'accompagnement de plusieurs personnes sur la durée d'un cycle complet (de l'entrée d'un accompagné à sa sortie) ; il apprend à connaître les buts de la formation, les identités visées, les transformations opérées, les réactions des personnes au cours de ces transformations ; il prend connaissance de ce qui est prévu pour aider l'apprenant à se transformer ;

– met en œuvre : le dispositif est maintenant connu, la duplication s'opère avec des retouches par rapport aux erreurs relevées sur la première réalisation ; l'attention se porte sur les dysfonctionnements et les écarts entre le prévu et le réalisé ;

– maîtrise : la progression est bien connue, les points clés sont identifiés et anticipés ou gérés ; les types de dysfonctionnements sont identifiés ; l'expertise progresse par l'ouverture à la variété des situations, des personnes, des solutions pédagogiques ;

– expertise : les différents cas de figure sont connus, le formalisme n'est qu'un support ou un contrôle au mode intuitif ; l'accompagnant possède une grande variété d'outils de réponse à une situation et une large variété de situations de référence, notamment de cas limites ou complexes.

Ces quatre niveaux s'appliquent aux différents types d'accompagnement visités au fil des pages de cet ouvrage : accompagner les apprentissages de connaissances, de savoir-agir, de projet professionnel, de posture, de projet de vie et enfin articuler toutes ces composantes.

Au global, l'expertise se manifeste par la richesse du vocabulaire qui se développe. L'expert possède des tournures de phrases adaptées à la gestion de situations spécifiques. Il a une pratique qui se libère du suivi détaillé de la méthode. Le mode intuitif révèle son efficacité (le mode formalisé, par exemple une grille d'entretien, ne vient qu'en vérification et qu'en outil de communication). Il a la connaissance des points clés et des traitements associés, l'expérience des dysfonctionnements courants et de leurs traitements.

Les principales ressources sur lesquelles s'appuie l'accompagnant sont la forme identitaire visée par la formation, la progression définie par le dispositif et l'expérience de transitions identitaires vécues par lui-même ou accompagnées (avec une attention aux mécanismes psychiques sous-jacents).

Sur le plan des qualités premières nous retiendrons l'empathie, la confiance dans les capacités de l'accompagné à évoluer et l'éthique.

Pour conclure ce regard final sur l'accompagnement en formation, soulignons combien l'accompagnement se nourrit dans le développement de deux identités professionnelles distinctes, celle de l'accompagné et celle de l'accompagnant. La disponibilité de chaque acteur à l'interaction ouvre la porte à la richesse de l'échange et aux questionnements à partir desquels s'engagent les évolutions, de l'un et de l'autre.

4. Questions ultimes pour... vous accompagner !

À l'ultime étape de notre chemin commun et avant l'épilogue qui suit, je vous invite, avec un clin d'œil si vous le permettez, à laisser ces quelques questions faire encore un petit bout de route avec vous :
- Que souhaitez-vous retenir de cette lecture ?
- À quelle fin ?
- Quel sentiment vous habite ? Que vous dit-il, pour vous, du chemin que vous venez de suivre dans le parcours proposé ?
- Dans quelle mise en action personnelle pouvez-vous exploiter l'un ou l'autre élément décrit ici ?

L'ESSENTIEL

La relation d'accompagnement d'une construction identitaire professionnelle par le biais d'une formation s'opère chaque fois qu'un interlocuteur significatif aide au traitement des besoins de la situation particulière d'une personne. L'accompagnement est une modalité d'ajustement. Il procure un lien social qui facilite l'évolution identitaire.

L'accompagnant en formation exerce son activité avec la foi dans la capacité de la personne à se développer. Il évalue la position où se trouve l'accompagné présente par rapport à des possibilités futures. Il dresse les balises d'un cheminement entre le présent et le futur possible. Il apporte des conseils et des outils pour réaliser ce cheminement, dans le respect et la liberté souveraine de l'accompagné.

ÉPILOGUE

L'accompagnement n'est pas toujours dans ce que nous pensons, mais c'est en faisant ce que nous pensons devoir faire que nous accompagnons !

EXEMPLE

Quelqu'un frappe, la porte s'entrouvre. Frédéric rentre dans le bureau de Philippe, son responsable de formation trois ans plus tôt.

– Bonjour Philippe. Je passais à proximité et j'ai eu envie de vous saluer avec toute l'équipe de l'école.

– Bonjour Frédéric. Quelle mine resplendissante ! Que devenez-vous ?

– Eh bien, après mon diplôme, je suis parti à l'étranger pendant deux ans, dans les Émirats, comme conducteur de travaux dans le BTP. Et depuis un an, je suis chargé d'affaires, dans le même secteur d'activité, mais en France. Je suis très heureux d'exercer ce métier.

Philippe se remémore l'avant-dernier entretien de la formation. Frédéric hésitait beaucoup. Surtout, il méconnaissait ses aptitudes commerciales. Philippe se rappelait lui avoir fait prendre conscience que ces qualités personnelles seraient particulièrement en adéquation avec le métier de chargé d'affaires. Et Frédéric avait réalisé son stage de fin d'études dans ce domaine.

À ce souvenir, Philippe, avec une certaine autosatisfaction, lance :

– Je me souviens que nous avions parlé de ce métier. Vous aviez pris conscience que cette fonction pouvait être une réelle voie pour vous.

– C'est curieux, je ne m'en souviens pas du tout, vraiment pas du tout ! Mais c'est possible. Vos conseils ont toujours été précieux. Là, en l'occurrence, c'est mon oncle, qui exerce ce métier de chargé d'affaires, qui m'a convaincu de me lancer dans cette activité.

Philippe range son autosatisfaction. Il était persuadé avoir joué un rôle clé dans cette orientation réussie. Il doit se rendre à l'évidence que son intervention a été modeste, et en tout cas n'a pas laissé de trace dans la mémoire de Frédéric !

La conversation se poursuit par l'échange de nouvelles sur les camarades de promotion.

Puis Frédéric dit au revoir, entrouvre la porte du bureau, s'arrête et se retourne.

– Vous vous souvenez ? J'étais exactement à cet endroit, en vous quittant après le premier entretien de la formation. Nous avions poursuivi l'échange.

Vous m'aviez alors dit : « Pourquoi ne prendriez-vous pas la responsabilité d'une équipe projet au sein de la promotion ? Vous avez le recul et les capacités. Faites-vous confiance, vous allez apprendre, osez ! »

Frédéric s'interrompt une seconde, comme pour revivre ce moment. Il reprend :

– J'ai osé ce qui était alors pour moi un défi. J'ai beaucoup appris en le relevant. Cela me sert encore aujourd'hui. Chaque fois qu'un nouveau défi se présente, je me dis : Oses ! Tu vas apprendre. Aies confiance en tes capacités !

Remerciements

Un livre capitalisant une expérience doit à la diversité de tellement de rencontres qu'il est illusoire de vouloir remercier nommément tous ceux grâce à qui il a pu s'écrire. Il représente en fait l'accumulation de situations vécues et d'interactions de l'enfance à l'instant présent.

Admettant donc les oublis et sollicitant d'avance la bienveillance des oubliés, je souhaite remercier particulièrement toutes les personnes qui m'ont fait confiance pour les accompagner ou pour accompagner : relations, stagiaires, clients, employeurs, membres d'associations ou d'institutions, etc.

Parmi elles, je me souviens notamment de Guy et Marc grâce à qui cette aventure a réellement pu commencer.

J'ai une pensée pour ceux qui, souvent dans le silence ou par leur engagement, m'ont guidé dans des expériences fondatrices.

Dans l'environnement quotidien, je salue la passion pour leur travail de mes collègues du Cesi. Avec ceux d'Arras ou des groupes de travail nationaux, les échanges ont été réguliers ces dernières années et j'apprécie leur implication, leur curiosité, leurs points de vue. Je leur dis mon estime.

Merci à Frédéric pour le partage d'anecdotes.

Jacques Bahry, et ses successeurs à la direction du Cesi, Hilaire de Chergé et Vincent Cohas, ont été ouverts à l'égard de ce projet et je les en remercie. De même que Jean-Louis Allard directeur de l'école d'ingénieurs et de la recherche.

Je garde à la mémoire les conseils précieux des relecteurs qu'ont été Marie, Marc, Victor, Bernard, Juliette, François, Patrick. Merci à eux pour leurs remarques, leurs questions et leurs encouragements.

J'ai une pensée pour Jacques. Son enthousiasme et la qualité des échanges que nous avons eus sur la construction des compétences, avant et en parallèle de la rédaction de cet ouvrage, m'ont conforté dans ces démarches.

Je remercie Jean Henriet pour sa confiance.

Enfin, je souhaite rendre hommage à mon épouse. Sa bienveillante compréhension est essentielle dans un tel travail qui prend du temps à la vie familiale. Tout aussi fondamentalement, ses riches réflexions élargissent l'horizon et veillent à la croissance des êtres. Sa rigueur est source de questionnements exigeants. Sa capacité à capter les situations humaines et leurs acteurs met en relief des aspects insoupçonnés à mon regard. Ses qualités ont enrichi intensément ma réflexion et mon action.

Si vous acceptez de poursuivre l'échange, je serais intéressé par vos commentaires, vos suggestions, vos remarques, vos questions…

Adresse e-mail : acpf@live.fr

Blog : accompagnementetformation.overblog.com

ANNEXES

Sommaire

Annexe 1

1. Le groupe Cesi

Au moment d'écrire ces lignes, plus de trente mille diplômés ont bénéficié de l'expérience du groupe Cesi et ont, aussi, en retour, contribué à forger cette expérience. En 2011, quatre mille cinquante-six diplômés sont sortis des vingt et un établissements de l'organisme. Les qualifications obtenues correspondent à trente-neuf diplômes[1]. Il est à noter que le Cesi est un pionnier de la formation d'ingénieurs par apprentissage (sa première promotion a été lancée en 1990) (Lick, 1996, p. 311) et qu'aujourd'hui 75 % de ses diplômés le sont dans le cadre de formations en alternance, faisant de lui un acteur majeur de cette modalité dans l'enseignement supérieur français (figure 1). Près de 90 % de ses étudiants ont moins de 28 ans[2].

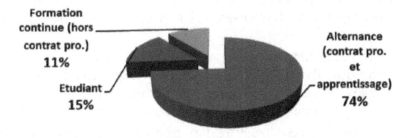

Figure 1 – *Statuts des publics en formation diplômante du Cesi (avril 2011)*

Le Cesi est un groupe atypique dans le paysage de l'enseignement supérieur. Il présente l'originalité d'avoir centré la conception de ses dispositifs autour de la notion de métier.

---

1. Titres d'ingénieurs habilités par la commission des titres d'ingénieurs, certifications professionnelles inscrites au répertoire national des certifications professionnelles (niveau III, II et I) et masters spécialisés labellisés par la conférence des grandes écoles.

2. Cette école a opéré une mutation profonde. Au milieu des années 1990 plus de 90 % de son activité était réalisé par des formations d'adultes (formation d'ingénieur en formation continue et stages de réinsertion pour demandeurs d'emploi). La pratique d'accompagnement d'aujourd'hui puise une part importante de son expertise dans l'expérience issue de la formation continue d'ingénieurs et des stages pour demandeurs d'emploi.

Le Cesi définit sa vocation comme « accompagner les individus et les entreprises dans le développement de nouvelles identités professionnelles ». À cette formulation, il convient d'ajouter une dimension complémentaire de la vocation de l'organisme : aider chacun à développer son potentiel au sein d'un métier, à tout âge de la vie active.

Car la démarche « professionnalisante » du Cesi a toujours eu le souci de sélectionner en vue de l'exercice d'un métier et non pas sur le plan des seules performances académiques. La sélection ne s'opère pas non plus en vue de filtrer les champions de cette performance académique, mais des personnes qui seront performantes et donneront satisfaction dans leur emploi. Sélectionner les meilleurs devient, au Cesi, guider chacun pour qu'il utilise au mieux son potentiel, notamment en choisissant, dans le cadre du métier préparé, la fonction dans laquelle il puisse déployer le meilleur de lui-même.

Cette formulation peut paraître idyllique quand on se confronte à l'âpreté du marché du travail, ou de la vie des entreprises, et en même temps, elle est très prégnante au sein du Cesi. Elle mérite donc d'être soulignée ici, car cette vocation et cette valeur orientent la pédagogie. Elles sont la source de la conception de l'accompagnement que pratique le Cesi.

Créé en 1958 à l'initiative de groupes industriels (Chausson, Compagnie électromécanique, Renault, Snecma, Télémécanique électrique) (Lick, 1996, p. 93), le Cesi a eu pour vocation première d'accompagner des salariés techniciens supérieurs de ces firmes dans une formation d'ingénieurs.

Autre originalité, il s'est structuré dans une association paritaire à but non lucratif. Dans son conseil d'administration siègent des représentants de l'UIMM, du Medef, de plusieurs grandes entreprises et de cinq organisations syndicales représentatives des cadres. Tous les trois ans, les statuts prévoient une alternance entre les collèges employeurs et salariés dans l'exercice des principales responsabilités au sein du bureau (Uhalde, 2010, p. 428).

Quelque six cent soixante-dix salariés œuvrent à la prestation de l'organisme. Parmi eux, plus de deux cents enseignants assurent la conduite et l'évolution des dispositifs de formation. Ces parcours de formation sont présentés dans le tableau 1.

Tableau A – *Principaux dispositifs du Cesi*

Domaines	Diplômes d'ingénieurs de la commission des titres d'ingénieurs		Mastères spécialisés de la conférence des grandes écoles (CGE)	Certifications figurant au Répertoire national des certifications professionnelles (RNCP)		
	Ingénieur généraliste	Ingénieur spécialité		Niveau I	Niveau II	Niveau III
Organisation et performance industrielle	Ingénieur généraliste	Génie industriel. Maintenance.	– Supply chain management. – Responsable l'amélioration continue et performance industrielle. – Organisation de la production industrielle, option qualité. – Transport et construction ferroviaire. – Management de projets industriels à l'international. – Entreprise, ressources, planning.			Gestionnaire en organisation et performance industrielle.
Qualité, sécurité, environnement			– Management de la qualité, de la sécurité et de l'environnement. – Management de la sécurité et des risques industriels.	Manager qualité, sécurité, environnement.	Responsable qualité, sécurité, environnement.	Animateur qualité, sécurité, environnement.
Management			Manager l'innovation et le développement d'activité.		Responsable en management d'unité et de projet.	
Ressources humaines			Management des ressources humaines.		Chargé(e) des ressources humaines.	

Domaines	Diplômes d'ingénieurs de la commission des titres d'ingénieurs		Mastères spécialisés de la conférence des grandes écoles (CGE)	Certifications figurant au Répertoire national des certifications professionnelles (RNCP)		
	Ingénieur généraliste	Ingénieur spécialité		Niveau I	Niveau II	Niveau III
Formation	Ingénieur généraliste				Responsable formation et développe-ment des compétences.	Assistant ressources humaines.
Informatique			Management de projets informatiques.	Manager de systèmes d'information.	– Responsable en ingénierie des logiciels. – Responsable en ingénierie réseaux. – Chef de projet en informatique.	– Gestionnaire en maintenance et support informatique. – Développeur Web. – Analyste programmeur. – Administrateur systèmes et réseaux.
BTP, expertise immobilière		BTP	– Management de la construction durable. – Management de projet de construction à l'international. – Performance énergétique et énergies renouvelables.			– Responsable de chantier du bâtiment et travaux publics. – Responsable de chantier en installation électrique.
Management de projets			– Management par projets. – Msc international business project manager.			
Sciences		– Électronique. – Génie électrique.				

Annexe 2

2. La forme identitaire subjective d'orientation

Les éléments que nous avons soulignés, tant sur le plan de la forme identitaire que sur celui du processus d'orientation, nous conduisent à compléter notre réflexion sur les formes identitaires.

Nous avons considéré que nous donnons à notre identité des colorations différentes selon les familles de situation. Nous avons une identité professionnelle sans doute un peu différente de notre identité en famille, ou lorsque nous participons à une activité sportive ou artistique, etc. Nous avons posé l'hypothèse qu'une vocation unifiait un certain nombre de ces rôles.

Je pense que nous pouvons alors définir une forme identitaire bien particulière. Elle est celle qui vise à englober d'une seule considération toutes les situations de notre existence, à porter notre vision sur le champ de notre vie entière. Cette forme identitaire traite de notre orientation. Elle marque de sa trace nos différentes identités. Elle prend en considération le contexte de notre vie prise dans sa globalité. Elle unifie tous les autres et embrasse d'un même regard l'histoire et le futur de la personne. Ce que nous proposons pour forme identitaire subjective d'orientation (figure 1). Elle a, outre la particularité du champ considéré, les particularités suivantes :

– les objets pris en compte par cette forme identitaire subjective sont essentiellement les autres FIS (forme identitaire subjective) ;
– le rapport aux autres FIS est un rapport où domine le rôle de coordination et de hiérarchisation ;
– un rapport supplémentaire est nécessaire à la description de cette FIS : le rapport à la vie (on peut retrouver là les grandes aspirations et valeurs de l'être)[1] ; il s'agit de la façon dont la personne considère sa place dans la vie, sa relation au monde...

On trouve les traces de la FIS-Orientation dans les différentes FIS, par exemple au travers de valeurs communes, de motivations convergentes...

---

1. Cette notion est à différencier de la FIS du pratiquant de telle religion ou du militant de tel idéal ; le rapport à la vie décrit l'aspiration fondamentale qui pousse la personne à exprimer cette aspiration au travers de telle pratique ou de tel militantisme.

Figure 1 – *Forme identitaire subjective d'orientation*

BIBLIOGRAPHIE

ALTER N. (2009). *Donner et prendre ; la coopération en entreprise.* Paris : Éditions La Découverte.

ANDRÉ C. (2009). *Les États d'âmes, un apprentissage de la sérénité.* Paris : Odile Jacob.

APEC. (2004). *Méthode déclic, comment construire son projet professionnel.* Paris : Éditions d'Organisation.

ASTIER P. (2007). « Dire, faire, savoir. Remarques sur leurs relations à l'occasion des "discours d'expérience" ». Dans M.-J. Avenier, et C. Schmitt, *La Construction de savoirs pour l'action* (p. 69-85). Paris : L'Harmattan.

BANDURA A. (2007). *Auto-efficacité* (J. Lecomte, trad.). Bruxelles : De Boeck.

BANDURA A. (2009). « La théorie sociale cognitive : une perspective agentique ». Dans P. Carré, et F. Fenouillet, *Traité de psychologie de la motivation* (p. 15-45). Paris : Dunod.

BARBIER J.-M. (2007). *Le Vocabulaire des rapports entre sujets et activités. Dans M.-J. Avenier, et C. Schmitt, La construction des savoirs pour l'action* (p. 49-68). Paris : L'Harmattan.

BEAUCHAMP T. L. et CHILDRESS J. F. (1994). *Principles of Biomedical Ethics.* New York-Oxford : Oxford University Press.

BEAUVOIS J.-L. et JOULE R.-V. (1999). *Petit Traité de manipulation à l'usage des honnêtes gens.* Grenoble : Presses Universitaires de Grenoble.

BECK J. S. (2011). *Cognitive Behavior Therapy.* New York : The Guilford Press.

BENOIT J. (2005). *Pédagogie de l'éthique.* Paris : Éditions EMS.

BEN-SHAHAR T. (2007). *L'Apprentissage du bonheur.* Paris : Éditions Belfond.

BERTHOZ A. (2003). *La Décision.* Paris : Odile Jacob.

BERTHOZ A. (2004). « Physiologie du changement de point de vue ». Dans A. Berthoz, et G. Jorland, *L'Empathie* (p. 251-275). Paris : Odile Jacob.

BLANDIN B. (2012). « The Competence of an Engineer and How it is Built through an Apprenticeship Program : a Tentative Model ». *The International Journal of Engineering*, vol. 28 (n° 1).

BLANDIN B. et SERREAU Y. (2008). « Regards d'acteurs sur 11 ans de certifications ISO 9001 ». 25ᵉ congrès de l'AIPU « Le défi de la qualité dans l'enseignement supérieur, vers un changement de paradigme... » (19-22 mai). Montpellier, France : Colloque de l'Association internationale de pédagogie universitaire.

BOISVERT J.-M. et BEAUDRY M. (1979). *S'affirmer et communiquer.* Paris : Éditions de l'Homme.

BOUGON B. et FALQUE L. (2004). *Pratiques de la décision.* Paris : Dunod.

Bousquet R. (2006). « Précocité et/ou dyslexie ? » Dans A. Giordan et M. Binda, *Comment accompagner les enfants intellectuellement précoces* (p. 165-177). Paris : Delagrave.

Boutinet J.-P. (2006). *Psychologie des conduites à projet.* Paris : PUF.

Boutinet J.-P. (2007). *Anthropologie du projet.* Paris : PUF.

Boutinet J.-P. (2007). *Penser l'accompagnement adulte.* Paris : PUF.

Carté P. et Fox C. (2008). *Bridging the Cultural Gap, A Practical Guide to International Business Communication.* Londres : Kogan Page.

Centre des jeunes dirigeants (2002). *Osez le bonheur.* Bouxwiller : Vetter Éditions.

Centre for éducation research and innovation (2007). *Comprendre le cerveau : naissance d'une science de l'apprentissage.* Paris : OCDE.

Centre national des ressources textuelles et lexicales (s.d.). Projet. Consulté le 3 mai 2012, sur CNRTL : *http://www.cnrtl.fr/definition/projet.*

Centre régional de ressources pédagogiques et de développement de la qualité de la formation (2000). *Comprendre l'alternance et développer sa qualité.* Lille : C2RP.

CESI (2007). *eXia 2007 V1 formation des tuteurs.* Document interne.

CESI/IPSOS (2012). « Les contrats d'alternance et d'apprentissage plébiscités par les chefs d'entreprise (Cesi/Ipsos) ». AEF, Dépêche (N° 163922), 14 mars.

Chalvin D. (1986). *Les Nouveaux Outils de l'analyse transactionnelle.* Paris : ESF.

Charrier J.-C. et Kemoune K. (1989). *Maîtriser l'organisation industrielle.* Paris : Les Éditions d'Organisation.

Comité européen de normalisation (2000). *Systèmes de management de la qualité EF EN ISO 9001. Normes européennes.* Paris : AFNOR.

Commission des titres d'ingénieurs (2010). « Références et orientations, cahier complémentaire, l'habiliatation et la reconnaissance des formations d'ingénieurs, partie 1 : contexte ». Consulté le 13 janvier 2012, sur CTI Commission des titres d'ingénieurs : *http://www.cti-commission. fr/IMG/pdf/Cahier_Complementaire_2009_20100205_CONTEXTE.pdf*

Conseil d'orientation pour l'emploi (2009). *Rapport sur les trajectoires et les mobilités professionnelles.* Gouvernement français.

Csikszentmihalyi M. (2004). *Vivre, la psychologie du bonheur.* Paris : Robert Laffont.

CTI (2012). « Analyse et perspectives ; références et orientations 2012 ». Consulté le 16 juillet 2012, sur Commission des titres d'ingénieurs :

http://extranet.cti-commission.fr/frontend.php/fr/fond_documentaire/ document/13.

Damasio A. (2010). *L'autre moi-même.* Paris : Odile Jacob.

De Loyola I. (1986). *Exercices Spirituels.* Paris : Desclée De Brouwer.

De Saint Paul J. (1999). *Estime de soi, confiance en soi. Les fondements de notre équilibre personnel et social.* Paris : InterEditions.

Dherse J.-L. et Minguet D. H. (1998). *L'Éthique ou le chaos.* Paris : Presses de la Renaissance.

Diel P. (1991). *Psychologie de la motivation.* Paris : Payot.

Droit R.-P. (2009). *L'Éthique expliquée à tout le monde.* Paris : Le Seuil.

Dubar C. (2010). *La Crise des identités. L'interprétation d'une mutation.* Paris : PUF.

Dubar C. (2010). *La Socialisation.* Paris : Armand Colin.

Evers K. (2009). *Neuroéthique. Quand la matière s'éveille.* Paris : Odile Jacob.

Fenouillet F. (2009). « Vers une approche intégrative des théories de la motivation ». Dans P. Carré, et F. Fenouillet, *Traité de psychologie de la motivation* (p. 307-338). Paris : Dunod.

« Formuler des objectifs SMART » (s.d.). Consulté le 17 février 2012, sur Fed Web, le portail du personnel fédéral : *http://www.fedweb.belgium. be/fr/binaries/cd_fiche7_formuler_smart_tcm119-17960.pdf.*

Frachon I. (2011). *Médiator 150mg, combien de morts ?* Brest : éditons-dialogues.fr.

Frankl V. (2006). *Man's Search for Living.* Boston : Beacon Press.

Frankl V. (2009). *Nos raisons de vivre, à l'école du sens de la vie.* Paris : InterEditions-Dunod.

Gardner H. (1996). *Les Intelligences multiples.* Paris : Retz.

Giordan A. (1998). *Apprendre !* Paris : Belin.

Giordan A. et Binda M. (2006). *Comment accompagner les enfants intellectuellement précoces.* Paris : Delagrave.

Gobet F. (2011). *Psychologie du talent et de l'expertise.* Bruxelles : De Boeck.

Godefroid J. (2008). *Psychologie.* Bruxelles : De Boeck.

Goguelin P. et Krau E. (1992). Projet professionnel, projet de vie. Paris : ESF Éditeur.

Guichard J. (2010). Colloque international INETOP-CNAM « L'accompagnement à l'orientation aux différents âges de la vie. Quels modèles, dispositifs et pratiques ? ». *Le rôle des théories de la construction de la carrière et de la construction de soi dans l'activité de conception et de construction de sa vie*. Paris, France, 17-19 mars.

H. SCHWARZ S. (2006/4). « Les valeurs de base de la personne : théorie, mesures et applications ». *Revue française de sociologie*, 47, p. 929-968.

HABIB M. (2009, 01). « Le "cerveau extraordinaire" : la dyslexie en question ». Consulté le 5 janvier 2012, sur Coridys : *http://www.coridys.asso.fr/pages/base_doc/txt_habib/entree.html#haut*.

HABIB M. et JOLY-POTTUZ B. (2008). « Dyslexie, du diagnostic à la thérapeutique : état des lieux ». *Revue de neuropsychologie*, vol. 18 (n° 4), p. 247-325.

JORLAND G. (2004). « L'empathie, histoire d'un concept ». Dans A. Berthoz, et G. Jorland, *L'Empathie* (p. 19-49). Paris : Odile Jacob.

KAUFMANN J.-C. (2009). *Quand Je est un autre. Pourquoi et comment ça change en nous*. Paris : Hachette.

KOLB A. et KOLB D. (2005). « Learning Styles and Learning Spaces : Enhancing experiential Learning in Higher Éducation ». *Academy of Management Learning et Éducation*, vol. 4 (n° 2), 193-212.

KOLB D. et KOLB A. (2009). *The Learning Way : Meta-cognitive Aspects of Experiential Learning. Simulation and Gaming*. Cleveland, Ohio.

KOURILSKY P. (2009). *Le Temps de l'altruisme*. Paris : Odile Jacob.

LARIVEY M. (2004). *Le Défi des relations*. Montréal : Éditions de l'Homme.

LE CARDINAL G. GUYONNET J.-F. et POUZOULLIC B. (1997). *La Dynamique de la confiance*. Paris : Dunod.

LECOMTE J. (2007). *Donner un sens à sa vie*. Paris : Odile Jacob.

LECOMTE J. (2012). *La Bonté humaine*. Paris : Odile Jacob.

LEGAULT G. A. (1999). *Professionnalisation et délibération éthique*. Québec : Presses de l'Université du Québec.

LEHRER J. (2010). *Faire le bon choix, comment notre cerveau prend ses décisions*. Paris : Robert Laffont.

LELORD F. et ANDRÉ C. (2000). *Comment gérer les personnalités difficiles*. Paris : Poches Odile Jacob.

LICK R. (1996). *Mémoire de la formation, histoire du Cesi*. Paris : Éditions du CESI.

LUKAS E. (2004). *La Logothérapie, théorie et pratique*. Paris : Pierre Téqui Éditeur.

MAYEN P. (2007). « Passer du principe d'alternance à l'usage de l'expérience en situation de travail comme moyen de formation et de professionnalisation ». Dans F. Merhan, C. Ronveaux et S. Vanhulle, *Alternances en formation* (p. 83-100). Bruxelles : de Boeck.

MEIRIEU P. (s.d.). « Autonomie ». Consulté le 24 novembre 2011, sur « Histoire et actualité de la pédagogie » : *http://www.meirieu.com/ DICTIONNAIRE/autonomie.htm*.

MÉLÈSE J. (1991). *L'Analyse modulaire des systèmes (AMS)*. Paris : Éditions d'Organisation.

MILGROM E. MAUFFETTE Y. RAUCENT B. et VERZAT C. (2010). « Pas d'accompagnement sans évaluation, pas d'évaluation sans accompagnement ». Dans B. Raucent, C. Verzat, et L. Villeneuve, *Accompagner des étudiants* (p. 313-340). Bruxelles : De Boeck.

MOAL A. (1995). « Séminaire interne sur les pratiques pédagogiques ». Arras, 1ᵉʳ septembre.

MOAL A. (1999). « Les critères de la médiation pédagogique » (25 mai). Consulté le 01 03, 2012, sur Virtual centre for innovative learning technologies : *http://vcampus.uom.ac.mu/pedagogies_activites/description/ mediation.htm*.

MONBOURQUETTE J. (2001). *À chacun sa mission*. Paris : Bayard.

MOREL C. (2002). *Les décisions absurdes*. Paris : Gallimard.

MUCCHIELLI A. (2009). *L'Identité* (7ᵉ éd.). Paris : PUF.

NAGELS M. (2009). « Évaluer des compétences ou des performances ? Une distinction opérationnelle en gestion des ressources humaines. Évaluation et développement professionnel », 21ᵉ colloque de l'ADMEE-Europe. Louvain-La-Neuve, Belgique, 21-23 janvier.

NAGELS M. (2010). Consulté le 20 mars 2012, sur Journée ADMEE : « L'évaluation des compétences, quelles démarches, quels outils ? » (22 octobre) : *http://webdav-unauth.univ-bpclermont.fr/slide/files/ etudiants/l/lu/lucombas/S%C3%A9minaire/Pr%C3%A9sentation%20 MNAPACHEClermont.pdf*.

NAZARE-AGA I. (2004). *Les manipulateurs sont parmi nous*. Montréal : Éditions de l'Homme.

PARIOT Y. (2009). *50 outils de pilotage pour les PME*. Paris : Eyrolles.

PASTRÉ P. MAYEN P. et VERGNAUD G. (2006). « La didactique professionnelle ». *Revue française de pédagogie*, janvier-février-mars, p. 145-198.

PATTAKOS A. (2006). *Découvrir un sens à son travail*. Montréal : Éditions de l'Homme.

PAUL M. (2004). *L'Accompagnement : une posture professionnelle spécifique*. Paris : L'Harmattan.

Paul M. (2009). « L'accompagnement dans le champ professionnel ». (R. Savoirs éd.) *Savoirs* (n° 20), p. 13-63.

Perrenoud P. (1995). « Des savoirs aux compétences : de quoi parle-t-on en parlant de compétences ? » *Pédagogie collégiale*, 9 (1), octobre, p. 20-24.

Perrenoud P. (2001). « Construire un référentiel de compétences pour guider une formation professionnelle ». Consulté le 30 août 2011, sur Université de Genève : *http://www.unige.ch/fapse/SSE/teachers/perrenoud/php_main/php_2001/2001_33.html*.

Petitcollin C. (2010). *Je pense trop : Comment canaliser ce mental envahissant*. Paris : Guy Trédaniel Éditeur.

PRH – International (1998). *La personne et sa croissance ; fondements anthropologiques et psychologiques de la formation PRH*. Poitiers : Personnalité et Relations Humaines – International.

Quinson H. (2011). « L'esprit des moines de Tibhirine illumine le monde ». *La Croix*, 25, 19 mai.

Quinson H. (2011). *Secret des hommes, secret des dieux, l'aventure humaine et spirituelle du film « Des hommes et des dieux »*. Paris : Presses de la Renaissance.

Regnault G. (2004). *Le Sens du travail*. Paris : L'Harmattan.

Rouxel C. et Virely B. (2012). « Les transformations des parcours d'emploi et de travail au fil des générations ». Dans INSEE, *Emploi et salaires 2012* (p. 39-50). Paris : INSEE.

Ryan R. M. et Deci E. L. (2000). « Self-Determination Theory and the Facilitation of Intrinsic Motivation, Social Development, and Well-Being ». *American Psychologist*, vol. 55 (n° 1), p. 68-78.

Ryan R. M. et Deci E. L. (2006). « Self-regulation and the problem of human autonomy : does psychology need choice, self-determination and will ? » *Journal of Personality*, 74 : 6, décembre, p. 1557-1586.

Ryan R. M., Lynch M. F., Vansteenkiste M. et deci E. L. (2011). « Motivation and autonomy in counseling, psychotherapy, and behavior change : A look at theory and practice ». *The Counseling Psychologist*, 39, p. 193-260.

Salomé J. (1999). *Le Courage d'être soi*. Éditions du Relié.

Saulnier C. (2000). Consulté le 2 janvier 2012, sur Centre de documentation sur l'éducation des adultes et la condition féminine : *http://bv.cdeacf.ca/RA_PDF/22922.pdf*.

SAVICKAS M. (2010). Colloque international INETOP-CNAM « L'accompagnement à l'orientation aux différents âges de la vie. Quels modèles, dispositifs et pratiques ? ». *Life Design : A General Model for Career Intervention in the 21th Century.* Paris, France, 17-19 mars.

SCHLANGER J. (1997). *La Vocation.* Paris : Le Seuil.

SELIGMAN M. (2006). *Learned Optimism.* New York : Vintage Books.

SERREAU Y. (2002). *La Randonnée intérieure ; pour orienter sa vie.* Paris : Desclée de Brouwer.

SERREAU Y. (2008). « Étapes spécifiques pour former au management avec l'apprentissage par problèmes : proposition d'étapes clés dédiées au management ». Actes du 5e colloque *Enseigner, étudier dans le supérieur : pratiques pédagogiques et finalités éducatives,* vol. 1, p. 187-195. Brest, France : Question de pédagogie dans l'enseignement supérieur, 18-20 juin.

SERREAU Y. (2008). « Évaluation adéquation motivation et capacités projet professionnel ». 25e congrès AIPU « Le défi de la qualité dans l'enseignement supérieur, vers un changement de paradigme », 19-22 mai, Montpellier, France : Association internationale de pédagogie universitaire.

SERREAU Y. (2010). 26e congrès de l'AIPU « Regards d'acteurs sur leur accompagnement des projets professionnels des étudiants ». *Réformes et changements pédagogiques dans l'enseignement supérieur.* Rabat, Maroc : Colloque de l'Association internationale de pédagogie universitaire, 17-21 mai.

SERREAU Y. (2010). « Accompagner le projet professionnel avec l'aide d'une plateforme Web 2.0. : un déplacement des rôles ? » Colloque international « L'accompagnement à l'orientation aux différents âges de la vie. Quels modèles, dispositifs et pratiques ? » (17-19 mars). Paris, France : INETOP (Institut national du travail et de l'orientation professionnelle)-CNAM (Conservatoire national des arts et métiers).

SERREAU Y. (2011). « L'accompagnement et ses situations dans le supérieur ». Actes 6e colloque QPES « Les courants de la professionnalisation : enjeux, attentes, changements », juin 8-10, vol. 1, p. 45-54. Angers, France : Question de pédagogies dans l'enseignement supérieur.

SERREAU Y. (2012). « Paramètres de situation pour l'évaluation du niveau de compétences d'un manager ». 2e Colloque international de didactique professionnelle, « Apprentissage et développement professionnel » (7-8 juin). Nantes, France.

SHELDON K. M. (2004). *Optimal Human Being*. Londres : Lawrence Erlbaum Associates, Publishers.

SIAUD-FACCHIN J. (2008). *Trop intelligent pour être heureux ?* Paris : Odile Jacob.

TARDIF J. (2006). *L'Évaluation des compétences*. Montréal : Chenelière Éducation.

THALMANN Y.-A. (2011). *La Psychologie positive : pour aller bien*. Paris : Odile Jacob.

TROCMÉ-FABRE H. (1999). *Réinventer le métier d'apprendre*. Paris : Éditions d'Organisation.

TURNER J. et HÉVIN B. (2000). *Construire sa vie adulte ; comment devenir son propre coach*. Paris : InterEditions.

UHALDE M. (2010). *L'Utopie au défi du marché 50 ans de développement du Cesi*. Paris : L'Harmattan.

VANIER J. (2007). *Accueillir notre humanité*. Paris : Presses de la Renaissance.

VATIER R. (2008). *Ouvrir l'école aux adultes*. Paris : L'Harmattan.

VIAL M. et CAPARROS-MENCACCI N. (2009). *L'accompagnement professionnel ?* Bruxelles : De Boeck.

VILLENEUVE L. et LOISELLE M. (2010). « Transfert et contre-transfert dans l'accompagnement ». Dans B. Raucent C. Verzat et L. Villeneuve, *Accompagner des étudiants* (p. 133-153). Bruxelles : De Boeck.

VRIGNAUD P. (2005). « Les principaux modèles pour l'évaluation des intérêts : 2) le modèle de Holland ». Dans P. Vrignaud et J.-L. Bernaud, *L'Évaluation des intérêts professionnels* (p. 51-86). Sprimont : Pierre Mardaga Éditeur.

WITTORSKI R. (2007). *Professionnalisation et développement personnel*. Paris : L'Harmattan.

Composition : SoftOffice (38)

059916 – (I) – (1,5) – OSB 80° – SOF – AMX
Dépôt légal : Juillet 2013

Achevé d'imprimer par Dupli-Print
N° d'impression : 237524
www.dupli-print.fr

Imprimé en France